A
SHORT
HISTORY
OF THE
HUNDRED
YEARS
WAR

漫长的
战争

英法
百年战争，

1337
~
1453

（英）迈克尔·普雷斯特维奇 著

史耕山 张尚莲 译

化学工业出版社

·北京·

北京市版权局著作权合同登记号：01-2023-3689

图书在版编目（CIP）数据

漫长的战争：英法百年战争，1337～1453 /（英）迈克尔·普雷斯特维奇（Michael Prestwich）著；史耕山，张尚莲译. —北京：化学工业出版社，2023.8（2024.10重印）
书名原文：A Short History of the Hundred Years War
ISBN 978-7-122-43651-1

Ⅰ.①漫… Ⅱ.①迈… ②史… ③张… Ⅲ.①百年战争（1337-1453）-研究 Ⅳ.①K565.3

中国国家版本馆 CIP 数据核字（2023）第 105591 号

责任编辑：王冬军　张　盼　　　　　　装帧设计：水玉银文化
责任校对：宋　玮　　　　　　　　　　版权引进：金美英

出版发行：化学工业出版社（北京市东城区青年湖南街 13 号　邮政编码 100011）
印　　装：盛大（天津）印刷有限公司
880mm×1230mm　1/32　印张 9¼　字数 191 千字　2024 年 10 月北京第 1 版第 2 次印刷

购书咨询：010-64518888　　　　　　　售后服务：010-64518899
网　　址：http://www.cip.com.cn
凡购买本书，如有缺损质量问题，本社销售中心负责调换。

定　　价：69.80 元　　　　　　　　　　　　　版权所有 违者必究

时间线

1327 年	爱德华三世在英格兰继位
1328 年	腓力六世在法国继位
1329 年	苏格兰国王罗伯特·布鲁斯去世，大卫二世继位
1337 年	腓力六世宣布没收加斯科尼
1338 年	爱德华三世前往佛兰德
1339 年	蒂耶拉什战役
	比隆福斯战役无果
1340 年	爱德华三世正式宣布继承法国王位
	英格兰在斯鲁伊斯海战中获胜
	来自图尔奈的围攻
	《埃斯普莱钦和约》
1342 年	英格兰对有争议的布列塔尼继承问题进行干预
1342 年	莫尔莱战役
1343 年	《马莱斯特鲁瓦休战协定》
1345 年	兰开斯特的亨利在奥贝罗切获胜
1346 年	英格兰在克雷西战役中获胜
	英格兰在内维尔十字之战中获胜，并俘获大卫二世
1346～1347 年	英格兰攻陷加莱
1347 年	拉罗什德里安之战
1348 年	英格兰出现黑死病
	嘉德勋章创立
1349 年	埃夫勒伯爵查理成为纳瓦拉的国王
1350 年	在温切尔西附近击败卡斯蒂利亚战舰
	法王腓力六世去世，约翰二世继位
1351 年	布列塔尼的三十勇士之战
1352 年	英格兰人在莫龙战役中获胜
1355 年	黑太子在纳博讷的劫掠行动
1356 年	黑太子在普瓦捷取得胜利，约翰二世被俘
1358 年	法国民众起义——扎克雷起义
1359～1360 年	爱德华对抗兰斯和勃艮第
1360 年	签订《布雷蒂尼条约》
1362 年	雇佣兵赢得布里涅战役
1364 年	法王约翰二世去世
	杜·盖克兰在科谢雷战役中获胜

	布卢瓦的查理在欧赖战役中阵亡
1367 年	黑太子在纳赫拉战役中获胜
1369 年	英法战争再次开始
1370 年	罗伯特·诺利斯入侵失败
	黑太子洗劫利摩日
1372 年	英格兰海军在拉罗谢尔附近被击败
1375 年	英军占领的圣索沃尔－勒维孔特投降
	英格兰和法国之间签订《布鲁日停战合约》
1376 年	英格兰贤明议会开幕
	黑太子去世
1377 年	爱德华三世去世，理查二世继位
1380 年	查理五世去世，查理六世继位
	贝特朗·杜·盖克兰之死
1382 年	法国在罗斯贝克战役中打败佛兰德人
1385 年	法国—苏格兰联军入侵英格兰北部
	葡萄牙在阿尔茹巴罗塔战胜卡斯蒂利亚人
1386 年	法国放弃了入侵英格兰的计划
1388 年	苏格兰在奥特本取得胜利
1392 年	查理六世第一次精神失常
1396 年	在尼哥波立之战中大败法国十字军部队
1399 年	理查二世被废并去世，亨利四世继位
1407 年	奥尔良公爵遇刺
1413 年	亨利四世去世，亨利五世继位
1415 年	英格兰围攻哈弗勒尔，并在阿金库尔战役中获胜
1417 年	亨利五世开始征服诺曼底
1418 年	巴黎大屠杀
1419 年	英军成功包围鲁昂
	勃艮第公爵在蒙特罗遇刺
1420 年	签订《特鲁瓦条约》
	亨利五世接受查理六世为继承人
1421 年	英格兰在波吉战役中战败
1422 年	亨利五世去世，亨利六世继位
	查理六世去世，查理七世继位
1423 年	英格兰—勃艮第联军在克拉文特战役中获胜
1424 年	英格兰在维尔纳伊尔战役中获胜
1428 年	奥尔良包围战开始
1429 年	圣女贞德拯救奥尔良

英格兰在帕泰战役中战败

1430 年	圣女贞德被俘
1431 年	圣女贞德被审判后处死
1435 年	签订《阿拉斯条约》，勃艮第放弃支持英格兰 约翰贝德福德公爵之死
1436 年	查理七世夺回巴黎
1444 年	《图尔休战协议》
1445 年	法国颁布军事条例
1448 年	法国成立"法兰西弓箭手"军队
1450 年	法国在福尔米尼战役中获胜
1453 年	法国在卡斯蒂永之战中获胜

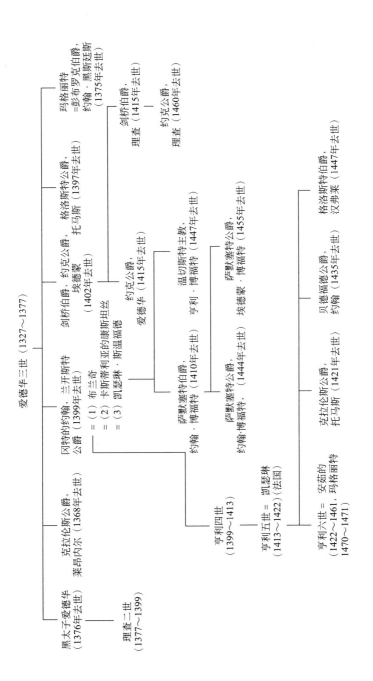

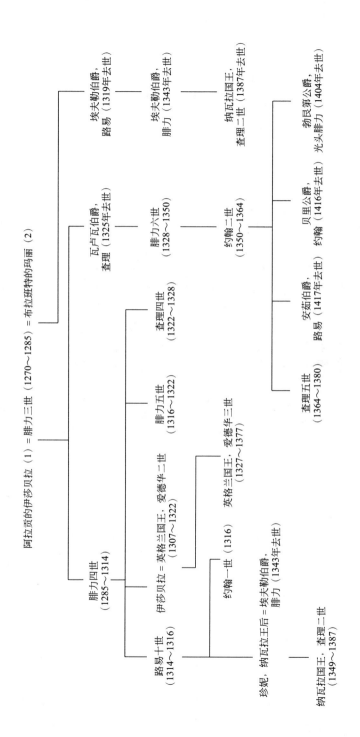

家族谱系表：法国王室（1270～约1380）

家族谱系表：法国王室（1350～1461）

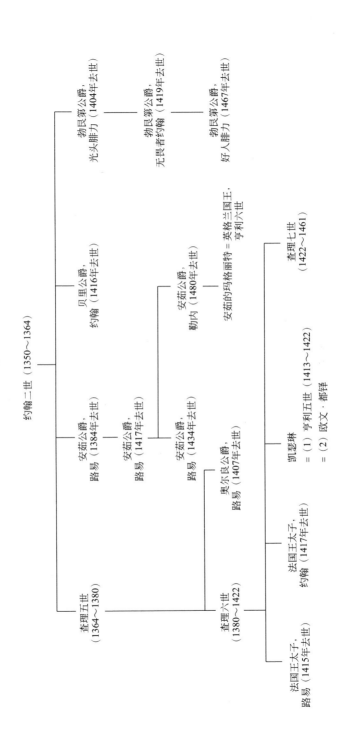

约翰二世（1350～1364）

查理五世（1364～1380）

安茹公爵，路易（1384年去世）

奥尔良公爵，路易（1407年去世）

贝里公爵，约翰（1416年去世）

勃艮第公爵，光头腓力（1404年去世）

安茹公爵，路易（1417年去世）

安茹公爵，路易（1434年去世）

勃艮第公爵，无畏者约翰（1419年去世）

安茹公爵，勒内（1480年去世）

勃艮第公爵，好人腓力（1467年去世）

查理六世（1380～1422）

法国王太子，约翰（1417年去世）

法国王太子，路易（1415年去世）

凯瑟琳
=（1）亨利五世（1413～1422）
=（2）欧文·都铎

安茹的玛格丽特＝英格兰国王，亨利六世

查理七世（1422～1461）

目 录

序　言

1435 年，一位在英格兰任职的法国官员让·德·林内尔（Jean de Rinel）说到，人们普遍认为"一百年来，战乱给这片土地和海域带来了难以弥补的无尽伤害"；这场战争的目的就在于"争夺法王的权利和王位"。[1] "百年战争"（Hundred Years War）一词直到 19 世纪才开始使用，1820 年，法国人在一本历史教科书的章节标题中率先使用了这一说法。[2] 随后在 19 世纪下半叶，英格兰历史学家也采用了该名称。现代历史学家对"百年战争"的叫法存疑，这完全能够理解。首先，虽然有休战期，但英法双方的这场大战包括许多场冲突，战场也北延至苏格兰，南伸到西班牙。其次，百年战争的起止日期——自 1337 年开始，到 1453 年结束——也缺乏说服力，因为有确凿的证据表明，英法双方自 13 世纪 90 年代起便处于一种敌对状态，一直延续到 1558 年英格兰失去了在法国的最后一片领地——加莱（Calais）——的控制权，而英格兰国王也直至 19 世纪初才不再宣称自己为法国国王。不过尽管这其中确实存在着许多复杂问题，但不得不说"百年战争"这一用词既方便又保险，描述了这段以战争为主导的漫长时期。本书从传统观点出发，即战争的核心是英法之间的冲突，而时断时续发生的冲突仍是从 1337 年开始，到 1453 年结束。

关于百年战争有许多不同阐释，在史学界的最新研究中，这一内容广泛的主题又有了新的发展。我非常感谢研究该时期的历史学家，然而我希望此篇序言为深入地阅读本书提供清晰的建议，而非只是陈述个别学者的贡献（其中两位贡献突出的学者除外）。尾注部分主要用于确定引文来源，而不是为了赞扬历史学家的研究成果。

军事战略战术问题一直是战争研究的中心问题。长久以来，历史学家们一致认为，除非战争无可避免，否则指挥官们更倾向于保持理智，而非开战；14世纪后期，法国人在没有冒这种风险的情况下取得了相当大的成功。然而这一正统观念却受到了严峻的挑战，有人坚持认为英格兰人总是故意寻衅，想要挑起战争。由于14世纪时步兵的战斗力强于骑兵，因此长弓一直是当时战术革命争论的焦点。如何在战场上部署弓箭手的问题一直讨论无果，而更有趣的则是"技术决定论"这一观点的提出。该观点认为，随着弓箭和大炮制造技术的发展，军工技术的进步程度往往可以决定战争结果。

正如法国历史学家腓力·康塔米恩（Philippe Contamine）在其开创性著作中所言，战争史不仅仅是对战略和战役的研究。相关战争的行政管理留有大量数据，从这些记录中可以找到征募士兵、补给供应以及财务状况的详细记录。虽然英格兰档案馆藏丰富，但历史学家又通过对当时英法两国军队的数据进行分析，得出了更为深刻的理解。在相关数据库的基础上，对士兵名册、马匹估价表和其他记录进行分析，就能对军队组成以及当时的战况有新的发现。

战争是残酷的——城镇被洗劫，村庄被焚毁，农作物遭到破坏。政治生活中充斥着暗杀活动。然而它还有另外一面，即崇尚荣誉和高尚的行为。这是一个有骑士等级、热衷于举行盛大的比武大会和华丽表演的时代。骑士精神是一种贵族精神，重视荣誉并颂扬个人的战斗表现，这一精神深刻地影响了战争的进展。然而，战争远不只是骑士们在爱人的鼓舞下，骑着装饰华丽的马匹进行的荣誉之战。由于有可能从勒索赎金中获得巨额利润，战争对于许多人来讲更像是一桩生意，近期的相关研究都对这一方面进行了深入探讨。

为战争提供资金以及必要人力支持的需要影响了国家经济状况。此外，英格兰人破坏性极强的突袭策略以及雇佣军的野蛮行径也同样影响了经济的发展。与投资营利事业相比，人们更乐于投资建设防御工事；与此同时，有人通过发"战争财"积累了巨额财富。然而，还是很难确定百年战争究竟给当时社会带来了多大程度的变化，又多大程度地影响了其他事件的发展，比如说 14 世纪中期出现的黑死病与其有多大关系已经不得而知。近年来，相关研究内容丰富多彩，从而对整个战争进行了深刻而又广泛的描述。在 20 世纪的大部分时间里，对学术派历史学家而言，该类型的研究早已过时了。但现在情况发生了变化，乔纳森·萨姆欣（Jonathan Sumption）在其著作《百年战争》中精彩地证明了这一点，这套系列著作涉猎广泛，揭露了许多不为人知的细节。

关于货币

货币的基本兑换规则如下：1 磅白银（1 英镑）等于 20 先令，1 先令等于 12 便士［法国则分别用里弗（livre）、苏（sous）和德涅尔（denier）］。此外英格兰还使用马克，其价值相当于 1 磅白银的三分之二，即 13 先令 4 便士。硬币的材质通常非金即银；法国在整个百年战争期间都在使用金币，而英格兰则在 1344 年才首次铸造金币。由于银币和金币的数量不同，因此货币间价值差异较大。虽然无法用现代货币表示出当时货币的真正价值，但也许举个例子来说就很好理解了：当时骑士的薪酬通常为每月 3 英镑，而他想要买一匹不错的马则需要 20 英镑；此外，一名弓骑兵的薪酬为每月 15 先令。

关于称谓

我没有在本书中称呼英格兰骑士为"爵士"（Sir），并不是因为我是一名平等主义者而反对使用敬语，而是因为法国骑士一般不被称为"爵士"。为了双方称呼统一，故此为之。

A
SHORT HISTORY OF
THE HUNDRED YEARS
WAR

第 1 章

战争原因

1330 年 10 月，年轻的国王爱德华三世（Edward III，1327～1377 年在位）痛下决心，率众穿过诺丁汉城堡的地道冲进了他母亲伊莎贝拉王后（Queen Isabella）的房间，向其发难——这个房间可能是由她已故丈夫爱德华二世（Edward II，1307～1327 年在位）设计的。自 1327 年爱德华二世被废黜以来，英格兰一直由王后及其情人罗杰·莫蒂默（Roger Mortimer）掌权。随着莫蒂默和他的两个亲信被抓，爱德华三世的统治也正式开始。这次政变证明他勇敢坚定，敢于冒险。在其父亲极其糟糕的统治之后，想要重振王室的权威，爱德华三世还有许多事情要做。

在诺丁汉政变发生两年前，瓦卢瓦的腓力六世（Philip VI of Valois，1328～1350 年在位）加冕为法国国王。前国王查理四世（Charles IV，1322～1328 年在位）是卡佩王朝自 987 年建立以来最后一位统治法国的国王。卡佩家族一直人丁兴旺，王位继承自然顺风顺水，但 1316 年路易十世（Louis X，1314～1316 年在位）去世后，形势发生了变化。他的兄弟腓力五世（Philip V，1316～1322 年在位）由于其王侄约翰一世夭折而继位。再后来查理四世又因其王兄（腓力五世）驾崩无嗣而在 1322 年继位，但他在 1328 年便去世了。瓦卢瓦的腓力作为腓力三世（Philip III，1270～1285 年在位）的孙子，拥有最近的男性继承血脉，因此由他来继承王位争议很少。然而，据编年史家傅华萨（Froissart）

所言，正是腓力的加入引发了"大战和毁灭"。[1]但是战争并没有立刻爆发。直到 1337 年腓力六世下令没收爱德华三世在加斯科尼（Gascony）的领地时，战争才算正式开始。

加斯科尼、苏格兰和低地国家

加斯科尼地区的领属争议已经存在了很长时间，一切起因于 1152 年英格兰的亨利二世（Henry II，1133 ～ 1189）和阿基坦的埃莉诺（Eleanor of Aquitaine）的婚事。1259 年《巴黎条约》（Treaty of Paris）签订，英格兰承认了法国对该地的控制权。虽然条约签订后英法两国之间维持了 30 余年的和平，但是英王对将自己的领地拱手让人一事始终耿耿于怀，这就为日后双方矛盾的产生埋下了伏笔。1294 年，法国最高法院剥夺爱德华一世对加斯科尼地区的控制权，战争随即爆发，并一直延续到 1297 年双方达成停战协议。1324 年，双方又进行了一次短暂交锋。法王急于扩大自己的司法权，这引起了加斯科尼人向法国最高法院上诉。人们还对是否修建抵御外敌的城堡争论不休。野心勃勃的加斯科尼贵族们为了扩张自己的势力，竭力怂恿英格兰进攻法国。位于加斯科尼东部的阿热奈地区（Agenais）同样存在争端，没完没了的外交会议并未能解决多少问题。弹劾爱德华二世的文书就曾指控其在加斯科尼地区失去权威和控制权，所以对于爱德华三世来说，收复失地势在必行。

尽管自爱德华一世之后再没有英王到过加斯科尼地区，但在百年战争期间，加斯科尼及其地位问题仍然至关重要。因此，统治加斯科尼并使其完全脱离法国的干预是英格兰的重要目标。但加斯科尼却并未全心全意地归属于英格兰。加斯科尼贵族在英格兰没有领地，英格兰贵族在加斯科尼的情况也是一样。加斯科尼商人在英格兰的日子也常常不尽如人意，王室的恩惠使其他人对加斯科尼人产生敌意，尤其伦敦人的敌视最为严重。但是加斯科尼和英格兰的关系也并非不可调和，葡萄酒贸易成为双方之间关键的经济纽带。14 世纪早期，加斯科尼每年有超过 2 万桶的葡萄酒在多达 200 艘船的船队运输下出口到英格兰，占加斯科尼葡萄酒出口总量的四分之一。

产生摩擦的另一原因是苏格兰问题。1296 年，英格兰和苏格兰之间爆发战争，由此爱德华一世的晚年也都在战火中度过。苏格兰与法国之间的联盟虽然收效甚微，却预示了日后战争中双方的结盟走向。此外，爱德华二世在其在位期间，既经历了 1314 年英军在班诺克本（Bannockburn）的溃败 [罗伯特·布鲁斯（Robert Bruce，史称罗伯特一世，1274～1329）率领苏格兰军队大败英军]，又经历了 1322 年自己在约克郡（York shire）差点被苏格兰人活捉的耻辱。形势在 1322 年发生了戏剧化的转变——一小支英格兰军队在达普林沼（Dupplin Moor）击败了苏格兰军队，但爱德华三世并没有公开参与这次行动。这是一场属于约翰·巴里奥尔（John Balliol）的胜利，此人与布鲁斯家族势不两立，他的儿子爱德华·巴里奥尔（Edward Balliol）曾在 13 世纪 90 年代短暂地当过苏格兰国王。1333 年，爱德华三世为了支持巴里奥尔而参战，并在哈利顿山战役（the Battle of Halidon Hill）中大获全胜，从而引发了一系列旷日持久、代价高昂的抵抗苏格兰战役。1334 年，法国向罗伯特·布鲁斯的儿子——年轻的苏格兰国王大卫二世（David

II，1324 ～ 1371）提供庇护。1336 年，英军收到情报称，法国计划支持苏格兰并进攻英格兰的朴茨茅斯（Portsmouth）。后来法国都是在遵守外交原则的基础上对苏格兰施以援手的，但很明显，如果爱德华想成功统治苏格兰，就必须先打破法国和布鲁斯王朝间的同盟关系。

英法两国在低地国家地区的竞争十分激烈。爱德华三世娶了埃诺伯爵（Count of Hainault）的女儿菲利帕（Philippa）为妻。在当地，商业利益至关重要，富裕城镇都依赖英格兰羊毛的进口。一些地区如布拉班特（Brabant）、埃诺和尤利希（Jülich）等领地均已属法国，但佛兰德伯爵（Count of Flanders）和阿图瓦伯爵（Counts of Artois）却还未向法王宣誓效忠。虽然在 1302 年的库特莱战役（the Battle of Courtrai）中，许多佛兰德民众仅靠棍棒这种原始武器便战胜了法国，但 1328 年，腓力六世最终在卡塞尔之战（the Battle of Cassel）中报了这一败之仇，法国在低地国家的权威和影响力也随之增强。然而仍有一些城镇，特别是根特（Ghent）和布鲁日（Bruges），以及其他一些地区的领主，仍然把爱德华三世视为盟友。

争夺法王之位

加斯科尼问题、苏格兰问题以及发生在低地国家的纷争，均是始于 1294 年的英法战争的要素。爱德华三世统治期间的"新内容"便是英格兰对法国王权的争夺。由于其母伊莎贝拉王后是腓力四世（Philip IV，1285 ～ 1314 年在位）的女儿，因此爱德华三世也属于瓦卢瓦家族中拥有法国王位继承资格的一员，这在法律上也没有问题。1328 年，英格兰使节向法国传达了爱德华继承法国王位的权利，不过法国人并没有当回事，这也不足为奇。第二年，爱德华三世在亚眠（Amiens）向腓力宣誓效忠，此举为其日后争夺法王之位做足了准备。1331 年，他再次秘密前往法国。爱德华曾私下承认他应当向法王效忠。1337 年战争爆发时，他似乎也并不怎么在乎自己继承法王之位的权利，而且那一年爱德华三世也只用过一次法王头衔，在一份宣言中他甚至直接称腓力六世为法王。然而在 1339 年，当爱德华三世向教皇陈述征战的理由时，他却又滔滔不绝地解释了自己争夺法王之位的合理性。因为"一个国家确实不应该由脆弱的女性来统治，但不能仅因该女性没有王位继承资格就将其男性后裔也排除在外"。[2]1340 年 1 月，爱德华正式自立为法国国王，并在根特举行了盛大的加冕仪式。此举的直接目的便是巩固爱德华三世的同盟，因为如果爱德华成为法国国王，那些还未向法王宣誓效忠的盟友将不再被视为反抗者。争夺法国王位在整个战争中都是英格兰的野心之一，虽然某些时候它不过是一个用于讨价还价的筹码，但大多数情况下它都成了开战的现实目标。

直接原因

关于加斯科尼、苏格兰、低地国家地区的问题以及英格兰对法国王位的继承权问题，都是英法双方在百年战争中长期存在的问题。14 世纪 30 年代，双方的冲突出现了一些更为直接的原因。

由于阿图瓦的罗伯特（Robert of Artois）投靠了爱德华三世，腓力六世宣布收回加斯科尼。罗伯特是腓力六世的妹夫，两人关系密切。阿图瓦这块领地本来应当由他的姑妈来继承，但罗伯特却伪造文书说自己拥有合法继承权。后来东窗事发，他名声扫地，不得已逃到英格兰，成为爱德华三世攻打法国的鼓动者之一。爱德华一定早就意识到他对罗伯特的庇护会激怒腓力六世，挑起双方的战争。

腓力六世和爱德华三世的联合东征计划以破产而告终。一方面，腓力迟迟没有满足爱德华的要求；另一方面，如果要向东远征，那么腓力也没有充分考虑筹措军费和组织远征的难度。此后双方矛盾不断升级，于是教皇在 1336 年宣布取消东征计划。集结在法国马塞（Marseilles）的战舰气势汹汹地朝着英吉利海峡驶去。

1337 年双方没有什么军事行动，并且许多编年史学家也不认为这一年有什么特别之处。然而还是有一些史学家十分重视这一年，例如图尔奈（Tournai）的编年史学家贾尔斯·勒·慕斯特（Giles le Muisit）就曾在那一年撰写过一篇题目与百年战争开端有关的文章。他在文章中用"违背正义，丧失理智"来形容爱德华三世。[3] 英法双方在 1337 年产生的嫌隙远比外交过程中产生的其他小摩擦要严重得多。当年爱德华三世采取的措施表明他正在策划大规模战争。1337 年 3 月，爱德华三世在国会上任命其长子①为康沃尔公爵（Duke of Cornwall），并另外提拔六人为伯爵，这六人中有五人均为军事将领。到了夏天的时候，爱德华还安排过一次宣传活动——在各郡的议会和神职人员集会上，他用英语宣讲了对法国开战的理由。此外，英格兰为战争资金筹措也做足了准备。

---

① 即黑太子爱德华（Edward the Black Prince），爱德华三世与菲利帕的长子。——编者注

当年 9 月，下议院通过了向民众征收三年重税的决议，很快神职人员也同意了该决议。很明显，爱德华三世早就做好准备要展开一场规模巨大、代价高昂的战争了。

深层原因

加斯科尼、苏格兰和低地国家的问题争议以及英格兰对法国王位的觊觎问题，在不同程度上通过不同方式影响了百年战争的爆发，但这些都只是导致双方矛盾爆发的部分原因，真正的原因十分复杂。除了诸如布列塔尼（Brittany）继承权纠纷等具体原因外，还有一个问题发人深省，即中世纪晚期是否存在导致战争如此频繁、规模如此之大的思想潮流。

据说，当爱德华三世在斯鲁伊斯海战（the Battle of Sluys）前发表演讲时，他提到了战争的正义性、"神"对他的支持和对利益的考量："今日为我而战之人，必为公义而战，必蒙全能神之赐福。凡其所得，皆可保留。"[4] 当时战争被视为解决争端的有效手段。到了 13 世纪末，理论家，特别是教会法学家们，已经发展出一套清晰阐述正义战争的学说。他们认为发动战争应为合法行为，用其他方式解决问题容易引起争议，带来不必要的麻烦。因此，国王有权宣布开展"正义之战"，并可以为保卫自己的领土和百姓共同利益而诉诸必要手段。这样一来，所有人都有义务为战事开展做出贡献，所需的人力财力都应得到广泛支持。

在中世纪，宗教信仰问题引发了许多战争，最典型的莫过于十字军东征（Crusades）。信仰分歧问题对百年战争没什么影响。然而，宗教仍然扮演着重要角色。各方都声称"上帝"支持自己，并将祈祷视为赢得战争的手段之一。当时有人把战争视为一场审判，即战争的结果是由"神"干预而不是武力决定的。1346 年，爱德华三世给议会写信，写到"你们要虔诚地感谢上帝，感谢他为我们带来的成功，并虔诚地祈祷他会继续支持我们"。[5] 于是爱德华向法王腓力六世发起单挑，"这样一来，神的意志就能体现得更加明确了"。阿金库尔战役（the Battle of Agincourt）开始前，法国人在拟订的作战计划中向"上帝、圣母和圣乔治"祈祷，而亨利五世（Henry V，1413 ～ 1422 年在位）也向这三位祈祷以助自己取得胜利。[6] 这一贯穿战争始终的情感并不仅仅是一种说辞，大家都十分重视"神"的旨意对战争的影响。就算从个人层面来看，虔诚于神和投入战斗也是密不可分的。兰开斯特伯爵（Earl of Lancaster）格罗斯蒙特的亨利（Henry of Grosmont）是英格兰最伟大的指挥官之一，他曾写过一篇深奥的虔诚祷文——《辛茨之书》（*Livre de Seynts Medicines*）。

虽然这场战争的目的并不在于攫取财富或掌控经济资源，但它确实在其他方式并不奏效时提供了获取财富和权力的手段。百年战争期间，经济发展困难，社会动荡不安。1300 年前后，气温骤降，冬天格外寒冷，导致粮食产量极低；1315 年至 1316 年，持续不断的降水使得那两年成了灾年。气候急剧变化，15 世纪 30 年代更是异常困难的时期。1348 年，"黑死病"（鼠疫）造成了更为严重的影响——劳动力价格上涨，物价下降。在此期间，虽然整个社会进行了顽强抗争，但长期以来建立的社会和经济关系还是受到了沉重打击。尽管战争加剧了经济困难，但对某些人而言，它确实提供了一条出路。

　　还有一些其他因素为开战创造了条件。"骑士精神"这个词概括了中世纪晚期的贵族文化，这在当时来看再正常不过了。骑士文化至少可以追溯到 11 世纪，然而在百年战争时期，真正定义其概念的专著和记载才得以出现。"骑士精神"这一概念很难讲明白，因此关于其内涵有过许多讨论。有骑士风度的男人应当骁勇善战，且具有忠诚、勇敢以及慷慨的优良品格。骑士都十分重视获得荣誉。骑士精神强调正当理由下的武力对抗。通常"暴力"一词是用来形容十字军东征的，但对急于捍卫自身王权的统治者而言，骑士精神这类暴力表现也是可以接受的。

　　开展大规模作战对国力要求很高。当时的国家没有常备军，但是由于与贵族和军备供应商们签订了协议，招募军队便有了办法，并且效率很高。此外，广义上义务兵役制度也仍在执行。维持战争要损耗大量财力，但统治者们有许多"秘密武器"。首先就是依靠直接性税收；其次，间接性税收也能带来收入，例如英格兰会征收羊毛出口税，而法国则会征收销售税。对法国来说，通过操控货币流通量也能解决资金来源问题，或者还可以从意大利的银行家和其他交易商那里贷款。而对英格兰来说，尤为重要的是要有便利的航运保障，虽然当时没有庞大的皇家海军，但还是可以召集大量商船向法国战场运送补给。

　　虽然法国和英格兰有着共同的文化，并且两国的贵族阶级都说法语（尽管口音不同），但他们的国籍意识十分明确。英格兰把这场战争宣传成是为了捍卫民族利益而战。1295 年，爱德华一世曾表明法国试图禁止在全国说英语。爱德华三世后来又为这一说法"添油加醋"。1343 年，有人在议会上说，腓力六世"的野心

就是要彻底地消灭英语这门语言,再强占英格兰——这完全违背了
'上帝的旨意',国王与议会对此了然于胸"。1346 年,英格兰议
会截获了法军意欲入侵英格兰的计划,并直接将其作为证据,证
明了法国试图"彻底毁灭整个英格兰民族及其语言"。爱德华三
世发动战争也同样是为了"夺回其海外权利"。[7]英格兰的民族特
性对他们争取加斯科尼领地权与法王之位继承权的影响不大。然
而,英法两个民族明显的差异性却成为两国产生矛盾的原因之一,
同样,这种差异性也反映出了两国间的紧张局势和信任危机。一
名 15 世纪的西班牙评论家曾将英格兰称作好战民族,说英格兰
人"不愿意与其他任何民族和平相处,他们向往的生活与和平格
格不入"。一旦有外国人来到英格兰,"英格兰人就会设法羞辱冒
犯他们,因此正如我所言,英格兰人与其他民族截然不同"。相比
之下,法国人则"举止温文尔雅",此外"他们又风情万种,令人
着迷"。[8]

双方在 1337 年开战的原因十分清楚,但要解释这场战争究竟
是如何得以持续这么长的时间,并非易事。这其中一小部分原因
在于当时的王朝制度,它为冲突的诱因奠定了基础。此外绝大部
分矛盾都应归因于中世纪晚期的社会性质。毋庸置疑,人类渴望
和平,但当战争欲望过于强烈时,战争便在所难免。

A
SHORT HISTORY OF
THE HUNDRED YEARS
WAR

第 2 章

战争的第一阶段

（1337 ~ 1345）

英格兰对于这场战争的规划十分明确。加斯科尼可能爆发防御战，但对法作战将会率先在低地国家打响。爱德华通过财政援助的手段"购买"到与低地国家的同盟关系。然而，类似手段曾在 1214 年令国王约翰一世功亏一篑①，1297 年终于走到了末路②。如今，即便爱德华三世的政治手腕高超，这一方法也难以奏效，它还是会带来政治危机，并导致英格兰的财政濒临崩溃。

爱德华"购买"到的这一联盟至少在羊皮卷的记录中显得非常强大。埃诺伯爵和格德斯伯爵（Count of Guelders）、尤利希侯爵（Margrave of Jülich）、布拉班特公爵（Duke of Brabant）、莱茵河王权伯爵（Count Palatine of the Rhine）、德意志皇帝以及巴伐利亚的路德维希四世（Ludwig IV）都被编入爱德华错综复杂的天价大网之中。截止到 1337 年，爱德华已承诺至少支付给盟国 12.4 万英镑的巨款。最终爱德华背负的债务达到了约 22.5 万英镑。法国人也寻找到了对抗英格兰的方式，他们争取到了佛兰德伯爵以及列日主教（Bishop of Liège）的支持，并通过金钱赢得了波西米亚国王和下萨克森公爵（Duke of Lower Saxony）的帮助。而爱德华的问题则是如何支付他所背负的巨款，如何启动这一大联盟。

---

① 在 1214 年的布汶战役（the Battle of Bouvines）中，约翰一世将横征暴敛来的金钱用以同欧洲贵族建立同盟关系，然而在和卡佩王朝决战时，与约翰并肩作战的普瓦图（Poitou）贵族临阵脱逃，因而约翰不得不撤退，这一耗费极大精力和资源才构建起来的南方联盟也在瞬间土崩瓦解。——译者注
② 1297 年 10 月，爱德华一世不得不与法国国王达成休战协议。——译者注

索尔兹伯里伯爵（Earl of Salisbury）是爱德华的左膀右臂，他认为这一多国联盟"带来的利益似乎不大，国王没有财源来负担其费用"。[1]

康布雷和比隆福斯

爱德华希望 1337 年能够远征低地国家，然而他的这一幻想最终还是破灭了。征兵速度慢，许多军队不得不转而去对抗苏格兰的袭击。唯一一起发生在低地国家的军事行动是由埃诺人沃尔特·莫尼（Walter Mauny）领导的。1327 年，沃尔特·莫尼来到英格兰，成了王后菲利帕的侍卫，他也曾在 14 世纪 30 年代的苏格兰战役中崭露头角。国王"十分中意沃尔特·莫尼，因为莫尼在多次恶战中为他效命"。[2] 9 月，莫尼指挥的一支舰队袭击了靠近斯鲁伊斯的卡德赞德岛（the island of Cadzand）。他率领的军队用弓箭与火器展开猛攻，将整个岛屿化为焦土。与佛兰德伯爵同父异母的弟弟、私生子盖伊（Guy）被莫尼抓住，而后以 8000 英镑的价格被卖给了法国国王。此次战事已展现出未来战争发展的某些重要特征：英格兰的弓箭手效率极高；战争的破坏力极大并带来了巨额的经济利益。

英格兰国王最终决定于 1338 年 7 月乘船向欧洲大陆进发，登陆点在安特卫普（Antwerp）。国王率领的军队人数不到 5000，然而把这一小批人运到海峡对岸却着实花了不小力气。要运送士兵以及他们的战马和装备约需 400 艘船，而这 400 艘船又需要约 13000 名水手来操控，运输费用极高。爱德华承诺给他的士兵两倍报酬，以此激励他们为自己打仗。然而并未发生战事。爱德华来到莱茵兰（Rhineland）会见德意志皇帝路德维希四世，并与他签订最终协议。路德维希同意任命爱德华为低地国家的全权代表。后来，发生了一件荒谬的事：一个名为威廉·勒·瓦利斯（William le Waleys）的人现身科隆（Cologne），并"声称自己是爱德华的父亲"。[3]但爱德华二世逃脱了监禁他的伯克利城堡而非在那里惨死的这一说法不可能是真的，并且爱德华三世对瓦利斯的胡言乱语也并不在意。据编年史家托马斯·格雷（Thomas Gray）记录，爱德华在安特卫普"与人马上比武，生活奢侈"，丝毫没有征战之意。[4]这次逗留在此对一些人来讲并不是件高兴事，因为爱德华的军队惹了大麻烦：一群士兵杀害了加斯科尼总督奥利弗·英厄姆（Oliver Ingham）的儿子。

1338年，爱德华正处在弱势地位，但法国却没能好好地把握住这一战机。腓力六世下令在亚眠集结军队，但这一行动却多次搁浅，而且他并不打算挑起与英格兰的战争，已经制订的入侵计划最后也因毫无准备而没有付诸行动。把英格兰一点点地卷进真正的战争中的，是发生在南海岸港口的一场场突袭战。朴茨茅斯遭遇法军侵袭，整座城市付之一炬；南安普敦市（Southampton）被破坏得更为严重，一场大规模袭击将其洗劫一空；爱德华的两艘大型战舰落入敌军之手。1339年，法军进攻普利茅斯（Plymouth），不过最终被赶跑了。法军在黑斯廷斯（Hastings）更是捷报频传，但实际上，在发生的所有冲突中，并没有能对英格兰构成真正威胁的全面入侵。

1339年9月下旬，爱德华三世及其盟友围攻了康布雷（Cambrai），在低地国家的战役终于打响，接着便是对法国领土的野蛮掠夺与破坏。这是一场空前规模的战争，村庄、庄稼全都毁于熊熊烈火。在一封信件中，爱德华三世宣称"这片土地已完全被毁，粮食、动物以及其他东西都已化为灰烬"。[5] 英格兰人希望这样做能向腓力六世施压，并促使他前来迎战。10 月 23 日，英格兰人如愿以偿，英法在比隆福斯（Buironfosse）附近会战。爱德华三世"让所有人下马徒步而行，他继而列队整顿大军，让弓箭手们掩护在骑兵两侧，而威尔士士兵则拿着长矛紧随其后"。[6] 爱德华的举动出乎其盟友的预料，但这种方法早在英格兰和苏格兰的战争中（比较著名的有达普林沼战役和哈利顿山战役）就已经显示出它的厉害之处。然而，爱德华只是摆好了防御队形，他并不想主动挑衅腓力六世。"我们以此队形站着等了一整天，直到晚祷才歇下来。在我们的盟友看来，我们已经站得够久了"。[7] 到了晚上，英格兰盟军偷偷溜走了。法国人后来认为他们比英格兰盟军损失得更多，因此这场战斗是慎者赢、勇者败。

加斯科尼

加斯科尼的英格兰军队也很难坚持下去，军队长官处境艰难。由于援军优先投入到低地国家的战役，本应到这里的英格兰援军就不见了踪影，而此时军队的经济支持也陷入困境。1337 年 7 月，伊尤伯爵（Count of Eu）率领法军向加斯科尼发动全面进攻，并占领了三座城堡和一些小堡垒。发生在加龙河畔（Garonne）的一次突袭对英军造成的损失更甚，不过主要的城镇和城堡逃过了一劫。英格兰最终还是派出了一支小部队，这批人于 9 月抵达加斯科尼。后来法国弃战，因而英格兰几乎很快就夺回了损失的所有土地。

11 月，英军甚至还成功突袭攻进了圣东日（Saintonge）。次年初，英格兰又进攻阿热奈。

然而，自 1338 年夏天开始，西南部战争的天平偏向了法国军队。布尔格（Bourg）和布拉伊（Blaye）两地控制着到波尔多市（Bordeaux）的水路，1339 年 4 月，两地均被攻陷，还有一些地方的城镇和城堡也都被法国收入囊中。奥利弗·英厄姆作为英方的指挥官，身陷困境，既没剩多少军队也没有财力支持，然而局势再一次扭转：1339 年 7 月，英厄姆率军赶跑了法军，令其放弃了进攻波尔多市。到了秋天，英格兰赢得了一位大人物——阿尔贝莱特领主（lord of Albret）——的支持，收获颇丰。

战争融资

法国人在军事方面的规划十分谨慎。他们对 1339 年的军队人数以及军事开销进行了估计，并预测会遇到巨大的财政缺口，因而便提议同地方商议征收新税。在韦芒杜瓦（Vermandois）和博韦（Beauvaisis），法国与当地达成了一项协议，协议中特别指出地区筹款不应该成为惯例，筹集的钱应全部用于军事开销。[8] 在南部地区的筹款进行得尤为艰难，这里还有来自贵族（包括那些拥有豁免权，不必缴税的贵族）的反对。各类财政负担包括壁炉税、营业税、出口税以及向意大利商人征收的税款。早在 1337 年，法王就开始在铸币上动手脚：减少货币含银量并从货币重铸中谋利。尽管许多人十分不满腓力六世征收各类新税，但这种不满情绪只存在于地方，而且腓力六世也没有面临爱德华三世不得不去解决的政治危机。[9]

英格兰的财政情况比法国要复杂得多。1339 年，英格兰王室的财务状况一团糟，但他们的计划却过于乐观，尤其是他们还指望着通过操控羊毛贸易来大捞一把，但最终他们的期望还是落空了。

1337 年，英格兰羊毛商人同意政府征收三万袋羊毛。这些羊毛将远销海外，带来将近 20 万英镑的收入，但实际上收上来的羊毛比预期的要少得多，一些羊毛还出口到了多德雷赫特（Dordrecht）。后来，由于商人们拒绝向国王返还 27.6 万英镑的预付款，因而王室官员接管了其余的羊毛，并将羊毛兑换成债券。意大利商人银行家们——巴迪和佩鲁齐家族（the Bardi and Peruzzi）——此时愈加不愿借钱给英王。截止到 1338 年米迦勒节（Michaelmas），他们借给英王的垫款已经达到 7 万英镑。至此，爱德华在国内的政策失败，没能为战事提供所需资金，他对此颇为气恼。在 1338 年动身前往低地国家之前，爱德华拟定了一个方案，名为《沃尔顿条例》（Walton Ordinances），目的就是在国外也能管理英格兰，但这一方案最终证明是行不通的。1339 年秋，英格兰名义上的统治者是当时的王太子，坎特伯雷大主教（Archbishop of Canterbury）约翰·斯特拉特福德（John Stratford）成为辅佐王太子摄政的首席大臣，这是一个不可能完成的任务，他告诉议会说国王已经负债累累，欠下 30 万英镑的巨额债务。

1340 年 1 月 26 日，爱德华在根特自立为法国国王。这样做的直接原因是：爱德华在低地国家的盟友们支持一位有权继承法国王位的人在道德立场上更能站得住脚，这比他们作为叛逆者对抗腓力六世要更合适。佛兰德各地的领主雅各布·范·阿特维尔德

（Jacob van Artevelde）的作用举足轻重。1337 年 12 月，根特发生骚乱后，英格兰随即宣布对佛兰德实行贸易禁运，导致当地人对佛兰德伯爵极度不满。雅各布·范·阿特维尔德在这场风波中逐渐成为关键人物，他起初选择中立，但到 1339 年末，他决定与英格兰结盟，并因此获得了 14 万英镑的巨额补贴，而爱德华的财政债务也同时飙升到无以复加的地步。

1340 年 2 月，爱德华从低地国家返回英格兰，并进行改革，征收新税。他要求人们用实物而非货币交税。人们将农产品的 1/9 上交，再由王室官员将其出售，但最终这一方案失败了，一定程度上是因为当时钱币在英格兰极度匮乏，这就意味着人们无法按预期的价格购买产品。爱德华夸下海口，承诺到 1340 年 6 月可以获得 19 万英镑税收，但到 9 月份，收上来的税款还不到 1.5 万英镑。

毫不意外，这一系列的事件引起了极大的公愤。战争所导致的税赋、军粮和羊毛需求量的增加，间接而又广泛地影响到了民众的生活。收税方式的变化意味着最穷苦的人不再拥有税收豁免权。1334 年之前，每项税收都是基于对各类动产价值的单项评估。但 1334 年后，地方就要缴纳标准水平的税款，这就意味着更多的人要交税，加之英格兰的钱币储量少，情况就更糟了。一位同时代诗人抱怨，"从整个国家收上来的半数税款都没能落在国王的口袋里"，而人们已没有什么可缴的了。[10] 除此之外，国家强制向农民征收羊毛、强迫人们为军队供应粮食的做法更是进一步加重了民众的负担。爱德华三世统治时期的粮食征收量并不比爱德华一世统治时期的多，但有记录显示，爱德华三世时期的征收过程充斥着暴力和腐败行为。负责人也不再像以前一样是一区之郡长，取而代之的是商人以及其他一些人。这些人中有人尽职尽责，有人则无耻腐败，最著名的就是国王手下的贪污大户——威廉·沃灵福德（William Wallingford）。对第九项税种的各种征税调查显示，由于赋税过重，许多土地已经撂荒，无人耕种。

斯鲁伊斯海战及其影响

1340 年 2 月至 6 月，爱德华在英格兰期间，英格兰军队在低地国家的战事并不怎么顺利。里尔（Lille）城外的一场突袭战中，由于作战计划考虑欠周，两位伯爵——索尔兹伯里伯爵和萨福克伯爵（Earl of Suffolk）——被敌军俘获。诺曼底公爵（Duke of Normandy）约翰在埃诺大肆破坏，约 50 座城镇和村庄毁于战火。战事吃紧，爱德华急需返回低地国家。尽管国内麻烦不断，他还是于 6 月 22 日离开了英格兰。23 日，爱德华的舰队到达茨温（Zwin）河口处，可以看到停泊在斯鲁伊斯的法国舰队。6 月 24 日，背光且顺风的英格兰军舰向法军发起了进攻。爱德华的舰队总计约 160 艘船只，皆由商船组成，其中一些船通过艏艉加装船楼平台改造成了战船，专门为了打仗。当英格兰的船只接近法国船只时，法国船只正抛锚停泊，船与船拴在一起，因而英格兰弓箭手的确对法国军队造成了一些伤亡。后来英格兰船只假装准备调转船头逃跑，法国军队便解开了拴船铁链，拉开了队形。英军趁机勾住并登上敌船，双方展开赤膊战，场面激烈。热那亚（Genoese）海军上将巴巴维拉（Barbavera）麾下一个中队勉强逃脱。英格兰的弓箭手和重骑兵是一股可怕的力量，他们比法国水手强大得多，但战斗还是持续了很久。截止到当晚，法国军队损失近 200 艘舰船、约 1.5 万名士兵，其中大多数人是溺水而亡。没有证据显示英方俘虏了任何人，这很可能是因为在法国军队里没有什么值得勒索以换赎金的贵族和骑士。

英格兰在斯鲁伊斯取得的胜利意义重大，它打消了法国入侵英格兰的念头，也让法国停止了多年来对其南部海岸的骚扰。然而在陆地上，英格兰人却没能把他们在海上的胜利发扬光大。阿图瓦的罗伯特在圣奥梅尔（St Omer）外大败于敌军。另外，爱德华和他的盟友们围攻图尔奈近两个月之久，但局势仍然对英格兰十分不利，围攻成果也只是摧毁了周遭的村落而已。爱德华的盟友埃诺伯爵一把火烧掉了圣阿芒的修道院并对其土地大肆毁坏，抢掠来的财物被放在了 20 座小村庄以及 32 个农场和田庄之中。使用攻城器轰城收效甚微，因为守城者以牙还牙，用同样的方式进行了回击（腓力六世率军前来解围）。然而，在带领军队靠近被困城镇时，腓力六世过于谨慎，不敢冒险一战。即使与战斗无关的人早就被驱逐出了图尔奈，城中的物资还是几近耗光。此时爱德华的盟友们早已没了耐心，而英格兰的战争经费也已用完。9 月 25 日，英法双方在埃斯普莱钦（Esplechin）达成了休战协议。英格兰的计划落空，爱德华的名声也一落千丈。图尔奈的防御战证明了运用胶着的包围战术难以攻克大城镇，同时，这场战役也预示了英格兰未来将继续落败的下场，就好比 1359 年在兰斯（Reims）的失败遭遇一样。由此看来，英格兰在 1347 年占领加莱以及在 1419 年攻下鲁昂（Rouen）都可以算得上是罕见的胜利了。

1340 年 11 月，爱德华突然离开低地国家，并且只带走了一些心腹。他出人意料地来到了伦敦塔，启动了对政府的大规模清洗，因为他认为整个政府已经完全背叛了他。爱德华在低地国家征战时，坎特伯雷大主教约翰·斯特拉特福德为英格兰政府的实际掌权人，爱德华与他的争执尤为激烈。这场严重的政治危机最终在 1341 年召开的议会上得以化解，双方妥协让步，甚至还一致同意对羊毛征收新税。之后，爱德华又精心筹划了一场新的远征行动。此次远征军队的计划人数达 1.35 万人，战舰的水手达1.2 万人。将领们获得报酬的方式比较特别，他们会得到一些羊毛作为从军 40 天的报酬，而之所以是 40 天，是因为这次远征就计划在 40 天内完成。详细记录这一计划的文件没有显示军队的目的地是哪里，这很符合爱德华一贯行事秘密的作风。事实上，低地国家很可能再一次成为爱德华的目标所在，不过最终远征计划取消了，因为爱德华的盟友们想要延长与法国的休战时间。显然，爱德华昂贵的作战计划早在 1340 年停战协议达成后就举步维艰，如今，他再也难以重启这一计划，而战争也将进入新的阶段。

《马莱斯特鲁瓦休战协定》

1341 年 5 月，战事随着布列塔尼公爵约翰三世（Duke John III of Brittany）的去世而发生了转变。布列塔尼公爵继任人之争就在约翰三世的异母弟约翰·德·孟福尔（John de Montfort）和他的侄女珍妮·德·旁提耶夫（Jeanne de Penthièvre）之间展开，而且珍妮·德·旁提耶夫是法国国王的侄子布卢瓦的查理（Charles of Blois）的妻子。1341 年夏天，爱德华宣布支持孟福尔继承布列塔尼公爵之位。然而，孟福尔在与法对战中迅速落败并将南特地区拱手让与敌人，他本人也被囚禁在巴黎。1342年初，尽管孟福尔英勇无畏的夫人——佛兰德的珍妮（Jeanne of Flanders）——在埃内邦（Hennebont）的围攻战中负隅顽抗，但布列塔尼几乎所有的领地都落入布卢瓦的查理之手。她全副武装，跨骑战马，并鼓励城中的女性携石子到城墙边砸向围攻者。最开始的时候，帮助她的英格兰人寥寥无几。其中，沃尔特·莫尼手下只有一小批重骑兵，战绩不佳，但当他和部下们返回时，珍妮多次向他们一一献吻，对他们反击围攻者表示感谢。"不得不说这是一位英勇的女性。"[11]在北安普敦伯爵（Earl of Northampton）的带领下，一队远征军于8月到达并围攻了莫尔莱（Morlaix）。此时布卢瓦的查理正准备削减该处的驻军人数，而英格兰人已经整顿好军队，摆好阵势，并在前面用铺上了枯树枝的深坑和沟渠作掩护。有关战争的描述十分简短，但显然法国骑兵难以突破英格兰的防线，整场战斗异常惨烈。爱德华三世于10月底抵达布列塔尼，带来了约3800人的小规模军队。他一路攻城略地，取得首胜。然而，爱德华却因事耽搁在瓦纳（Vannes），而到了12月中旬，法国的反击战也开始了。冬天并不是个适合打仗的季节，因此尽管法国人已经收回了一些曾被英格兰占领的土地，他们还是选择避战。显然他们没有注意到英格兰军队的人数正在减少，而且整个队伍正饱受疾病和寒冷的折磨。1343年1月，英法签订《马莱斯特鲁瓦休战协定》（Truce of Malestroit），约定双方三年之内不再发动战争，各自保留目前所拥有的领地，而瓦纳则交由教皇管理。

伯爵夫人珍妮被视为战争中的女英雄，像她一样上阵杀敌的女性并不多。英法休战后，这位女战士同国王爱德华一起乘船回到了英格兰。不久，国王下令将其禁足于克希城堡（Tickhill Castle）。这可能是由于战争的压力和创伤导致她精神失常。也有可能是爱德华认为，她的存在是对自己控制布列塔尼的阻碍。1374 年，伯爵夫人珍妮走完被监禁的后半生，离开了人世。

《马莱斯特鲁瓦休战协定》为和平谈判提供了一个契机，不过英格兰对参加这种谈判并不是太感兴趣。1343 年，在教皇调停下，和谈在阿维尼翁（Avignon）召开。爱德华却想方设法推迟派代表前往阿维尼翁参加谈判。1345 年初，和谈结束，双方没有达成任何协议，这很大程度上是由于英方的谈判代表立场强硬。教皇尝试从中调解，找到双方利益共同点，但最终仍是徒劳无功。在英格兰，有人向议会控诉法国用残忍的手段处决了俘虏，并且说：

> 敌人无所不用其极，企图侵占我王所有的海外领地和财富。他们还挑拨国王同布拉班特盟友、佛兰德盟友以及德意志盟友的关系，其野心就是要彻底地消灭英语这门语言，再强占英格兰——这完全违背了上帝的旨意，国王与议会对此了然于胸。[12]

爱德华决定同法国继续开战，于是休战提前一年结束了。

考虑到几年来英格兰少胜多败的战况，要为此次战争拉票并非易事。爱德华心中十分清楚要说服他的臣民支持他继续征战法国有多么不易，这一点从他承诺给军人支付两倍报酬就能看出。1337 年，主教、伯爵以及重要的男爵被派到各郡县向大家解释国王要继续征战的决定，并为战事做准备。一年之后，"所有的宗教人士和女性"都被要求为国王祈祷，"祈祷他能在海峡彼岸的战争中平安无事"。[13] 此举无疑是在为国王寻求"上帝"的庇护，同时这也是为了能够赢得大众的支持。关于发动此次战争的原因，主教们得到的解释是：英格兰对法国开出的条件优厚，然而法国却蛮不讲理，不仅妄想侵犯加斯科尼，还对所有属于爱德华的领地虎视眈眈。法国人犯下种种恶行，"烧杀掳掠无恶不作"。[14] 不过并不是所有人都对这些宣传信以为真，免不了有一些人提出质疑。一首诗提到"国王只有征得其民众的同意才能对外征战"，所以爱德华的行为大错特错。诗中还谴责了征收羊毛税和掠夺羊毛的行为，不过这一点并不是针对爱德华这位"青年骑士"的，而是针对辅佐国王的大臣们的。[15]

百年战争的第一阶段就截止到《马莱斯特鲁瓦休战协定》的签订，这一协定不论对英格兰还是法国都没有决定性意义。腓力六世的军队还是没能获得对加斯科尼的控制权，而爱德华及其盟友也没有在低地国家取得任何实质性的进展。法国的一些地方化为焦土，而英格兰南海岸的港口也被破坏。图尔奈的围攻战暴露出军队在遇到石料防御工事时毫无办法。英格兰在布列塔尼受挫，初战的辉煌一去不复返。战争的巨大开销令英格兰不堪重负，爱德华甚至典当了他神圣的王冠。[16] 意大利银行家们所制定的贷款机制已经不能满足爱德华的需求，而且由于种种原因，巴迪和佩鲁齐家族这两大银行巨头濒临破产。国内的政治危机也迫使爱德华极不情愿地做出让步。

A
SHORT HISTORY OF
THE HUNDRED YEARS
WAR

第 3 章

克雷西与加莱

战争并不总是遂人所愿。1330 年，有人曾建议腓力六世："现今您的敌人不敢守着老办法打仗，纵有刀剑长枪在手、盾牌掩护，他们不敢也不能那么横冲直撞，随便就同我们开战。"[1]然而今时不同往日：1346 年，爱德华三世所率领的军队在克雷西（Crécy）大败法军。此次的胜利非比寻常，而在之后的加莱围攻战中，英军又大获全胜。从多佛（Dover）出发到加莱只有很短的一段海上距离，因而沦陷的加莱让英格兰在法国又多了一个据点。这些战事让整个局势发生了巨变。

1345 年之战事

1345 年战事重启后，爱德华三世制订了更为雄心勃勃的计划。北安普敦伯爵率领一部分军队前往布列塔尼，兰开斯特的亨利带领另一部分人前往加斯科尼，而主力军队则由爱德华自己领导，其目的地并未对外透露，但从军队自桑德威奇（Sandwich）起航这一点来看，它的终点很可能是佛兰德。

北安普敦伯爵在布列塔尼胜少败多。约翰·德·孟福尔去世后，英格兰更是元气大伤。1345 年末，英军在布列塔尼唯一的战果就是占领了公爵领地北海岸的拉罗什德里安（La Roche-Derrien）。在那里，英军缴获了 1600 桶敌军的西班牙葡萄酒，这令人喜不自胜，不过从军事角度讲，这块土地的价值有限。再看国王的征战情况：爱德华原想带领约两万士兵纵横沙场，结果却一无所成，因为战事因 7 月一场危机的影响而推迟了。这场危机险些破坏掉爱德华与伊普尔（Ypres）、布鲁日以及根特这些佛兰德城镇的联盟关系。爱德华的盟友雅各布·范·阿特维尔德遇害。尽管如此，爱德华还是和佛兰德城镇达成了协议。似乎一切已经准备就绪，可以扬帆起航，迎接一场大战了。然而天公不作美，航行途中狂风暴雨，整个舰队被吹得四散，于是远征计划不得不取消。

　　相比之下，兰开斯特在加斯科尼的战事进展异常顺利。8 月，兰开斯特到达波尔多，他在当地招募军队，积蓄力量，之后疾风迅雷般占领了贝尔热拉克（Bergerac），并从该处出发进军珀里格（Périgeux）。而到了珀里格，兰开斯特没能攻占整个城镇，只将附近若干地区收入囊中，包括奥贝罗切（Auberoche）。当法国试图通过围攻的方式夺回奥贝罗切时，兰开斯特迅速反击，率军出其不意地制服了围攻者。英格兰弓箭手杀伤力巨大，法国军队的指挥官普瓦捷的路易（Louis of Poitiers）在与人肉搏时被擒，最终伤重不治身亡。许多其他的法国贵族和骑士也成了俘虏。英格兰在赎金上大捞一笔，收获约 5 万英镑。在奥贝罗切大获全胜后，英军又攻下了加龙河沿岸的拉雷奥尔（La Réole）。拉雷奥尔虽凭借城堡一度奋力抵抗，但最终还是与英格兰驻军达成了协议：若 5 个星期内法国没有派来援军，那么拉雷奥尔将投降。时间到了，法国军队迟迟未出现，于是拉雷奥尔如约归顺英格兰。胜利一个接着一个，英格兰在加斯科尼势如破竹，民众纷纷向英格兰投降。1345 年 12 月，阿热奈的艾吉永（Aiguillon）沦陷，短短几个月不到，英格兰就控制了法国的大部分领土。在兰开斯特的带领下，英格兰的胜利令人瞩目。

1346 年之计划

1346 年，爱德华又集结军队，准备登船开路，不过与去年不同的是，此次的出发地定在了朴茨茅斯而不是桑德威奇。英格兰在此次战事中投入的力量远胜以往几次，总兵力包括 2500～3000 名骑士和步兵，以及 10000 名甚至更多的弓箭手。

7 月 12 日，一支由 750 艘战船组成的巨型舰队到达诺曼底的圣瓦斯特 – 拉乌格（Saint-Vaast- la-Hougue）。关于爱德华为何要选择此地，一直是一个颇受争议的话题。英格兰一位名为巴塞洛缪·布尔格什（Bartholomew Burghersh）的指挥官登陆 5 天后在一封信中解释说，队伍的目的地本是加斯科尼，但遇到海上狂风作乱，整个舰队被吹得偏离了航线，最后驶向了诺曼底。最近的历史学家们对这种称入侵诺曼底是事出偶然的说法不以为然，然而爱德华的真正意图仍旧无法轻易探得，问题在于此次登陆的所有事宜均属绝密，正如 1944 年的诺曼底登陆一样。爱德华处处小心谨慎，力求远征队伍的目的地不被泄露。

根据布尔格什在信中所说，远征加斯科尼才是情理之中的事，因为在英格兰取得多次胜利后，1346 年 4 月，诺曼底公爵、腓力六世的儿子约翰［即约翰二世（Jean II，1350～1364 年在位）］率军包围了艾吉永。这是一场大规模作战，尽管法国的攻城器收效甚微，兰开斯特还是备感压力，因为庞大的法军正威胁着他前一年攻占下的领地。他的服役条件中有这样一项：倘使他遭遇围困或被敌方大军紧逼，无法自行脱困，那么国王应立刻对他施以援手。因此，这就更说明了爱德华为什么应该以加斯科尼作为远征军的目的地。然而还有一种方法可以帮助兰开斯特脱离困境，即袭击诺曼底，以此将围攻艾吉永的队伍吸引过来——这也正是真正所发生的事。约翰公爵得知英格兰军队到达自己的领地的时候，立即请求停战。8 月 20 日，法军对兰开斯特的围攻草率收场。

根据同时代的编年史家让·勒·贝尔（Jean le Bel）所说，哈考特的戈弗雷（Godfrey of Harcourt）是个名不见经传的诺曼贵族，他一一列举攻打诺曼底的种种优势条件，比如那里富可敌国而且毫不设防，最终成功说服爱德华进军诺曼底。戈弗雷于 1343 年叛变，而至于他为什么会背叛法国，完全是出于个人原因。他一开始逃到了布拉班特，之后又于 1345 年流落到英格兰。毫无疑问，他的确给爱德华提供了一些用得上的情报，并且还很有可能误导了他，让爱德华以为自己能在诺曼底获得民众支持。然而如果说是戈弗雷这样的人决定了英格兰的新策略的话，未免有些牵强。

传统观点认为爱德华意欲在诺曼底制造一场毁灭式突袭——通过劫掠、摧毁所有村庄来给法国施压。实际上他并非主动出击，而是由于法军穷追不舍，他带领着英军撤到北边退无可退，别无他法，只能与法军在克雷西开战。乔纳森·萨姆欣认为爱德华的初衷是想要赢得诺曼人的支持，并在诺曼底建立起英格兰的统治。事到如今很明显这已不可能实现，因而当爱德华看清了这一点之后，他对诺曼底的毁灭与破坏也就接踵而至。克利福德·罗杰斯（Clifford Rogers）认为还有另外一种可能，而且这种可能更有说服力，那便是爱德华最开始的策略就是要挑起与法军的战争。他向北撤退并不是为了逃避敌军，而是为了将敌军引到一个对自己地利人和的地方，之后再与腓力六世正面交锋。[2] 这就很容易让人以为战事胜利是因为爱德华从一开始就有了精密筹划，但实际上更可能的是，随着战争本身的发展，爱德华的目的也在不停地变化。似乎爱德华最初的目的有两点：一是要吸引法国围攻艾吉永的势力，二是要进军诺曼底。但随着战事不断发展，爱德华最明确的目标就是要开战。由于双方战时面临种种挑战，这场战役多次中断。爱德华厉兵秣马，枕戈待旦。他表示："我们不会傻到让你们来中断这场战役，也不会让你们来决定在哪里交战，何时交战。"[3] 这种挑衅不过是传统的战前宣传行为，它既不能决定交战地点，也不能决定交战时间，可以不予置理。然而，爱德华似乎真心实意地想要在战争中和腓力对阵一番。交战前，他宣扬法国对属于他的领土虎视眈眈，"这也是为什么国王觉得要迅速开战，让上帝来做决断的原因"。[4] 这场战役可以看作是一场审判，而"上帝"将确保正义的一方得胜归来。爱德华主动出击法国就是这种心态的真实写照。

事实证明，英格兰想要控制诺曼底也不过只是想想而已。巴塞洛缪·布尔格什笔下描绘的情景很乐观，他说"大批诺曼臣民都来向国王表示归顺"。但实际上，当地的贵族并没有表示要承认爱德华的统治身份，[5] 而且英格兰人本身也没有表现出多么想获得支持的样子。一份王室公告声明妇女老幼都有受保护权，抢劫教会以及烧毁房屋都是被禁止的行为，但英格兰军队我行我素，这些规矩对他们来讲形同虚设。在开赴卡昂（Caen）的途中，英格兰军队一路上大搞破坏，所到之处满目疮痍，港口也被英格兰舰队

图 3-1　1346 年，英格兰人攻占卡昂

无情摧毁。卡昂被英军轻而易举拿下，其速度之快令人咋舌。之后英格兰军队更是变本加厉地作恶狂欢，制造了数不清的强奸案与抢劫案。卡昂之所以下场凄惨，是因为爱德华在这里发现了法国入侵英格兰的计划，这一发现为爱德华提供了绝佳的宣传材料。

接下来，爱德华计划从诺曼底出发挥师北上。他从卡昂发布敕令，要求英格兰派遣船只与援军到勒克罗图瓦（Le Crotoy）的索姆河（Somme）河口处。他很有可能想从那里出发前往加莱。然而，当军队到达鲁昂，却发现塞纳河上的桥梁被拆毁了。英格兰军队不得不继续向上游行进，最后停在了距离巴黎不远的普瓦西（Poissy）并在此等候，观察法军是否准备好战斗并修复桥梁。"后来国王发现他的敌人无意应战，他便将村庄洗劫一空，并放火屠村。"爱德华解释，在渡过莱茵河后，"为了能引敌人开战，我们直奔皮卡第（Picardy）"。[6]英格兰军队以每天 15 英里[①]的速度向北行进，这比战役初期的速度要快得多，尽管军中还有大批运送辎重的车马。到达索姆后，一个当地人指点说布兰克泰茨（Blanquetaque）处有一片浅滩。虽然在过河时碰到了敌方的守卫军队，但英军还是轻轻松松冲破阻碍，强行渡过了浅滩。8 月 26 日，英格兰军队在克雷西驻扎，准备投入战斗。

克雷西战役

各种渠道的资料对克雷西战役的记录参差不一，并没有形成一致的观点，因此三言两语难以将其解释清楚。英法编年史家对于此次战役的记录都存在各自的问题，但他们的记录在许多地方与意大利编年史家的版本大相径庭。这些矛盾之处显而易见，反映了同时代人在理解同一史实时的困难性。

根据当代资料无法轻易确定战争发生的具体地点，但当地人的说法是爱德华把军队驻扎在了距离克雷西村庄不远的一个缓坡上。山谷的另一头是六英尺[②]的断崖绝壁。这样的地势阻止了法军直接越过山坡迎战英军，他们只能沿着山谷走一段路程才能看到英军。[7]

人们对于英格兰排兵布阵方式的解读多种多样，但有一点毫

---

① 1 英里≈1.61 千米。——编者注
② 1 英尺≈0.3 米。——编者注

无疑问：他们的骑士和士兵都是徒步而行，没有骑马作战。半个世纪以来，发生在克雷西战役之前的许多战役都体现出骑兵在对战全副武装的步兵时的各种弱点，其中就包括 1297 年苏格兰义军在斯特灵桥（Stirling Bridge）的胜利以及 1314 年的班诺克本战役。因而英格兰在后来的战斗中勒令骑兵下马作战。1327 年，英格兰士兵计划在战场上与苏格兰士兵步战厮杀，苏格兰欣然迎战。1332 年，一小支英军在达普林沼步行作战抵御敌军进攻，队伍的两侧有弓箭手掩护，最终大获全胜。战线前方堆满了苏格兰的死伤人员，许多人甚至被活活压死。第二年，爱德华又召集了一支更庞大的军队，并率军在哈利顿山一举取胜。英格兰参战的三支队伍全部由下马的骑士以及骑兵组成，弓箭手待命其后。爱德华同样在克雷西派出了三支这样的队伍，然而，没有人清楚这三支队伍的排布队形，他们可能是并排作战，还可能是前后作战。克雷西战役中，英格兰弓箭手在作战队形中的位置比骑士和骑兵排布的方式更具争议性。似乎大多数位于队伍两侧的弓箭手也都在编队中，还有一些藏身在麦田里。傅华萨形容英军队伍以楔形（*en herse*）排布，但这种叫法颇受争议，因为“*en herse*”可以指耙子，可以指刺猬，还可以指教堂里的三角形枝状烛台。总之，它很可能指的就是一种楔形的队形。

让人们最为疑惑的行为是，英军用马车围成了一个防卫圈。意大利编年史家维拉尼（Villani）以及一本未署名的罗马纪事都对英格兰此举进行了颇多研究，二者共同指出，用马车围成的防卫圈将整个英军包围在内，只留下了一个出口，手持长枪的士兵和严阵以待的弓箭手守卫着这个队形。而一本写于圣奥梅尔的编年史在描绘整个场面时却说：这种车阵是一种"保护措施"，其作用就是应对后方突袭，从而保障国王队伍的安全。《诺曼底纪事》（Chronique Normande）中关于马车的记录也很有意思：爱德华在克雷西安营扎寨，他的队伍四周围着马车，此时的他认为开战还是遥遥无期的事。这段记录表明在战斗的初期，英军位于马车形成的防御队形之后。[8] 另外一种说法是，只有一队人马使用马车作为掩护，用来保护后方的辎重及马匹。

还有可能的是，英军通过使用火枪提高了马车保护圈的防御性。有证据表明，火枪的使用最早始于 1326 年。到了 14 世纪 30 年代末期，英格兰在加斯科尼的城堡就已经配备上了使用火药的武器。1338 年，法国一位船长领到了一支枪、两打枪栓以及制作火药用的少量硫磺和硝酸盐。[9] 这一阶段的枪支多用于防御，战场上不常见这种武器，而且它的装药速度非常慢，所以它在战场上用处不大。过去人们常常认为英格兰记载中的 100 支"里伯枪"（ribalds）指的是多管枪，但汤姆·理查森（Thom Richardson）认为，这些所谓的"多管枪"事实上就是小型四轮车，每一辆都装配上了 10 支长矛。[10]

关于法军的规模并没有确切的数字记录，但毫无疑问的是，法军此次所派出的军队数量是爱德华远远无法与之匹敌的。除了法军，腓力六世还通过签订条约支付报酬的方式获得了外国盟友的支持，包括卢森堡的约翰、波西米亚国王以及洛林公爵（Duke of Lorraine）等人。意大利军队也加入了腓力六世的大军。一大批热那亚的十字弩兵更是让整个法军阵容愈加强大。像英军一样，法国军队也分成了由骑士和步兵组成的三支队伍，前后依次排列。

图 3-2　15 世纪所描绘的克雷西之战，右侧为英格兰军队及其弓箭手

　　法国一开始派出的是热那亚弩兵，但他们没有时间拿起大块头的防御盾牌，也没能对敌人进行有效射击。道路泥泞，他们双脚打滑，装箭变得愈加困难，而潮湿的弓弦也给他们带来了不小的麻烦。法国骑士等得十分不耐烦，他们冲过热那亚弩兵的队伍，跑到了前面。英格兰的箭矢则如雨般射向敌阵，法国骑兵的战马受惊，场面混乱。随着战争进入白热化，法国骑士接连对英格兰发起了进攻。等到冲破了黑太子的防线，他们几乎可以算是获得巨大的胜利了，此外，他们还很有可能一度擒获了黑太子。战争异常激烈，法国终究还是重蹈英格兰的覆辙：腓力同敌军英勇鏖

战，过程中两匹坐骑都被杀死，而他自己也被箭矢射中，面部重伤。大约 1/4 的法国骑士和骑兵殒身沙场。更惨的是波西米亚的盲人国王，被发现时已经丧命，四周还横卧着他的骑士的尸体 ①。据说英格兰一方最后只有一名骑士和两名扈从战死。

大部分人把克雷西之战的胜利归功于英格兰弓箭手。他们在阻止法国骑士的最初进攻中发挥了至关重要的作用。然而一旦开始混战，弓箭手就派不上多大用场了，因为他们在射杀敌人时还有可能误伤自己人。与弓箭手一样发挥了重要作用的还有英格兰的步兵。肉搏战制胜在很大程度上需要作战人有极大的勇气，而爱德华的士兵们勇猛果敢，正不输这种气势。法国人亦是如此，但当他们的一波波进攻被英格兰的箭雨无情粉碎时，个人勇敢瞬间化为群体恐慌。

一般来讲，战胜方会俘获敌军的重要人物，并借此机会向战败方索要高价赎金，但克雷西战役不同，因为法国人使用了他们的神圣军旗——红色王旗，暗示这场战役他们将战斗至死，不留任何回旋的余地，而爱德华也摆出了龙旗，传递了相似的信息。克雷西之战是一场残酷的战斗，法国死伤不计其数，其中波西米亚国王、洛林公爵、阿朗松伯爵（Count of Alençon）以及佛兰德伯爵也身死战场。英格兰的鼓动宣传发挥了很大作用，使法国损失惨重。更令人震惊的是，众多精英死于非命，而不是被俘虏。从此，法国的骑士文化走向没落。

---

① 波西米亚的国王约翰双目失明，听到战斗进展不顺，便要求扈从骑士带他冲向敌阵。最终他和扈从全部阵亡，尸体倒在一起。——译者注

加莱围城战与内维尔十字之战

克雷西大捷之后，爱德华奔赴加莱并开始攻城。他原希望能像攻下卡昂一样快速拿下加莱，但这一愿望最终落空了。加莱的攻城战好比一场"等待游戏"，整整持续了 11 个月。直到 1347 年，英格兰才得以成功封锁加莱的海上道路。投石机的投射轨道很高，它并不能摧毁加莱的防御工事，因而英格兰在攻城时毫无进展。与此同时，痢疾的爆发不仅折损了英格兰的兵力，也打击了军队的士气。1347 年 7 月，腓力六世姗姗来迟，率军前来解救加莱，然而加莱的地形并不适合作战。后来英法双方的谈判也没有取得任何进展，最终法国援军撤军。加莱的驻军饥肠辘辘，疲惫不堪，最终选择向英格兰屈服，但爱德华却要求加莱无条件投降。沃尔特·莫尼提出质疑："如果像您说的那样，把这些人处死，那么以后当我们在相同处境之下，也可能遭到如此对待。"[11] 最终，经过精心安排，6 名重要的市民获释①。加莱被盘剥得一干二净，而加莱民众也被驱逐出城。爱德华准备将这个地方变成一座属于英格兰的城镇。10 月，加莱大约有 180 座房产（其中大多是小旅馆）都被租给了英格兰租户。[12] 加莱的地理位置极其重要，因为这里牵着英法最短跨海航线的另一端，是进入法国最便利的登陆点，不过同时，加莱的守卫难度很高，需要耗费大量金钱。

战火在其他地方继续燃起。1346 年，在法国西南部地区，兰开斯特的亨利向普瓦捷发起进攻。他带领英军肆意烧杀劫掠，无

---

① 爱德华为了展现自己的骑士风度，特意安排王后菲利帕为加莱市民求情，最后再慷慨恩准。——译者注

所不作。1337 年，布列塔尼的拉罗什德里安遭遇布卢瓦的查理的围困。托马斯·达格沃斯（Thomas Dagworth）带领英军趁黑偷袭。混战中，达格沃斯先被捉住，之后在法军突围时又被放了。后来查理被抓，成了英格兰的俘虏，还有许多法国贵族也被杀死。英格兰在这场战役中是靠残忍的肉搏战而不是依靠弓箭手取胜的。

英格兰不仅在对战法国时节节胜利，1346 年秋，苏格兰国王大卫二世受法国怂恿进犯英格兰，10 月，在达勒姆（Durham）附近的内维尔十字（Neville's Cross）处，约克大主教带领着一小波英军顽强抵抗，最终大败苏格兰军队。英格兰弓箭手在早期又一次展现出了高超的作战能力。随着战争不断推进，近战越来越难，越来越耗费时力。战争结束后，苏格兰国王大卫被擒，英格兰与苏格兰之间的关系因此发生了转变。双方之间的谈判很是复杂，苏格兰最终同意以 66666 英镑的高价赎回大卫，同时双方还商定了释放大卫的种种条件。英格兰支持爱德华·巴里奥尔对苏格兰王位的继承权由来已久，非常复杂。直到 1357 年，大卫才摆脱屈辱，获释回国。

战后余波

爱德华在 1346 ~ 1347 年所发动的战争几乎没什么骑士风度可言。他毫无怜悯之心，连用赎金赎回人质的机会都不留给敌人。几个月来，爱德华在加莱外安营扎寨，备受煎熬。而骑士们在战场上的厮杀也没有让这种感觉有些许减轻。倘若一名骑士在战时就毫无骑士精神，那么更不用提战后了。1347 年，爱德华从加莱返回英格兰，并举行了各种比武大会和庆祝仪式。他穿着蓝色的盔甲现身各大场合，头上还戴着一顶雉尾王冠。爱德华最终还创立了一项骑士荣誉制度，即嘉德勋章（the Garter）。早在 1344 年，爱德华就计划成立由 300 名骑士组成的骑士团。他还下令在温莎城堡外廊内的堡场建造一间圆形大屋，并在那里举行圆桌会议。或许可能是因为建造工程太复杂、成本太高，最终这一计划没有实现。1349 年，爱德华的这一计划以另一种形态"复活"了：24 名关系密切的嘉德骑士举行了第一届正式会议。这些人均因战功赫赫而当选。尽管早有卡斯蒂利亚（Castilian）以及匈牙利设立骑士荣誉制度的先例，但嘉德勋章尤为特别，它开创了先河，使得整个欧洲竞相跟风。

百年战争早期消耗了英格兰大量的财力，无数金银都花在了维持与国外盟友的关系上。后来在 1345 ~ 1347 年期间，情况便不再是这样，但战争的负担仍旧很重。1347 年，爱德华又一次不得不典当了他的王冠。但可喜的是，英格兰这次的新政策是将关税以每年五万英镑的价格分摊给英格兰商人，并取得了不错的成效。在 1344 ~ 1346 年，英格兰还实行了两年的直接税。战争早期的英格兰没有发生严重的政治纷争。1343 年，爱德华废除了自己两年前勉强同意通过的法案，议会对此也予以默许。尽管如此，要不是爱德华取得克雷西大捷，他对英格兰的种种盘剥也很可能招致新的政治危机。

法国的情况则又是另一番景象。议会关于税收和军队的辩论久拖不决，拨款迟迟难以落实。一届又一届财政大臣相继被罢免，但每一位继任者面对政府困境仍旧束手无策。法国甚至向教皇贷款以支持国王应战，但战势已无力转圜。圣丹尼斯大教堂（the abbey of Saint-Denis）还出借了总共价值 1200 多巴黎里弗的银盘。1347 年初，腓力六世走投无路，扣留了意大利银行家并拒还欠款。在这一时期，货币也经历了大幅的贬值。战时的法国贵族生活艰难，截止到 14 世纪 40 年代末，许多贵族损失惨重，欠下意大利贷款人一笔笔巨款。战败的事实让腓力六世的政权统治彻底失信于众。

英格兰于 1346 ～ 1347 年间取得了惊人的胜利。在兰开斯特的带领下，英格兰军队终于控制了加斯科尼，腓力六世也在克雷西战役中不敌英军被彻底击败。苏格兰国王成了英军俘虏，布列塔尼的法国指挥官在战中被捕，加莱这一重要港口也落在了英格兰手里，为英格兰进入法国大开便利之门。然而所有人都没有想到的是，一场灾难即将席卷欧洲。

第 4 章

普瓦捷与布雷蒂尼

1348 年，一种叫"黑死病"的流行病横扫法国和英格兰。对罹难者牙齿的研究表明，该病是由鼠疫杆菌（耶尔森氏菌）引起的。不同地区、不同社会阶层的死亡率各不相同，但大体来说，欧洲近半数人口死亡。

"黑死病"闹得人心惶惶。兰开斯特公爵、阿伦德尔伯爵（Earl of Arudel）和坎特伯雷大主教也提心吊胆，拒绝前往阿维尼翁商谈延长休战事宜。在伦敦，人们担心空气里充满病菌，因为"每天从房子里扔出去的秽物弄脏了"街道，导致"患病死亡的人数日益攀高"。[1] 沃尔特·莫尼爵士对此的反应非常务实（这也符合他的行伍出身）：他租了一块地"用作可怜的陌生人和其他人的墓地，这块墓地埋葬了 6 万人，并建了一座小教堂"。[2] 尽管瘟疫席卷之下民众栗栗危惧、悲痛万分，但他们在面对灾难时颇为镇定。社会秩序没有陷入混乱，政府也没有关门，国家的战事更未停歇，但已不可能继续保持 1346 ～ 1347 年那样的规模了，较大的战事直到 1355 年才再次爆发。

1350 年初，法国试图再次挑起战争，但不了了之。毫无疑问，爱德华沮丧万分，转而当起了海盗，拦截了一支从温切尔西（Winchelsea）出发的满载货物的卡斯蒂利亚舰队。英格兰给出的理由是西班牙船只在英吉利海峡率先展开了敌对活动。据傅华萨描述，兴高采烈的国王身着黑天鹅绒外套，头戴一顶海狸皮帽子，还让约翰·钱多斯（John Chandos）唱起从德意志传过来的小曲儿。国王叫道："哈哈！我发现了一艘船，那一定是西班牙的。"号角吹响，船只准备开战。远远大于英舰的卡斯蒂利亚舰队也迎头而上。国王自己的船在战斗中几近沉没，但傅华萨声称英格兰打了一个大胜仗，西班牙人损失了 14 艘船（原有 40 艘）。[3] 除了"双方都有许多人被杀，许多人被淹死"以外，法国编年史家贾尔斯·勒·慕斯特对事件的真相很失望，他的说法更合情合理。他嘲讽道，与英格兰方形成鲜明对比的是，西班牙人是一群商贾，根本不是贵族，并得出结论：英格兰的损失很可能超过了西班牙。[4]

腓力六世于 1350 年夏天去世，他的儿子诺曼底公爵约翰继位。约翰为人文雅，热爱音乐，身体羸弱，不善武艺。新政权因此看起来与旧政权大不相同。王室总管拉乌尔·埃乌（Raoul d'Eu）被捕后立即遭到处决，引起了一片哗然。法国贵族不希望看到一个从英格兰被俘回来索要赎金的人落得这样的下场。1351 年，新国王宣布成立星辰骑士团（Company of the Star），他希望赢得贵族的支持，这个骑士团类似于爱德华三世的嘉德骑士团。他期待这个 500 人的骑士团可以把法国的骑士精神发扬光大。

当时法国财政入不敷出，骑士的薪酬上涨了 1/3，税收以盐税为主，销售税也在征收之列。三级会议的中央议会征到的税款低于地方议会，地方议会的税款比过去高了不少，但无法征收勃艮第的税款。货币操纵的情况依然存在。根据贾尔斯·勒·慕斯特的说法，1351 年，每个人都在抱怨钱不够用，物资奇缺到了极点。[5] 相比之下，瘟疫后的英格兰没有遇到这样的困难。1351 年的货币重铸让金钱稍稍贬值，但没有像法国那样对货币进行野蛮操纵。1352 年，爱德华三世做出让步，他不会重拾十多年前的征兵政策，也对军粮征收做出了让步。作为回报，议会允许国王新征一种税，为期三年。羊毛出口的繁荣也带来了可观的海关收入。与战争初期债台高筑的情况相比，财政大臣威廉·爱丁顿（William Edington）的管理非常高效，并且预算得当。

三十勇士之战

法王约翰继位后，战事不断，其间时有停战。英军一直固守加莱，但在 1351 年，法国在一次小冲突中取得了胜利，双方"下马步战，激烈厮杀"。[6] 法军正在学习英军的战术。1350 年，拉罗什德里安战役的获胜者托马斯·达格沃斯在布列塔尼被杀。他的继任者沃尔特·本特利（Walter Bentley）面临着重重困难，无法控制劫掠成性的兵痞和各个城堡领主。要离开贫穷村落意味着缴纳赎金，即离村税。当本特利回到英格兰，期待国王能对他所做的贡献有所嘉奖，却被指控违反命令而遭到监禁，最后花了一年多的时间才得以无罪释放。战争中的一些伟大人物在乱局中开始建功立业，其中来自柴郡（Cheshire）的休·卡尔维里（Hugh Calveley）和罗伯特·诺利斯（Robert Knollys），以及来自布列塔尼的贝特朗·杜·盖克兰（Bertrand du Guesclin）尤为出名。1351 年，卡尔维里和诺利斯都参加了"三十勇士之战"（the Battle of the Thirty），傅华萨等人都将其视为一场伟大的骑士之战。如果不用考虑"礼貌"和"慷慨"这些美德，这次战斗的确提供了一个在恶斗中展现勇气和技巧的机会。最后法国获胜，英格兰骑士被判死刑或监禁。伴随着散兵游勇对村民的劫掠和盘剥不断加重，布列塔尼的局势随着战事推进急剧恶化。

1352 年，沃尔特·本特利率领一小支部队在莫龙（Mauron）击败了一支法军。英格兰人再一次采用了在 14 世纪 30 年代的苏格兰战争中用过的战术，两侧分布弓箭手，重骑兵位居中心。同去年在加莱附近一样，法军效仿其对手，让大部分兵力下马作战。阵地推进得十分艰难，战斗更是让人精疲力竭。法国骑兵成功击败了一些弓箭手，而 30 名弓箭手溃逃，之后均被斩首。本特利遍体鳞伤，法军指挥官盖伊·德·内勒（Guy de Nesle）也战死沙场。与他一起战死的还有许多星辰骑士，星辰骑士团从此元气大伤。

双方在西南部的战斗均无所建树。1351 年，英格兰在桑特（Saintes）附近的战斗中取得胜利，而法国人则占领了圣让当热利（St Jean d'Angély）。双方都没有获得决定性的优势；倒是当地劫匪乱中获利，大发横财。

阿维尼翁和谈

僵局之下，双方试图通过谈判解决争端。1354 年初，英法在吉讷（Guines）开始谈判，之后在阿维尼翁的谈判则持续到 1355 年。在吉讷，双方达成了一项初步协议，爱德华放弃争夺法国王位，换取阿基坦、卢瓦尔以及加莱的所有权。诺曼底和布列塔尼没有被包括在协议中。虽然英格兰议会渴求和平，但谈判失败了。英格兰很重视这场谈判：以兰开斯特公爵、阿伦德尔伯爵和几个主教为首的使团达到 630 多人，人数超过了教皇的随行人员，花费高达 5648 英镑。兰开斯特的指示清楚地表明，爱德华准备放弃争夺王位，以换取加斯科尼和法国其他土地，而且这些土地必须为自由持有，不受法王的约束。然而，根据一篇较为可靠的编年史记载，在谈判结束时，兰开斯特公爵说："根据其法国封臣的建议，英王纹章将包含法王纹章，他绝不会放弃它。"历史学家因此认为"公爵表明爱德华绝对不会放弃法国王位"。然而，持有英格兰之狮的鸢尾纹章和夺取法国王位并不是一回事。事实上，在1360年后，爱德华的御玺上仍有法国的象征，而那时他不再称自己为法王。兰开斯特爵士反驳了法国的要求，即英格兰国王应该因加斯科尼而效忠法王。这意味着爱德华并不认为他坚持法国王位是问题所在，反而是法国要求其效忠的行为导致谈判破裂。有一种说法是，"法国人完全拒绝讲和，说和平不是以这种方式达成的，他们也不会以任何方式同意这种和平"。[7]

坏人查理（Charles the Bad）于1349年成为纳瓦拉（Navarre）国王，使得局面更为复杂。这是个野心勃勃、狡诈不忠、搬弄是非的人。他从母亲那儿继承了纳瓦拉，从父亲那里继承了诺曼底埃夫勒伯爵（Count of Évreux）的头衔，这是他的主要利益。像爱德华三世一样，他通过母亲的血统有了继承法国王位的权利。与约翰二世的女儿结婚后，他处于强势地位。他在1354年以诽谤为由，称"对我和我的朋友造成了巨大伤害和冒犯"，谋杀了法国卫队长查理·德·拉·塞尔达（Charles de la Cerda）。[8]然后他开始与英格兰进行谈判，随后又与约翰和解。自行其是的查理缺乏言行一致的品质，他在阿维尼翁与兰开斯特公爵进行商谈。英格兰再次被他提出的条件所吸引，这或许也是英法谈判破裂的原因。

黑太子和 1355 ～ 1356 年的战役

英格兰计划在阿维尼翁谈判失败后与法国再决雌雄的决心未免太过乐观。兰开斯特的亨利在诺曼底开战，爱德华三世带领远征军从加莱出发，而黑太子将在西南部开战。兰开斯特公爵的舰队于 1355 年 7 月 10 日沿着泰晤士河出发，但遭遇逆风，这意味着舰队在 8 月底最快赶到朴茨茅斯，舰速慢是安装了单方帆的宽梁船只面临的诸多问题之一。正在这时，纳瓦拉的查理再次改变立场，与约翰二世达成了协议。消息传来，远征行动随之终止。

兰开斯特公爵因天气耽搁了行程，爱德华三世直到 10 月底才抵达加莱。他向南急行军，一路烧杀劫掠，一路与法军冲突不断（双方均无斩获）。几周后，国王回到了英格兰。

黑太子的远征队在 9 月下旬到达加斯科尼，比预期的时间晚了几个月。作为国王在加斯科尼的全权代表，他可全权指挥大约 2600 人的部队，其中包括 1000 名重骑兵。他率领军队向东南方向逼进。法军前来迎战，英格兰又声称他们不愿与法军交战。黑太子的部下烧了卡尔卡松（Carcassonne），在返回波尔多之前袭击了靠近地中海的纳博讷（Narbonne）部分地区。黑太子的得力干将约翰·温菲尔德（John Wingfield）洋洋得意地写道："可以肯定，自从与法王开战以来，从未有过像这次破坏力如此之大的突袭。"[9] 温菲尔德接着夸张地说明了随之而来的损失对法国筹集军费的影响。这不是为了破坏而破坏；劫掠带有目的性，它给法国财政带来了压力，也给城镇和村庄带来了恐慌。这一精心计划的策略，与 1300 年腓力四世提出的"所有葡萄藤、果树和庄稼都必须销毁"的建议如出一辙。"如果一整年的干草、稻草和谷物都被大火烧毁"，敌人就会溃败。[10]

1355 年晚些时候，苏格兰又起事端。爱德华三世放弃支持爱德华·巴里奥尔，并与苏格兰人协商以便让他的儿子成为大卫二世的继承人。然而苏格兰人对此无法接受。1355 年 10 月，一小支苏格兰部队入侵诺森伯兰郡（Northumberland）。对英格兰来说更糟的是，贝里克在黎明突袭中失守。爱德华旋即进行报复。1356 年 1 月，苏格兰人在贝里克投降，紧接着一场被称为"燃烧的圣烛节"（Burnt Candlemas）的运动迅速展开，英格兰在法国的暴行于苏格兰低地又重新上演。然而，冬季的风暴使英格兰船只无法向军队提供急需的补给，远征被迫结束。

1356 年，英格兰在法国的征战以英军在普瓦捷的胜利而告终，但值得一问的是：这场胜利是源于经过深思熟虑的战略，还是只因为英军指挥官在战事发生时抓住了机会？至少有一个事件扭转了诺曼底的局势，并改变了英格兰的计划：纳瓦拉的查理参加了法国国王之子查理［即后来的查理五世（Charles V），1364～1380 年在位］在鲁昂举行的宴会。酒宴正酣时，约翰国王全副武装地出现了，身后还跟着重兵。纳瓦拉的查理被扣押在巴黎。哈考特伯爵（Count of Harcourt）、另外两位大员和查理的扈从被处决。约翰认为纳瓦拉的查理正在密谋反抗他，这也许是对的，但鲁昂政变造成了灾难性的后果。查理的弟弟腓力率军反抗约翰，并寻求英格兰的援助。爱德华三世的初衷是派兰开斯特公爵去布列塔尼，但形势要求他去诺曼底。英方的宣传显然经过精心策划，英军胜利的消息不断传回国内，战报上还提供了兰开斯特远征的详细记录：他的军队有 900 名重骑兵和 1400 名弓箭手。"他们每天攻城略地，抓获大量俘虏，缴获大量战利品，凯旋时还带回来 2000 匹敌军战马。"英军突袭一直进行到维尔纳伊（Verneuil）。法国人向兰开斯特发起挑战，但得到的回应是：公爵已经完成了他的任务，如果"约翰二世胆敢扰乱他的行军，就要做好迎战准备"。[11] 一般这种情况都不会发生战争。8 月，兰开斯特移师布列塔尼，随后又占领了卢瓦尔河谷。

黑太子从英格兰得到增援，8 月 4 日他从波尔多向北出发，率领 6000 ～ 7000 人，以每天大约 10 英里的速度前进。黑太子后来解释说，他打算在布尔日（Bourges）与约翰国王的儿子普瓦捷伯爵会面，并希望听到爱德华三世在法国登陆的消息。伯爵并未出现，黑太子向卢瓦尔行进，想加入兰开斯特的队伍。但他无法跨越卢瓦尔河，而且法国国王的军队就在附近。随后的军事行动就是法国和英格兰都向南移动，直到两军在普瓦捷附近集结，准备开战。

普瓦捷会战

正如克雷西战役一样，有个关键的问题是：英格兰人是在试图避免战争，还是在蓄意挑起战争？前者是传统观点；后者在 19 世纪末由亨利·德尼夫勒（Henri Denifle）提出，最近又被克利福德·罗杰斯重新提起。[12] 还有一个问题是：黑太子走的路线是否在试图避开法军？英格兰似乎并没有向加斯科尼慌张撤退，而是设法把敌人引入战斗。食物和水都在减少，已经不能再耽搁。

这场争论还取决于在战斗前进行的谈判。教皇派红衣主教塔列朗（Talleyrand）和卡波奇（Capocci）试图达成协议。塔列朗在战斗前进行了漫长的谈判，如果让·勒·贝尔和其他一些编年史家可信的话，他得到了黑太子的承诺，愿意归还占领的所有地方，释放所有战俘，以及在七年内不带兵对抗法国。如果黑太子同意这样的条件，这表明他竭力去避免这场寡不敌众的战斗。然而，尽管红衣主教可能已经摆出了这些条款，但英格兰方面没有证据表明黑太子愿意接受此类协议。英国编年史家贝克（Baker）提出了更加可能的情况，黑太子最愿意的是休战到圣诞节。在这种情况下，法国不会同意任何条件，并要求英格兰无条件投降。

9月19日，两军对峙。据说，法国人根据苏格兰人威廉·道格拉斯（William Douglas）的建议，让他们大部分重骑兵都下马作战。这是他们之前在莫龙采取的战术。他们的先锋队侧面是骑兵，在战车后面跟有三支分队。盎格鲁—加斯科尼军队也分为三支，很有可能是沿路组织起来的，由树篱和沟渠进行掩护。当时人们估计的人数不太可靠，但巴塞洛缪·布尔格什在他的战斗报告中提供了可信的数字，法军的重骑兵达到8000人，有3000名步兵。黑太子的军队有3000名重骑兵和2000名弓箭手，另外还有1000名步兵。[13]英格兰军队中弓箭手的比例低于克雷西战役中弓箭手的比例，但他们的作用仍然至关重要。正如诺曼编年史中所指出的，法军有重骑兵，但"很少有弓箭手等其他类型的战斗人员，因此，英格兰弓箭手在战斗中更为安全"。[14]

战场的地势对作战非常重要。树篱、壕沟、葡萄园、沼泽地和林地都给英军的防御战术帮了大忙。与克雷西战役不同的是，这场战役开始得很早，并且持续了近乎一天。傅华萨写道："双方的战术比克雷西战场上精湛得多。"[15]法军骑兵的初期进攻被击退；

事实证明，披甲战马的后方处于箭雨之下时，其两翼就变得十分脆弱。法军步兵由于向英军阵地行军，也已经筋疲力尽。随着战斗的进行，弓箭手们的箭都用光了，他们只能从死者和垂死之人身上拔出用过的箭，同时投掷石块。虽然人们常说不出六支箭便可分胜负，但是在这里，100 支之后的局势仍然难辨。法军持续进攻，战斗异常激烈。20 岁的奥尔良公爵（Duke of Orléans）率领的队伍溃不成军，逃离战场。黑太子命令加斯科尼的让·德·格雷利（Jean de Grailly），也就是德布赫伯爵（Captal de Buch）带领他的部队包围法军。他就位后，随即亮出了圣乔治旗。他率领部队骑着战马冲锋到法军的后方，对士气逐渐低落的法军给予致命一击。法王被俘，法军溃败，英军乘胜追击，一直打到普瓦捷城的城门之外。

英军取胜的原因有很多。黑太子的军队可能又累又饿，但自 8 月初以来一直都团结一致。他的指挥官们也经验丰富，比如沃里克伯爵、索尔兹伯里伯爵和约翰·钱多斯。相比之下，法军在战前几天才集结起来，一些指挥官尤其是奥尔良公爵经验匮乏。法军各部之间缺少有效的协调，而黑太子的指挥作战能力尤为出色。虽然法军也采用了英军的步兵战术，但他们的经验实在有限。在这场战役中，英军弓箭手的作用也许不如他们在克雷西战役中那么至关重要，但他们用箭雨恐吓马匹的能力再一次发挥了作用，弓箭手在战斗初期的作用也不容忽视。

此次战役法军伤亡惨重。法军在战斗初期就失去了一位元帅——让·德·克莱蒙特（Jean de Clermont），皇家卫队长让·德·布雷尼（Jean de Brienne）也战死。波旁公爵（Duke of Bourbon）和沙隆大主教（Bishop of Châlons）的死令法国损失惨重，当时最著名的骑士之一杰弗里·德·查尼（Geoffroi de Charny）之死同样如此。据巴塞洛缪·布尔格什估计，法军损失了 2000 名士兵，以及另外 800 名非战斗人员。英军的伤亡人数要少得多。在克雷西战役中，双方都表示决不会手下留情，而此次战役中，只有法军打出一面红旗示意如此；英军则背离承诺，抓了众多战俘，其中就包括法王约翰二世本人和他的儿子腓力。黑太子在一封信中列出了 42 名重要囚犯的名单，并声称另有 1993 人被俘。[16]

普瓦捷的余波

如此之多的俘虏带来问题的同时，也带来了机会。对个人来说，可能会得到大量赎金；对皇室来说，政治和财政的收益更是不容小觑。许多身份较低的俘虏答应支付赎金，在战斗结束后被迅速释放。英王花了大约 4.4 万英镑从抓获战俘的人手中买下了 13 名重要人物。后来，爱德华三世又花了 2 万英镑从他儿子那里买了另外 3 人。国王似乎并没有从这些人的赎金中获得可观的利益，他的目的主要是把这些战俘当作在谈判中向法国施压的筹码。贵族战俘都受到了优厚的待遇。据波旁公爵的传记作者说，波旁公爵的儿子举止优雅，血统高贵，令大家印象深刻。他言辞雅致，"不忍心谈及任何一位夫人或小姐被人诟病之处"。在宫廷里，他喜欢和王后玩掷骰子的游戏。[17]

俘获法王约翰二世是英格兰人梦寐以求的荣誉。然而，尽管当前局势发生变化，爱德华三世却并未得到他所期望的一切。1356 年 12 月，威尔士亲王接到指示：任何战后协议必须坚持在英格兰人占领的法国土地上"实现永久的自由"。然而，爱德华三世获得法国王位一事并未被提及，法王约翰二世也只是被称为"对手"。[18] 就像苏格兰的大卫二世一样，谈判释放一位英格兰人拒绝承认其王权的统治者困难重重。法王约翰二世的赎金为 400 万埃居（écus），约合 666666 英镑。1359 年，两份条约草案在伦敦达成。虽然爱德华没有明确表示他将放弃法国国王的头衔，但这是一个明显的暗示。英格兰将拥有其在法国土地的完全主权。第二份条约规定，爱德华将控制法国西部的大片领土，从诺曼底到比利牛斯山（Pyrenees），以及北部的加莱和庞蒂厄。此外，法国必须停止其对苏格兰的支持。[19]

在伦敦进行谈判是一回事，但说服法国王室同意这些条款则完全是另一回事。在众多亟待解决的事项中，对王太子查理而言，法王约翰二世获释的问题算是最容易的了。三级会议讨论进行得异常艰难。在巴黎，商人领袖艾蒂安·马塞尔（Étienne Marcel）带头反对，并支持纳瓦拉国王获得法国王位。1358 年 2 月初，马塞尔和他的支持者们穿着红蓝相间的衣服闯入宫殿，当着王太子的面杀死了法国和诺曼底的两位伯爵。他声称这两位伯爵是邪恶的议员，他是为维护国家利益才将其杀死的。没过多久，纳瓦拉的查理就进入巴黎。一场内战即将爆发。

扎克雷起义与雇佣兵

1358 年 5 月，巴黎北部爆发了一场农民起义——扎克雷起义。这并非一个饱受战争蹂躏和掠夺之苦的地区，但农民的愤怒依然直指他们的领主。起义者和巴黎市民联系密切；艾蒂安·马塞尔也支持他们。起义只持续了一个月，纳瓦拉的查理为镇压起义煞费心机。6月，他在梅洛（Mello）镇压一支起义军。有趣的是，起义军领袖雅克·卡尔（Jacques Cale）以一种特殊的方式排兵布阵，暗示他曾参加过克雷西战役。起义军"打了两场仗，每场都派出2000人。弓弩手配置在第一线，又用马车筑起一道屏障"。[20]另外有600人组成骑兵队。两军对峙了三天，战斗始终没有打响。卡尔被邀请谈判订立停战协议，但被扣留，继而被处死。起义军溃败了。一场大屠杀接踵而至，贵族们开始复仇，莫城（Meaux）发生了血腥的屠杀。6月，纳瓦拉的查理进入巴黎，赢得了广泛的赞誉。他成为该城的首领，但其胜利没有持续多久。艾蒂安·马塞尔由于释放了一些英格兰战俘而遭到怀疑，被指控同情英格兰。

图 4-1　1358 年在莫城镇压农民起义

艾蒂安·马塞尔于 7 月 31 日被暗杀。两天后，王太子查理从马塞尔被暗杀的那扇城门进入巴黎。

法国面临着更多的问题。雇佣兵们在已经饱受战争摧残的农村地区一路肆意奸淫掳掠。阿尔诺·德·塞伏尔（Arnaud de Cervole）是一个叛教的小教士，却被称为"大主教"，曾参加过普瓦捷战役。1357 年 5 月，他带领一支匪帮进入普罗旺斯（Provence），引起教皇的极大恐慌。到 1359 年，他手下的团伙被称为"伟大军团"（Great Company），其中既有加斯科尼士兵和英格兰士兵，也有法国士兵。这位"大主教"完全不受管制，他的手下也丝毫没有骑士精神。纳瓦拉的查理的军队在法国北部实施了恐怖统治。

欧贝尔希库尔的尤斯塔斯（Eustace d'Auberchicourt）是一个长期效忠英格兰的埃诺人，他同时也是嘉德骑士之一，手下的队伍极为强悍。"我们足以踏平香槟地区（Champagne），让我们以上帝和圣乔治的名义开始征战吧。"[21] 然而，他的部队在塞纳河畔诺让（Nogent-sur-Seine）的战斗中失利，这是英格兰弓箭手溃败的罕见战例。

修建城堡是应对骚乱的方法之一，而当地人反抗英格兰人和雇佣兵的方式就是设法炸掉一座小型城堡。塔楼既可以供人居住，又可以提供庇护，许多教堂的塔楼都加固了。这样的防御工事必然会吓退一些掠夺团伙，但事实证明，对当地居民来说，有些防御措施更像是一种威胁，不断滋长着人们的压迫感，而非一种保护。还有一些建筑的规模相当宏大。最著名的大塔楼由查理五世在文森（Vincennes）建造，有六层高，气势恢宏，是王室和贵族威望的体现，而非出于防御需要。

　　法国民众生活在水深火热之中。据让·德·韦内特（Jean de Venette）所说，"不幸的农民受到来自四面八方的压迫，无论是朋友还是敌人，他们只能通过向两方进贡才能继续种植葡萄园和耕作田地"。[22] 一封给阿尔诺·德·塞伏尔的赦免书说到，他和他的手下"到处绑架并勒索男人，殴打、折磨、屠杀男人和女人，强奸妇女、女佣和修女，焚烧并摧毁城镇、庄园和房屋，无论是教堂的还是他人的财产，一切都不放过"。[23] 法国部分地区遭受的迫害程度极为严重，尽管事实证明，这些地区在14世纪后期出人意料地复苏，但总体而言，农村经济受到重创。城镇遭受的损失比农村要少，但市民必须承担修建和修复城墙的费用，这在14世纪50年代是一个相当沉重的负担。

图 4-2　文森庄园，中央塔楼主要由查理五世建造

1359 ～ 1360 年的战役和《布雷蒂尼条约》

法国显然已经陷入困境，无法支付法王约翰二世的第一笔赎金也就不足为奇。与此同时，王太子的近臣们也无意接受在伦敦达成的和平条件。三级会议决定征收新税以资助一场新的战争。尽管王太子处境艰难，噩耗不断，但局势在 1359 年的夏天发生了彻底的转变。8 月，王太子与纳瓦拉的查理进行谈判。查理转变了立场，宣誓他对瓦卢瓦王朝的爱国之志和忠诚之心，当然他也是瓦卢瓦王朝的一员。"从今以后，我要做一个优秀的法国人，做你的臣民，你的朋友，你的亲密支持者，你对抗英格兰和所有其他敌国的支持者。"[24]

对爱德华三世来说，一场新的战役势在必行。法王约翰二世的赎金似乎无望支付，王太子也不会接受伦敦谈判达成的条件。1359 年 1 月，军队开始征募弓箭手。7 月，财务署接到筹措士兵三个月薪酬的命令，船只和水手也被招募到军中，开始为王室服役。[25] 10 月，兰开斯特率领着约 1000 名手下，赶在主力部队前面从加莱开始了劫掠行动。11 月初，这支队伍分成三个部分撤离。英格兰大批贵族参战，其中有 1 位公爵、10 位伯爵和 70 位方旗骑士，军队人数接近 1.2 万人。此外，许多来自低地国家和其他地方的士兵也加入了军队。然而，爱德华欲求一战，面临的难题竟是没有法军可打。王太子采取的是避免交战策略，他的情报信息也十分畅通。7 月，王太子写信给兰斯的领主，警示他们有可靠消息称，爱德华三世正准备远征，目的是围困一些城市，"兰斯被重点提及"。爱德华的目标的确是夺下兰斯，因为那里是历任法王加冕的地方。他希望能够真正拥有对法国的统治权。

　　大雨倾盆，饱受战争蹂躏的地区食物匮乏，所以英军行进异常艰难。加之辎重过多，平均每天行军不到六英里。兰斯并未被攻下，而早前人们还担心该城的防御能力。1359 年初，该城领主高雪·德·沙蒂隆（Gauchier de Chatillon）曾接到指示，"敌人可以很容易地进入城堡的壕沟，然后不受任何城墙或栅栏的防御阻碍爬入城中"。[26] 英军到达时，防御工事早已修葺完善。他们将该城封锁了五个多星期，却始终无法突破防线。随后英军移师勃艮第。3 月，爱德华与年轻的勃艮第公爵达成了一项协议。勃艮第公爵承诺，如果爱德华加冕为法国国王，他将支持爱德华，并进献 20 万金币（合 4 万英镑），以避免英军的讨伐。显然爱德华仍对加冕法国国王抱有热切希望。随后，军队向巴黎进军，开始放火和掠劫。王太子依旧无视挑衅，按兵不动。爱德华只能将军队调转西南方向。4 月 13 日星期一，一场暴风雨突然而至。军队没有任何能够防御硕大冰雹的措施，许多战马死于这场天灾，未被砸死的战马也受惊不小。士气所受的影响远比身体所受的伤害更严重；暴风雨被认为是来自上帝的信号。到 5 月 8 日，布雷蒂尼（Brétigny）的和平谈判已经结束。

　　在布雷蒂尼达成的协议与在伦敦达成的协议没有多大不同。法王约翰二世的赎金减少到 300 万埃居，这里也包含了爱德华囚禁的其他法国战俘的赎金。英格兰额外占领阿基坦、普瓦图、圣东日和昂古穆瓦（Angoumois），还有北部的庞蒂厄、加莱和吉讷。与此同时，英格兰也放弃了诺曼底和布列塔尼。爱德华放弃法国王位的继承权。法国停止资助苏格兰，英格兰也停止资助佛兰德。历史学家们对该条约看法不一，一些人认为这是法国的胜利，另一些则认为是英格兰的胜利。[27] 1359～1360 年的战役对爱德华来说是失败的，因为他既没有在兰斯加冕，也没有在战斗中打败王太子。但另一方面，他显然已经达成了他的基本目标，即对其在法国的土地拥有完全的统治权。此外，英格兰也不会受到法国的攻击；然而人们对此却非常担心，当一支法国舰队于 1360 年 3 月突袭温切尔西时，这种担心似乎更加合理了。

达成协议是一回事，履行协议则是另一回事。法王约翰二世于 1360 年 10 月 24 日获释，这比双方商定的时间要晚。领土主权的转让是最大的问题，因为这本身就是一件无法在短时间内完成的事。就此英格兰提议将条约的相关条款另拟协议，并将最后期限调整为 1361 年 11 月。这十分不切实际，因为如果双方未能履行在布雷蒂尼达成的协议，那就意味着法国仍然可以对英格兰在法国拥有的土地主张主权。此外，虽然爱德华不再使用法国国王的称号，但他仍有权恢复这一称号。他的纹章中仍包含法国王室的纹章。双方可能都没有意识到实施布雷蒂尼协定的复杂性，而且他们可能都乐于看到事情再恢复原来的样子。

尽管《布雷蒂尼条约》(Treaty of Brétigny) 之后的谈判没有完成，但到 1364 年初，法王约翰二世的赎金已经支付了一半，约 16.66 万英镑。这笔赎金使得英格兰的财政状况好转，因为这笔钱相当于英格兰五年的税收。英格兰未来的日子还会更好，因为 1364 年以后法国至少还要支付 5 万英镑。此外，爱德华三世还拥有苏格兰大卫王和布卢瓦的查理的赎金以及勃艮第的赔款。

在某种意义上，支付法王约翰二世的赎金对法国财政来说是灾难性的打击。然而，这也引发了法国财政结构的转变，从长远来看巩固了君主制度。1360 年末颁布的一项法令规定了直接和间接征税制度，并试图稳定货币价值。虽然整个法国没有统一的财政制度，但直接税和间接税的设立为建立有效的财政制度开创了先河。1363 年三级会议批准征收壁炉税，城镇和农村都需缴纳而无需当地官员的批准，这也是法国十分重要的财政收入。英法双方就条约和赎金支付问题进一步谈判后，法王获准返回法国。1364 年 1 月，他返回英格兰，试图消除他的儿子安茹公爵（Duke of Anjou）违反"假释"的后果。约翰于 1364 年 4 月去世。他既是一位无能的国王，也是一名无能的军事统帅；而英格兰人则要面对一个截然不同的对手——约翰二世的儿子查理五世。

A
SHORT HISTORY OF
THE HUNDRED YEARS
WAR

第 5 章

和平与战争

（1360 ~ 1377）

到 1360 年，战争已经融入许多人的主要生活。雇佣兵们掠夺法国乡村，军官们从勒索赎金中获利，骑士们渴望凭借战功获得荣耀——这些人在许多人向往的和平年代则鲜有所得。在英格兰和法国暂处和平之时，其他争端为那些渴望锤炼军事技能的人们提供了机会。那时人们毫不厌战。

对许多法国人来说，在布雷蒂尼达成的和平协议带来了更糟糕的时期。为了约翰国王的巨额赎金，尽管不情愿，民众必须每年上缴高昂的税款。事情不只如此，法国中部的大部分地区已经无力支付赎金，因为这些地区早已在防御和保卫上面耗资巨大。像詹姆斯·派普（James Pipe）和马修·古尔奈（Mathew Gournay）等英格兰军官们仍在烧杀抢掠。加斯科尼人、纳瓦拉人、布列塔尼人和德意志人在法国（尤其是在法国中部地区）制造了许多骚乱。1360 年，这些暴徒们还组成了一支名为"伟大军团"的雇佣兵团。1362 年，"伟大军团"联合其他兵团在里昂附近的布里涅（Brignais）靠突袭打败了一支王军。大主教原本在战败方的阵营，但他迅速倒戈转而支持胜利者。而雇佣兵团随后又解体成形形色色的小团伙，继续欺压恐吓民众。有些雇佣兵首领像著名的约翰·霍克伍德（John Hawkwood）则离开法国，前往战火不断但社会富足的意大利一显身手。

图 5-1　一位佩戴着贝特朗·杜·盖克兰纹章的骑士

　　纳瓦拉的查理常年惹是生非，他使法国不可避免地再次陷入动乱。他一度拥有勃艮第公国的统治权，但在 1361 年被废黜。为了报复，他曾打算在英格兰人的暗中支持下在诺曼底发动叛乱。法国王太子先发制人，于 1361 年春向查理的支持者们发起进攻。查理的盟友让·德·格雷利从加斯科尼向北进军，联合英格兰雇佣兵，参与科谢雷（Cocherel）战役，法国的灾难随之而来。由贝特朗·杜·盖克兰和大主教等人率领的法国军队经过苦战，最终夺取胜利。盖格鲁—纳瓦拉联军遭到翼侧包围和前后夹击，英格兰和纳瓦拉两军均伤亡惨重。即便是这次挫败也没有打消纳瓦拉的查理对诺曼底的野心，但随后发生的事件让他必须把注意力转向自己位于比利牛斯山中的王国。

布列塔尼也爆发了战争，孟福尔在那里的事业没有被遗忘。约翰·德·孟福尔于1345年去世，他的主张在战争早期得到了爱德华三世的支持。他的儿子也叫约翰，从小在英格兰宫廷长大。1362年，小孟福尔回到布列塔尼，向珍妮·德·旁提耶夫及其丈夫布卢瓦的查理发起挑战。1364年，和谈失败后，孟福尔包围了小港口欧赖（Auray）。同年9月29日，布卢瓦的查理前来解围，双方进行了激战。许多著名人物参与了这场战役。约翰·钱多斯担任孟福尔军队的总指挥，休·卡尔维里、罗伯特·诺利斯和欧贝尔希库尔的尤斯塔斯也聚在其麾下。卡尔维里不情愿地负责殿后。贝特朗·杜·盖克兰未来的战友奥利维尔·德·克里松（Olivier de Clisson）手持战斧对抗英格兰人，导致一眼失明。贝特朗本人支持布卢瓦的查理。由于法国军队此次装备了战斧和缩短至约一米五的长矛，英格兰的弓箭手们没有像往常那样取得胜利。法国士兵紧密排列，把盾牌紧紧地搭在一起，从而防止箭雨造成严重伤害。然而，在激烈的短兵相接之后，法国还是战败了。盖格鲁—布列塔尼联军训练有素，这是他们取得成功的重要因素，同时，卡尔维里率领的后备军在两旁夹击，他们在最后阶段发挥了至关重要的作用。布卢瓦的查理战死，杜·盖克兰等多人被俘。布列塔尼内战至此结束。

纳赫拉战役

14 世纪 60 年代，战火蔓延至西班牙。战争起因之一是王朝问题，即卡斯蒂利亚王位之争。卡斯蒂利亚海军同样对英格兰人有所忌惮，因为确保卡斯蒂利亚南部边境安全至关重要。那时，卡斯蒂利亚王国充满了阴谋、背叛、酷刑和暗杀。1350 年，卡斯蒂利亚的阿方索十一世（Alfonso XI of Castile）去世，他的儿子残酷者佩德罗（Pedro the Cruel，即佩德罗一世）继位。阿方索还和他的情妇莱昂诺尔·德·古斯曼（Leonor de Guzmán）育有一对孪生私生子，分别是特拉斯塔马拉的恩里克（Enrique of Trastamara）和法德里克（Fadrique of Trastamara）。莱昂诺尔于 1351 年被处决，而法德里克于 1358 年被暗杀。恩里克妄图篡位，他得到了法国和雇佣兵团的支持。佩德罗转而向英格兰人寻求支持，并于 1362 年与其结盟。

1365 年 12 月，杜·盖克兰率领一支庞大的雇佣兵团进军西班牙。他在欧赖被俘后，教皇、阿拉贡国王，还有恩里克本人亲自为他支付了赎金。由于休·卡尔维里与杜·盖克兰达成协议并肩作战，英法争端被搁置一旁。马修·古尔奈和欧贝尔希库尔的尤斯塔斯也结为同盟。佩德罗一世几乎没有抵抗便坐船逃到了加斯科尼，恩里克继位。

1362 年，黑太子爱德华接管阿基坦公国（包括加斯科尼）。在恩里克夺取卡斯蒂利亚的王权后，爱德华有理由介入并恢复佩德罗的统治。黑太子在圆满结束了与反复无常的纳瓦拉的查理的谈判之后，安全地穿过了比利牛斯山。1267 年 2 月，黑太子的军队抵达潘普洛纳（Pamplona），后又向卡斯蒂利亚进军。虽然这是战争中常有的局面，但恩里克的法国顾问建议他谨慎行事。4月2日，两军在纳赫拉（Nájera）对峙。由于没有相关支付士兵薪酬的记录，现在无法估计这两支军队的规模，但编年史家阿亚拉（Ayala）明确表示，"骑兵之花"（flower of Christian cavalry）隶属于黑太子，共有10000名重装士兵，而恩里克的军队不超过4500人。[1]黑太子的军队在清晨从侧翼突袭了恩里克。一如往常，英格兰士兵下马而战，弓箭手们射出了"比雨点还要密集的箭"，给恩里克以毁灭性打击。"恩里克军队的战马虽身披盔甲，但仍被英军大量杀死或致伤，恩里克一世被迫带领手下撤退。"[2]黑太子方大获全胜，他们一路追杀败军至埃布罗河（Ebro），敌军淹死的比阵亡的都多。

　　和在普瓦捷时一样，一大批人在纳赫拉被俘。黑太子在给妻子的信中夸张地称俘虏人数高达10000。心存不满的佩德罗一世希望处死恩里克，但是除个别情况外，黑太子一般不允许这么做。从如何处置俘虏的争论中，可以看出战争的惯例是如何运作的。至于如何处置曾为恩里克作战的法国元帅阿尔诺·奥德雷海姆（Arnoul d'Audrehem），人们更是争论不休。由于普瓦捷战后答应支付给黑太子的赎金还没全部付清，他参加战斗并不光彩，黑太子对其行为也极为愤怒。阿尔诺辩称："我并非针对您，而是反对您方首领佩德罗一世。"[3]由12人组成的委员会负责该案，他们做出了对阿尔诺有利的裁决。在德尼亚伯爵（Count of Denia）一案中，谁应该得到约2.9万英镑的赎金这一问题引发了复杂的诉讼，该诉讼一直持续到下个世纪。

虽然纳赫拉战役大获全胜，但这远非决定性一战。佩德罗无力支付黑太子所要求的巨额酬金。黑太子因病返回了加斯科尼，他的身体已经垮了。恩里克开始恢复他在卡斯蒂利亚的地位。1369 年，恩里克赢得蒙特埃尔战役（the Battle of Montiel）之后，谋杀了同父异母的兄弟佩德罗一世，以巩固自己在卡斯蒂利亚的王位。事实证明，英格兰入侵西班牙带来了灾难性的后果，但这并不会打消英格兰人在伊比利亚半岛的野心。

战火重燃

雇佣兵持续制造麻烦。大多雇佣兵在纳赫拉战役之后返回了法国，他们在北上途中烧杀抢掠，对勃艮第、香槟和其他地区造成了严重破坏。许多雇佣兵是英格兰人和加斯科尼人，他们曾为黑太子作战。他们这样肆无忌惮的行为是否得到了黑太子的默许，还有待商榷。一伙英格兰雇佣兵甚至打到了诺曼底，并通过诡计占领了维尔镇（Vire）。一些雇佣兵来到了巴黎，还有些人将战火带到了安茹和卢瓦尔河谷。从表面看来，英法两国这段时期或许处于和平状态，但实际上战争从未停止，这种状况一直持续到雇佣兵团瓦解才结束。

加斯科尼的财务状况日益恶化。黑太子与农场主们商讨并达成协议——黑太子征收五年的壁炉税，与此同时，维持现有流通货币（黄金和白银）不贬值。这份冗长的让步条款，某种程度上让人想起《大宪章》(Magna Carta)。它表明传统权力和自由将得到尊重。阿马尼亚克伯爵（Count of Armagnac）断然拒绝交税，战争使他一贫如洗，而他还有个待嫁的女儿。他向爱德华三世寻求帮助，但没有得到回应，他还曾求助于法国国王。阿马尼亚克的侄子阿玛尼奥·阿尔贝莱特（Amanieu d'Albret）同样拥护查理五世。

英格兰试图与法国谈判，但没有成功。约翰二世一直致力于维护在布雷蒂尼达成的和平协议，但他的儿子查理五世并非如此。查理其貌不扬，体弱多病。傅华萨认为查理五世在青年时期曾遭到纳瓦拉的查理下毒，因此头发和指甲脱落，整个人形容枯槁，不过这说法听起来并不太可信。他的左臂活动不便确有记载。虽然他并不残疾，但他的确不善武功。查理这位有学识的国王拥有一个巨大的图书馆。就军事方面而言，查理很谨慎，在他的统治下，法国不会像在腓力六世和约翰二世的统治下那样将英格兰卷入战争。这种做法带来了丰厚的回报。

法国并未正式宣布放弃对阿基坦主权的主张，但自《布雷蒂尼条约》签订以来，法方也从未试图行使过主权。经过仔细审定，1369 年的法律意见书支持查理五世对阿基坦公国拥有主权。5 月，巴黎最高法院传召黑太子出庭。黑太子拒不出庭，最后被法院判定抗庭。在法国北部，法国军队开始向庞蒂厄进军。英格兰议会讨论了再次开战的计划，爱德华三世恢复使用法国国王的头衔。

法国的反击

战争重启于 1369 年，一直持续到 1380 年。与之前的冲突迥然不同，英格兰这次采取守势。贝特朗·杜·盖克兰虽然身材矮小、相貌丑陋，但却是法军中一位经验丰富且富有魅力的指挥官。杜·盖克兰是小贵族出身。据说，他还是个孩子的时候，就带领着一群抢劫成性的孩子举办模拟比武大会。为了寻求出路，他进入布列塔尼军事学校，接受严酷的训练。杜·盖克兰的密友奥利维尔·德·克里松也是布列塔尼人。奥利维尔从小在英格兰长大，可能曾在普瓦捷战役中与英军并肩作战。在欧赖，他的确属于英军队伍。但在 1370 年，他又加入了法军。他精通英格兰战术，知道弓箭手的重要性。因此 1358 年他从英格兰出发前往布列塔尼时，携带了 500 张弓、1500 根弓弦和 100 捆箭。[4] 奥利维尔深知法国人好战会带来怎样的灾难，他有一定影响力，成功说服了法国人采取守势，从而避免正面交锋带来的风险。至于英格兰人，爱德华三世在战场上的精力投入远不及他在床笫之欢上的投入。1372 年后，他便不再主动掀起战事。黑太子的身体状况已经不允许他率军远征，而罗伯特·诺利斯和休·卡尔维里等人虽然经验丰富，但缺乏灵活应对新形势的头脑。英格兰人认为他们控制着海洋，然而事实并非如此。在这一时期，随着战事推进，海战一度显得十分重要。

傅华萨记录了 1373 年查理五世时期的一次议会。会上查理问及杜·盖克兰的意见，他表示："陛下，所有主张攻打英格兰的人都没考虑到战争可能引发的后果。我并不是说不应该打仗，而是说战争应对我方有利。"他提醒查理，若是在英格兰人手下战败，"将会严重损害王国和在场贵族们的利益"。[5] 法国人的作战特点是进行围攻、小规模战斗和伏击，他们要么迅速投降，要么大获全胜。法国人靠"坚壁清野"来对付英军的劫掠行动。

1369 年，法国轻而易举地占领了庞蒂厄。在安茹公爵的带领下，他们收复了西南部的大部分土地。国王的儿子冈特的约翰（John of Gaunt）首次独立率军从加莱进军到皮卡第和诺曼底，之

图 5-2　1369 年，对约翰·钱多斯之死的假想图

后返回。英法两军曾一度对峙长达一周时间，纷纷讨论下一场战役将在哪里打响，而这正是谨慎占上风后的众多表现之一。年初，约翰·钱多斯被任命为普瓦图省长，可以说他是最好的英格兰将领。但他上任不久，就于一次战斗中在结冰的地面上滑倒而死于非命。1370 年，英格兰以传统方式还击法国的进击：罗伯特·诺利斯采取"骑行劫掠"战术，率领军队从加莱到普瓦图一路抢掠，其随行军队包括 1400 多名士兵和同样规模的弓箭手。财政方面不同以往：王室负责头三个月的费用，而此后的费用需自行承担。英格兰政府最终为此花费了 3.8 万多英镑。突袭以失败告终——没有占领任何城镇或城堡。诺利斯召集他的士兵准备在巴黎城外作战，但法国人并没有被引诱出来参战。远征在一片混乱中结束，

图 5-3　1370 年，病重的黑太子在车轿中

特别是约翰·明斯特沃思（John Minsterworth，后成为叛徒）在一次罕见的叛乱中挑战了诺利斯的领导权威。意气消沉的残军最终被杜·盖克兰于彭瓦扬（Pontvillain）歼灭。这次灾难性的失败使人们对纳瓦拉的查理抱有的幻想彻底破灭，同时背弃了他所追寻的事业。翌年，纳瓦拉的查理与查理五世和解。

　　1370 年 9 月，疾病缠身的黑太子一路只能乘坐车轿指挥作战，他率军夺回了刚被贝里公爵（Duke of Berry）占领的利摩日（Limoges）。利摩日大屠杀被称作"中世纪欧洲战争中最严重的暴行之一"。[6] 然而，根据战争法，这是正当的，因为这是战争且对方并没有谈判投降。这场屠杀的规模还有待商榷。傅华萨用大量笔墨描述了这一事件，但他的描述与现实不符。在利摩日，受到洗劫的只是主教控制的那部分地区。其他地区如沙德武（Chatèu）则忠于黑太子。在他统治阿基坦的早期，他为该地提供了许多重要资助。大屠杀实际死亡人数约为 300 人，是傅华萨所说的十分之一。

英格兰人自认为是海洋的掌控者，这份狂妄自大在 1372 年受到了沉重的打击。彭布罗克伯爵（Earl of Pembroke）那时刚被任命为阿基坦的总督，他率领一支约由 20 艘船组成的小舰队前去赴任。一支卡斯蒂利亚舰队阻挡了他们去拉罗谢尔（La Rochelle）的路，并在随后的战斗中获胜。在海战时火攻具有极大的杀伤力，喷在英格兰船上的油成为了致命武器。战马受惊，撞碎了船骨。"听到烈火燃烧的声音和船舱里火中战马的嘶吼，真是太可怕了。"[7] 虽然伤亡人数和受损船只并不多，但这次挫败对英格兰打击巨大。爱德华三世对此的回应是，他们打算出动更大规模的海军。8 月底，他在桑德威奇搭乘旗舰。由于逆风，舰队只能沿着海岸线缓慢前行，最远只能到达温切尔西，之后他们便放弃远征了。这场惨败是爱德华的最后一战，这与 14 世纪 40 年代的辉煌形成了鲜明对比。至于彭布罗克，他在西班牙的监狱里惨遭酷刑，后来被卖给了杜·盖克兰。彭布罗克答应付给盖克兰 12 万金法郎的巨额赎金，但他在获释前死在了法国。法国军队势如破竹。1372 年，布列塔尼公爵约翰·德·孟福尔到英格兰避难。法国人不费吹灰之力接管了他的领地，只有布雷斯特还在英格兰人手中。翌年，冈特的约翰放弃进攻布列塔尼，转而经陆路到达加斯科尼，从加莱到波尔多一路劫掠。上述事件发生在 8 月至 12 月之间。虽然英格兰在特鲁瓦（Troyes）城外集结了军队准备作战，但法国坚持避免同英格兰正面交战。在随后的战役中，奥利维尔·德·克里松在一次伏击中杀死了约 600 人。艰苦的行军使英军损失惨重，在穿越法国中央高原的时候尤为严重。那时的法国人和英格兰人都认为这是一次失败的远征，但有人认为冈特的约翰在这样艰苦的远征中表现出了卓越的领导才能。然而，实际情况是"骑行劫掠行动"一无所获。

法国显然占了上风。1375 年，诺曼底的要塞圣索沃尔 – 勒维孔特（Saint-Sauveur-le-Vicomte）受到法军长期围困。英军卫戍军队及其队长分别收受了可观的 4 万法郎和 1.2 万法郎之后便缴械投降了。西南地区的科尼亚克（Cognac）在杜·盖克兰的包围下同样沦陷。自 1370 年以来，教皇格雷戈里十一世（Gregory XI）一直试图通过谈判实现和平。1375 年，双方同意在布鲁日举行会议。由教皇斡旋并在布鲁日谈判达成的停火协议最终于 6 月生效。停战后来又延长了一年。

1376 年，百年战争中的著名人物黑太子爱德华去世。他年轻时就表现出了非凡勇气，在克雷西混战中英勇作战。他在普瓦捷和纳赫拉取得的胜利充分显示了他卓越的领导才能。更重要的是，他对自己的父亲一直忠心耿耿。毫无疑问，他在继位前采取了与亨利五世截然相反的政策。尽管如此，人们对黑太子是否有潜力胜任统治者还有所怀疑：他在统治阿基坦时带来的问题比解决掉的问题更多。他的统治也引起了加斯科尼贵族的不满，其财政状况也日益恶化。但无论怎样，黑太子爱德华仍是一位杰出的统帅和骑士。

爱德华三世在其长子去世不久便于 1377 年离开了人世。圣奥尔本斯（St Albans）的编年史家想象了国王临终的场景：他的情妇爱丽丝·佩雷斯（Alice Perrers）"偷偷地把国王手上象征王权的戒指摘了下来"。[8] 在国王弥留之际，只有一个牧师守在这位被朝臣抛弃的国王身边。爱德华曾取得伟大的成就。战场上，他是一位鼓舞人心的领袖，身边有能将辅佐。从议会记录可以看出，他是如何精心地制订作战计划。他的宏韬大略或许遭到质疑，尤其是他发动的战争是否最终实现了他的抱负还要画个问号。战争初期的结盟代价过高，尽管最后的"骑行劫掠行动"有所收获，但并不能最终赢取胜利，更别说夺取法国王位了。但他思维活跃，把握住了新机遇。到 1360 年，他似乎已成功地将英格兰的领土极大地拓展至法国，在没有臣服法国的情况下获得了大片土地。在他生命的最后几年里，即 1369 年再次开战后，爱德华的表现大不如前，他与新一代将士的关系也赶不上他在巅峰时刻与将士的关系了。

A
SHORT HISTORY OF
THE HUNDRED YEARS
WAR

第 6 章

新国王的新战略

（1377 ~ 1399）

1377 年，战火重燃，局势始终胜负难分。英格兰新国王是理查二世（Richard II，1377～1399 年在位）。他没有爱德华三世那样的领导能力。政府采取了新的战略，即"外堡"战略（barbicans）。瑟堡（Cherbourg）于 1378 年从纳瓦拉的查理那里租来，布雷斯特城堡（Brest）自 1342 年起就在英格兰手中。这些港口为英格兰控制通往加斯科尼的海路提供了有利地形，也为他们的军队作战提供了方便之地。加莱和加斯科尼港口也被看作外堡。下议院虽然对建造外堡的成本持怀疑态度，但被告知"外堡戒备森严，海洋防守严密，王国才会足够安全"。[1]对英格兰人来说，抗击法国的战争愈趋向防守，成本也就日益攀高。

1378 年，双方冲突中出现了一个新的因素——教会大分裂。格雷戈里十一世去世后，英格兰支持罗马候选人乌尔班六世（Urban VI）上位。他在阿维尼翁的竞争对手是法国支持的克雷芒七世（Clement VII）。在 1417 年前，这场分裂在欧洲划分阵营；尽管双方并没有教义上的本质分歧，但却使王朝等冲突上升到一个新的层面。

这些年来，英格兰并没有十分重视加斯科尼。据詹姆斯·谢伯恩（James Sherborne）统计，从 1369 年到 1375 年，花在加斯科尼防务上的钱只占全部战争经费的 16%，低于用在加莱防务上的军费（29%）。1370 年冈特的约翰占领该领地花费了 3.2 万多英镑，但次年约翰就又退出，而 1372 年之后，加斯科尼在防卫方面花费得就更少了。1377 年，法国在安茹公爵的领导下发动了一次大规模进攻，占领了贝尔热拉克和圣马凯尔（Saint-Macaire）。英军总指挥官托马斯·费尔顿（Thomas Felton）在一次战斗中被俘。然而，英格兰人并没有被赶出加斯科尼。新的英军总指挥官约翰·内维尔（John Neville）在 1378 年还取得了相当大的胜利。然而，法国西南部的真正权力逐渐落入加斯顿·菲比斯（Gaston Phoebus）、富瓦伯爵（Count of Foix）和阿马尼亚克伯爵的手中。事实证明，法军统帅贝里公爵软弱无能，几乎没有采取行动驱逐英格兰人。在这种情形下，许多声称效忠英格兰的雇佣军军团发现加斯科尼是个大肆劫掠的好地方。1385 年与贝里公爵共掌指挥大权的波旁公爵成就显著。在围攻韦尔特伊（Verteuil）时，他的工匠在城堡城墙下挖了些矿井，他在矿井里与敌人对战，最后不负众望，接受了韦尔特伊的投降。

1378 年，法国议会在布列塔尼公爵约翰·德·孟福尔缺席的情况下对其进行了谴责，并没收了他的领地。布列塔尼人对这一举措大为不满，1379 年公爵回到布列塔尼后，大家云集响应。一支英格兰舰队 12 月启航前往布列塔尼，却折于一场风暴之中。指挥官约翰·阿伦德尔被淹死；休·卡尔维里爵士抓住一些索具，被吹到岸边。据编年史家沃尔辛厄姆（Walsingham）说，这场灾难在意料之中，因为在舰队出航之前，阿伦德尔坚持要把他大部分士兵安置在女修道院。在那里，他们"侮辱修女，并不以这种罪恶的行为为耻"。[2]

1379 年，英格兰还通过了一项特别计划，从这项计划可以看出一些权贵简直就是异想天开。1374 年被捕的圣波尔伯爵（Count of St Pol）在温莎邂逅玛蒂尔达·考特尼（Matilda Courtenay），这位美丽的寡妇是国王同父异母的姐姐。圣波尔伯爵被释放的条件是他要效忠理查二世，同意将其城堡变为英格兰的堡垒，并进攻皮卡第的吉斯镇和城堡。虽然计划失败了，但伯爵支付赎金后娶了玛蒂尔达。这场婚礼乐师和演员云集，但编年史作家沃尔辛厄姆酸溜溜地说："它只娱乐了少数人，没带来任何好处。事实上，大多数人对此颇为愤怒。"[3] 圣波尔伯爵后来死于阿金库尔战役。

贝特朗·杜·盖克兰在法国南部的一次围攻中病倒，于 1380 年去世，这是法国的一大损失。他被视为一位具有骑士精神的英雄，能与查理曼大帝（Charlemagne）、亚瑟王（King Arthur）等九位传奇人物比肩。他于 1370 年被任命为法国元帅，以表彰他的军事成就。他一生都在抗击英格兰人，然而他的经历让人费解。他既有过胜利，也有过败绩，他的领导才能给同时代的人留下了深刻的印象，但在一片奉承声中，这种印象已荡然无存。据法国历史学家爱杜尔·佩罗伊（Edouard Perroy）所称，杜·盖克兰是一位"平庸的领导者，无力在任何规模的围攻之中取得战胜"，是一个"妄自尊大"之人。[4] 无论如何，他是一位能够激励士气的统帅，颇具谋略。他不以大决战见长，却精于快速调动军队进行游击战式的突袭。他和奥利维尔·德·克里松一起改变了战争的进程。

英格兰在 1380 年的计划颇为宏大。起初计划派遣一支大军到布列塔尼，但因船只数量不足而罢休。在这种情形下，白金汉伯爵（Earl of Buckingham）从加莱出发，前往兰斯，然后到特鲁瓦。

图 6-1　圣丹尼斯大教堂里贝特朗·杜·盖克兰的墓像

图 6-2　1380 年，白金汉伯爵横渡海峡到达加莱

"长途奔袭行动"这种传统的英格兰策略已经不像过去那样有效了。勃艮第公爵避免与英军作战，英军只能继续向布列塔尼一路劫掠。如果不是查理五世去世的消息传来，法国人可能会封锁英军前进的路线。

新国王查理六世（Charles VI，1381 ~ 1422 年在位）未满 12 岁。和英格兰一样，法国也面临着君主年幼的问题。与抵抗英格兰相比，佛兰德的情况更令人担忧。1379 年，根特、布鲁日和伊普尔的城镇起兵反抗伯爵。根特民兵成为造反的急先锋；1382 年，雅各布的儿子腓力·范·阿特维尔德（Philip van Artevelde）成为白头巾首领，并在贝弗霍茨维尔（Beverhoutsveld）用猛烈的炮火打败了布鲁日民兵。阿特维尔德寻求英格兰的支持，但并没有得到什么实质性的承诺，在罗斯贝克（Roosebeke），一支由奥利维尔·德·克里松率领的法国—勃艮第联军击败了民兵。阿特维尔德被杀。这也证明了佛兰德大炮对组织严密的骑兵攻击无效。据波旁公爵的传记作者描述，公爵挥动着斧头，"冲进佛兰德队伍中，结果摔倒在地，因此受伤，但很快被英勇的骑士和扈从救了出来"。[5] 这也是 16 岁的让·勒·迈格雷（Jean le Meingre）的第一次战斗经历，他后来成为骑士时代的杰出将领，他的另一个名字是法国元帅布锡考特（Boucicaut）。

1383 年，英格兰对佛兰德的援助终于到了，但这种援助却不同寻常：诺里奇的德斯潘塞主教（Bishop Despenser of Norwich）趁教会大分裂之机，以帮助乌尔班六世对抗克雷芒七世支持者的名义，率领了一支十字军进行远征。克雷芒一方在罗斯贝克赢得了胜利。十字军有征兵的便利，因为德斯潘塞主教可以赐予来自

"天堂"的奖赏："甚至传说他的副官声称天使会按他们的命令从天而降。"[6] 他的部队身经百战；卡尔维里爵士和诺利斯爵士两人都参加了这次远征。最初取得的胜利只是昙花一现：尽管德斯潘塞主教并没有遭遇法军主力，围攻伊普尔还是失败了，英格兰失去了战役开始时占领的所有土地。一蹶不振的德斯潘塞主教和他的三位将领（不是卡尔维里爵士和诺利斯爵士）在回到英格兰后被送上法庭受审。这也是理查二世在位期间最后一次在欧洲大陆的远征。

入侵威胁

这些年来，英格兰受到法国入侵的威胁，这引起人们极大的恐慌。1371 年，英格兰财政大臣威廉·威克姆（William Wykeham）向议会表示，法国国力更胜以前，有足够兵力来征服英格兰所有的领土。他们的舰队足以摧毁英格兰海军，随后入侵将不可避免。事实证明他的警告有理有据。1377 年，一支包括卡斯蒂利亚和葡萄牙船只的法国舰队袭击了英格兰南部海岸。从东部的拉伊（Rye）到西部的普利茅斯，港口均遭到袭击。著名的法国海军上将让·德·维埃纳（Jean de Vienne）在返回哈弗勒尔（Harfleur）进行补给后，在第二次突袭中洗劫了怀特岛（Isle of Wight）的大部分地区。1380 年，法国人占领了泽西岛（Jersey）和根西岛（Guernsey），卡斯蒂利亚的战舰袭击了温切尔西和格雷夫森德（Gravesend）。整个南海岸陷入一片恐慌。

英格兰随即采取措施以应对入侵。英军在南安普敦花费 1700 多英镑，建造了一座新的堡垒（这座堡垒始建于 1378 年）。其他新建的城堡包括著名的博迪亚姆城堡（Bodiam）和库林城堡（Cooling），这两座城堡在 14 世纪 80 年代获得批准，分别由退役将领爱德华·戴利格瑞治（Edward Dalyngrigge）和约翰·科巴姆（John Cobham）建造。毫无疑问，建造城堡的动机之一是彰显个人荣耀，但也包含了人们对国运的忧虑。人们十分恐惧那场曾在法国肆虐的战争会席卷英格兰。

1369 年，英格兰与法国的冲突再次升级，法国—苏格兰联盟只得重新建立起来。大卫二世于 1371 年去世，斯图尔特家族的罗伯特二世（Robert II，1371 ～ 1390 年在位）继位。英苏双方跨境突袭以及大卫二世一些仍未支付到位的赎金都是导致冲突的原因，但双方基本上还能避免大规模战争。然而，在 1384 年，一小支法国部队登陆苏格兰，加入了对诺森伯兰的突袭行动。在接下来的一年里，一支由 1300 名重骑兵和 300 名弓箭手组成的大型法国军队搭乘大约 180 艘船驶往苏格兰。命令要求"舰队中四艘最大的舰艇涂成亮红色，全副武装，并绘上法国海军将领让·德·维埃纳爵士的纹章"。[7] 这也是为了"避免法国和苏格兰之间发生误会"。那些不服从命令的人受到如下恐吓："军人抗命将失去马匹和马具，仆从抗命将失去他的拳头或耳朵。"[8] 尽管法国人到了莫珀斯（Morpeth），并深入到诺森伯兰，远征却以混乱告终。对此法国与苏格兰均归咎于对方。

与此同时，理查二世紧急征募了大约 1.4 万人的大军。这也是 1327 年以来第一次使用这种募兵手段；他担心如果自己没有在统治期间使用这种手段，那它就会彻底作废。面对英军大规模入侵，苏格兰人仍然像 1322 年那样一边后撤，一边尽可能带走所有食物。英格兰军队抵达爱丁堡（Edinburgh）后物资日益短缺，只得迅速撤退。

1386 年英格兰面临最严重的入侵威胁，当时庞大的法国—勃艮第舰队和军队集结在斯鲁伊斯。他们做的准备工作包括建造"一个奇妙的装置，带有塔和武器，而且可以在士兵们抵达英格兰后三小时内组装起来"。[9] 一位法国作家估计舰队有 16000 艘船，其中一半是两帆型大船。他认为，这是自从特洛伊围城战以来历史上集结起来的最精锐的舰队和军队。[10] 然而，风向不利，法国军队只能去收复年初被根特人（在英格兰的帮助下）占领的达默（Damme）。入侵英格兰被迫推迟，随着 10 月天气急转直下，时常逆风暴雨，入侵计划无果而终。这是一个重要的转折点，因为这差点就成了法国在整个百年战争中发动的大规模入侵。如果成功登陆，法国人很可能会成功推翻理查二世不堪一击、丧失民心的统治。英格兰招募了大约 4500 名士兵，但面对一支人数可能高达30000 人的法国军队，这样规模的部队是远远不够的。

次年，英格兰出人意料地取得了一次胜利。在拉罗谢尔，一支庞大的法国—佛兰德舰队装载了葡萄酒。得知这个消息后，阿伦德尔伯爵率领大约 60 艘船的舰队发动了突袭。伯爵的舰队规模更大、装备更精良，最终击败了法国—佛兰德舰队。战斗最初是在马盖特（Margate）附近打响，最后在卡德赞德附近结束。伯爵的军队之后进行了一次短暂的劫掠行动，但未能取得胜利。随后，阿伦德尔转而关注国内政治；他是上议院的上诉诸侯（Lords Appellant）之一，在 1388 年残忍议会（Merciless Parliament）中向国王的宠臣发难。

苏格兰人继续威胁要进攻英格兰；1388年，他们向北方发起了双重攻击，一支军队攻击东边，一支军队攻击西边。在奥特本（Otterburn），苏格兰人击溃了一支由诺森伯兰伯爵之子亨利·霍茨波（Henry Hotspur）率领的英军，但人数处于优势的苏格兰军队的将领道格拉斯在战斗中丧生。1389年，双方达成休战协定，一直延续到该世纪末。

政治与和平

1386年计划入侵英格兰失败后，法国不想再继续与英格兰作战。1388年，年轻的国王查理六世摆脱了他兼任勃艮第、贝里、安茹、波旁四地公爵的叔叔对自己的控制。1392年前，政府一直由被反对派讽刺地称为"怪诞派"（marmousets）的权贵把持。这些人大多是普通贵族，其中包括奥利维尔·德·克里松。还有一些拥有类似资本家背景的人。怪诞派对治国理政认识清晰，雄心勃勃。这些人制定了旨在降低行政成本和税收的改革方案：间接税减少了，国王应该靠自己的收入生活，官员凭能力当选。然而，当国王的精神明显不稳定时，国王的叔叔们开始反对怪诞派。夏天，克里松在一次暗杀行动中幸存下来，但被剥夺了法国元帅的职位，并被罚款10万法郎。法国不再与英格兰开战，而是慢慢卷入意大利复杂的政治纷争之中。1396年，深陷危机的热那亚市（Genoa）决定接受法国的统治。另一个雄心勃勃但困难重重的计划是十字军东征。1396年，一支大规模十字军，其中包括许多与英格兰作战的退伍军人，在尼哥波立之战（the Battle of Nicopolis）中被土耳其人在巴尔干（Balkans）地区击溃。

这场战争的花费和指挥不当是这个时期英格兰政治动荡的背景因素。1376 年，在贤明议会（Good Parliament）中，下议院抨击了国王的大臣和他的情妇爱丽丝·佩雷斯。人们把圣索沃尔和贝谢雷（Béchere）的沦陷归咎于拉蒂默勋爵（Lord Latimer）和托马斯·卡廷顿（Thomas Catrington）。1388 年，理查二世在残忍议会中陷入上议院上诉诸侯的愤怒之中，这些上诉诸侯包括格洛斯特公爵（Duke of Gloucester）、阿伦德尔伯爵、沃里克伯爵（Earl of Warwick）、德比伯爵（Earl of Derby）和诺丁汉伯爵。国王的许多亲信和大臣——特别是萨福克公爵——很快被判叛国罪。萨福克公爵逃走了，但其他很多人都被处决。法官心怀叵测，加上对理查宠臣的极度厌恶，最终造成了这场危机，与此同时，上诉诸侯希望在战争中采取更为激进的政策，而不是年轻国王所支持的绥靖政策。

与英格兰休战是法国怪诞派的目标之一，虽然最终的协议仍难以达成，但双方于 1389 年同意休战。1390 年，理查二世把阿基坦赐给他叔叔冈特的约翰，让他放弃争夺法国王位。历史学家对此争论不休。约翰·帕尔默（John Palmer）认为这是迈向和平解决的第一步，在和平解决方案中，冈特将从法国国王手中拿到阿基坦。他的观点后来又有很大的改变。[11] 这可能只是众多方案之一，但到 1393 年，在法国政治风云突变之后（即怪诞派被赶下台），和平协议一方面要求解决英格兰持有的阿基坦边界争端，一方面还要求理查效忠查理六世。英格兰议会无法接受这些要求，和平进程被迫中止。然而，1395 年，理查娶了查理六世年仅六岁的女儿伊莎贝拉之后，两国关系开始有了一个很特殊的基础，在接下来的一年中，双方达成了一项为期 28 年的休战协议。

筹集战资

和平政策合乎情理，因为双方都为这些年的战争付出了惨重代价。尽管这几年没有像爱德华三世1359年远征那么大规模的战役，但英格兰在1369年战火重燃后的军事开支巨大。詹姆斯·谢伯恩估计，截至1381年，英格兰已经花费了将近110万英镑。1369年兰开斯特的长途奔袭行动花了7.5万英镑，1373年又至少花了8.2万英镑。1381年的远征花费了大约8.2万英镑。海上战争代价高昂：1373年，海军开支接近4万英镑。阿伦德尔的1387年远征是一个例外，花费相对较低，约1.8万英镑，而且也很成功，奖品和战利品总计约1.65万英镑，其中四分之一归王室所有。每年维持加莱驻军及相关费用花费至少2万英镑。"外堡"战略中的布雷斯特城堡和瑟堡维护费用也很高，每年约为3万英镑。在1377至1381年间，这三个港口开支约占英格兰战争开支的三分之一。

法国也面临着高昂的战争开支，但人们找到了解决财政问题的方法。1371年，政府停止支付官员薪水。随着税收减少，查理五世不得不向意大利银行家借了1万法郎。不过，在继续征收当初为支付约翰二世赎金而征收的税款后，查理政府的境况有所改善，其收入可能是英格兰王室收入的两倍。然而，一场重大税收危机在1380年开始爆发，此时垂死的国王意识到可能会发生叛乱，于是他废除了壁炉税。他的继任者查理六世才12岁，民众的压力迫使他答应废除自14世纪初实行的所有税项。虽然向三级会议提出的新拨款请求激起了敌意，但大家一致认为这事应与地方议会接洽。

给国王的拨款已经发放下去，但还不够。议长勉强承诺再新加一个
1 磅货品 12 便士的销售税，然而镇民"对这项法令不屑一顾，还
说若是政府强迫他们缴税，他们就要拼个你死我活"。[12] 许多城镇
的民众都对这一新税反应激烈。鲁昂宣布立一个本地商人为自己的
国王，承诺废除全部税项。但这场叛乱很快就被镇压了下去。1382
年，在罗斯贝克战役中，官军击败了佛兰德人，从而稳固了国王的
地位，政府遂重新征收传统税项。1385 年，货币又一次贬值，这
个权宜之计带来了大量收入，强制贷款也筹集了大量资金。到了
1390 年，法国王室的收入达到了百年战争时期的巅峰。[13]

对英格兰来说，筹集战资的传统方法已不够。也不可能像
爱德华三世在战初轻易得到巨额贷款来筹集战资，议会将税收的
十五分之一或十分之一拨付给国王，仍是杯水车薪，海关收入也
是捉襟见肘。1377 年，议会给予国王双倍补贴也还是不够。1371
年，对教区征收了一次性税。在政府想象中，教区堆金积玉，因
此这项税款的预期数目严重偏离现实。1377 年政府又出台人头税，
并征收了其中三项。与法国的情形一样，税收不得民心，由此引
发民众叛乱，这是 1381 年英格兰农民起义的一个主要原因。

不堪一击的和平

布雷蒂尼建立的和平不堪一击。1369 年战火重燃后，英格兰
连连战败，于是一些英格兰士兵转往别处追名逐利。意大利饱受
战乱之苦，富裕城市之间互争雄长。其中冲突给那些经过英法战
争磨炼且野心勃勃之人提供了极好的机会。到 1369 年，佛罗伦萨
的军队中有 33 名英格兰队长，军队采用了一种新阵型，即长矛阵

型，由两名重骑兵进行冲锋，一名扈从紧随其后，弓箭手则在后方进行掩护。

在意大利作战的英格兰人中最著名的是约翰·霍克伍德，他的"霸业"始于 14 世纪 60 年代初，那时他属于违反《布雷蒂尼条约》继续战斗的将领之一。他加入了日耳曼人阿尔伯特·斯特茨（Albert Stertz）带领的白色军团（White Company）雇佣军。霍克伍德在爱德华三世军队时的经历是未解之谜，但显然他深谙兵法。他第一次大胜是在 1369 年的卡希纳（Cascina），在那里他效仿法国战场让重骑兵下马作战。他的部队很快以英格兰军团而闻名；他部分手下是从他老家埃塞克斯（Essex）征募来的。多年来，他为比萨、米兰、那不勒斯王国和罗马教皇效力过，但最重要的是，他曾效忠佛罗伦萨，1380 年成为总指挥官。霍克伍德战功赫赫；在 1387 年的卡斯塔那若战役（the Battle of Castagnaro）中，他率领帕多瓦（Padua）军队，大败维罗纳（Verona）军队。胜利的关键就是在弓箭手援助下骑兵下马作战，并精心挑选战场，就像克雷西等战役一样。霍克伍德最后一次战斗是于 1391 年在米兰军队完全掌握局势的情况下，成功解救佛罗伦萨军队。他足智多谋，熟练运用突袭战术，对情报运用得当，这些特点使得霍克伍德成为一名著名的指挥官。他忠诚于英格兰；爱德华三世和理查二世都雇用他在意大利进行外交，特别是在与米兰的谈判中发挥了重要作用。然而，英格兰对法作战时却没有启用他。虽然霍克伍德计划在英格兰安度晚年，但他于 1394 年在回国前去世，并失去了他一生积攒的大部分财富。

阿尔茹巴罗塔战役

英格兰在这一时期不敌法国的原因之一，是被图谋伊比利亚半岛（Iberian Peninsula）分散了精力。1371 年，冈特的约翰与佩德罗一世之女康斯坦萨（Constanza）结婚，于是约翰有权争夺卡斯蒂利亚王国的王位。次年，爱德华承认冈特是卡斯蒂利亚国王。这显然是一种对抗法国与恩里克二世联盟的方法。英格兰人似乎乐观地认为，只要冈特放弃卡斯蒂利亚王位，就能打破恩里克与法国的联盟，但实际上并不奏效。冈特和葡萄牙统治者费尔南多一世（Fernando I）的联盟一无所成，冈特与阿拉贡和纳瓦拉的联盟也同样如此。英格兰军队直到 1381 年才登上伊比利亚半岛。这些行动由冈特的哥哥兰利的埃德蒙（Edmund of Langley）指挥，即后来娶了康斯坦萨之妹伊莎贝尔的约克公爵。远征最后失败了。据传，英格兰军队对其盟国极为冷酷，"杀害、抢劫和强奸妇女，傲慢无礼，盛气凌人，就好像盟国才是他们的死敌"。[14] 费尔南多与恩里克二世之子胡安一世（Juan I）达成了和平，后者于 1379 年继承了卡斯蒂利亚的王位。

在 1383 年的议会中，赫里福德主教（Bishop of Hereford）比较了在佛兰德或葡萄牙的战役的前景后，称葡萄牙"能以最快且最有效的方式结束战争"。[15] 1383 年费尔南多逝世，他的王后与卡斯蒂利亚的胡安结盟，胡安娶了她还未成年的女儿碧翠丝（Beatriz）。胡安试图凭此接管葡萄牙。一场叛乱后，费尔南多同父异母的兄弟阿维斯的乔（João of Avis）成为摄政王，然后在 1385 年登上王位。乔与英格兰结盟，在阿尔茹巴罗塔（Aljubarrota）击败胡安。

大约有 700 名英格兰士兵参加了这次战斗，其中主要是弓箭手。葡萄牙人效仿英格兰组织部队，在中央有两支下马作战的重骑兵，骑兵在两翼，弓箭手在骑兵后面。葡萄牙元帅努诺·拉瓦尔斯·佩雷拉（Nuno Álvares Pereira）主战，而乔的大部分议员主和。佩雷拉选择的第一个战场被卡斯蒂利亚人包抄，第二个战场则大败敌人。卡斯蒂利亚的先头部队被弓箭和标枪击溃；尽管卡斯蒂利亚主力部队前进时杀死刚刚被抓的战俘（就像在阿金库尔战役那样），但随后的进攻还是一败涂地。人们当时相信："杀人总比被杀好，如果我们不杀他们，他们会在我们战斗的时候脱逃，然后杀了我们。不能相信自己的囚犯。"[16] 最终胡安战败而逃，他的军队溃不成军。这一时期的大多数战役都不是决定性的，但这一场却意义重大：因为这场战争确保了葡萄牙王国的独立。

阿尔茹巴罗塔战役非常有意思，考古遗迹极为完好，或为百年战争中独一无二的战役。经过挖掘，人们发现了一个由壕沟和

图 6-3　1385 年的阿尔茹巴罗塔战役

深坑组成的防御系统，这个系统显然是为了保护步兵免受骑兵攻击。很多这样的防御系统都有鹅卵石，这说明步兵在战斗开始时有投掷石头。另外，考古挖掘还出土了大约 400 个人的遗骸，这些骨头显示了战斗的残酷，很多颅骨上有严重的创伤，其中包括十字弓和长弓留下的箭伤。[17]

　　葡萄牙人获胜后，冈特的约翰成功夺取卡斯蒂利亚王国王位的可能性更大了。在 1385 年的议会中，大法官"提出了各种理由和例子，认为卡斯蒂利亚最好和最安全的防御措施是和敌人开战，因为毫无疑问，等待战争降临才是最危险的、最让人害怕的做法"。[18]人们一致认为，应该抽取部分税款用于冈特的远征，尽管这部分的数额远远低于所需的数额。冈特于 1386 年出征。船上的兵力大概有 1500 名重骑兵、2000 名弓箭手。他在拉科鲁尼亚（A Coruña）登陆，出人意料的是，他几乎不费吹灰之力征服了加里西亚（Galicia）；胡安并不重视保护一个偏远的省份，也不愿意与冈特决一死战。次年，冈特的处境变得困难。他只能为葡萄牙入侵莱昂（Léon）提供有限的援助，尽管维拉罗伯斯（Villalobos）已经投降，但葡萄牙还是很快输掉了这场战役。痢疾和逃兵瓦解了英格兰军队。法国的援军则巩固了胡安的地位。冈特为了减少他的损失，与卡斯蒂利亚统治者谈判。每个人都为英格兰和法国的和平而努力；胡安的儿子娶了冈特的女儿。为交换巨额资金，冈特放弃了争夺卡斯蒂利亚王位，放弃征战加里西亚。1389 年，旨在建立永久和平和结束教会大分裂的进一步谈判以失败告终。与此同时，冈特又插手西班牙事务，结果声名狼藉。他再次争夺卡斯蒂利亚王位也没成功，法国—卡斯蒂利亚联盟没有被打破，教皇分裂也没有结束。冈特最后死于 1399 年。

1399 年，理查二世被废黜，并在次年诡异地死去。这是个复杂的人物，他一生追求王权，但没有军事野心。理查二世"一头金发，长着一张苍白、女性化的圆脸"，"行为反复无常"，人们觉得他"在对外战争中运气不佳，还非常怯懦"。[19] 在生命的最后几年里，他犯了许多错误，并导致了灾难性后果，最严重的是他将冈特的继承人亨利·博林布鲁克（Henry Bolingbroke，即亨利四世，兰开斯特王朝的首位国王，1399 ~ 1413 年在位）流放到国外。理查的权力基础是一小撮朝臣，事实证明，这些人难当此任。他被废黜的主要原因并不是与法国的战争，而是博林布鲁克和奥尔良公爵于 1399 年起草的一项条约，这项条约破坏了理查与法国政府之间的友好关系。博林布鲁克从法国出发，在拉文斯珀（Ravenspur）登陆。在北方强大的珀西家族的支持下，他顺利地登上了王位。随着兰开斯特王朝的揭幕，战争又将开启新的篇章。

A
SHORT HISTORY OF
THE HUNDRED YEARS
WAR

第 7 章

14 世纪的英格兰军队

军队闻风观望。准备战斗时，士兵手持战旗和矛旗，气势宏壮。士兵们的吼叫如同唤得"上帝"相助，战鼓和号角响彻云霄。骑士们战服华丽。据 1378 年史料记载，罗伯特·萨尔（Robert Salle）的盔甲是用金线加固的。他有一件红色的胸铠和一件镶有银扣的金战袍。他的盔顶有一个镀银的花冠，大头盔上还带有羽饰。他身材高大，威风凛凛。[1] 弓箭手严阵以待，弓长六英尺有余，许多人穿着杂色战衣，整个画面非常有震慑力。

一支庞大的军队通常分为三个部分。军队的基本组成部分是贵族和骑士提供的士兵，其规模差别迥异。规模最大的是王室的扈从队伍，爱德华三世的 50 多个封臣和骑士都有自己的扈从。扈从包括士兵和弓箭手，其数量大致相同，且他们大多都拥有马匹。还有一些弓箭手是在各郡征募的，分别形成 20 人或数百人的队伍。参加低地国家以及法国北部战斗的士兵都是在英格兰本土征募的。在加斯科尼时，虽然英格兰远征军发挥了巨大作用，但军队中的大部分士兵都是在当地征募的。

发号施令自然是公爵和伯爵这些上层社会人物的事。这是他们从小到大的培养目标；当然，由非贵族阶层来指挥军队也无可厚非。兰开斯特伯爵格罗斯蒙特的亨利后被封为兰开斯特公爵，既天赋异禀又能力超群。萨福克伯爵罗伯特·厄福德（Robert Ufford）曾得到编年史家杰弗里·勒·贝克（Geoffrey le Baker）的赞扬，杰弗里描述了其在 1356 年普瓦捷战役中的指挥才能：他在队伍中四处视察，"激励每个人拼尽全力，告诫年轻人不要鲁莽，告诉弓箭手要做到箭无虚发"。[2] 也有些指挥官是通过经验和名望获得地位，而非凭借贵族血统。沃尔特·本特利就是一个典型的例子。他原本是约克郡一名地位不高的骑士，因其在布列塔尼指挥雇佣兵时展示出了卓越的领导才能，才在 1350 年被爱德华三世任命接替托马斯·达格沃斯，成为公爵领地继承人。他曾在一封写给国王的信中说，他认真考虑过自己所处的困境，他的军队酬劳太少，驻扎的村庄也毫无防御能力。罗伯特·诺利斯是一位著名指挥官，生于柴郡，他出身并不显赫，最初可能只是一个弓箭手。他极具军事才能，因此成为第一个没有伯爵头衔而被任命指挥重大远征行动的人。

指挥官的等级制度并不繁复，军队中也没有受过专业训练的指挥官队伍。方旗骑士是仅次于公爵和伯爵的等级，通常身居男爵之位，在战斗中手持长方形旗帜。但是，他们的身份只是一种军事头衔，不像骑士那样可以世袭。虽然骑士头衔有很强的军事含义，但它也是社会地位的象征，通常是可以继承的。骑士之下是从骑士，涵盖的身份范围很广。有些从骑士可能有志成为骑士，但大多数并没有这样的抱负。到了 14 世纪晚期，有些从骑士已经相当有地位了，他们拥有自己的纹章，但另外一些从骑士地位依旧不高。他们常被简称为"士兵"（man-at-arms），并不体现他们的级别。为了方便起见，历史学家经常把骑士和"士兵"统称为"骑兵"，其实这并不准确，因为他们在战斗中通常会下马作战。

骑士和士兵装备精良。编年史家让·勒·贝尔指出，1327 年英格兰与苏格兰作战时，其盔甲已经过时了，但仅仅十多年之后，经过改良的盔甲再次变得十分先进。根据对墓葬铜器的考证，从14世纪30年代开始，板甲越来越普遍。上臂护甲、前臂护甲、膝盖护甲、胫甲和腿甲为四肢提供全面保护，保护躯干的有"对板"、铆接在织物上的铁板和钢板以及锁子甲。到了50年代，带面罩的中头盔取代了传统的大头盔。出于对美观的考虑，紧身铠甲衣取代了臃肿的战袍。

征募士兵

传统的封建制度要求领主提供定额的骑士，这项要求到百年战争时已基本废弃。1327年曾为对抗苏格兰而征募士兵，但响应者寥寥。向法国和低地国家远征时还未有这样征募士兵的先例。然而，在英法战争的最初几年里，英格兰因担心难以募足士兵，出台了一项雄心勃勃的强制服兵役计划。1344年，英格兰开始对年收入5英镑及以上的人实行渐进制，年收入5英镑的领主需提供一个弓箭手，年收入达25英镑则需提供一个士兵。当然，有专人负责评估人们的财富。次年，国王下令开始按此方法征募军队。人们自然心生抵触。议会对此提出抗议，1346年国王不情愿地承认这样做超出了必要，且下不为例。最终，他于1352年同意除非议会一致通过，否则任何人都没有服兵役的义务。强制兵役就此终结。

酬劳和游说取代了强制兵役。常规标准是伯爵每天能够得到5先令，方旗骑士每天4先令，骑士每天2先令，从骑士和士兵每天1先令。1338年，为了鼓励人们应征出战佛兰德，酬劳约提升至常规标准的两倍。然而，这只维持到了次年秋天。后来，偶尔也会有高酬劳，比如 1369 年冈特的约翰的军队拿到了 1.5 倍的酬劳，1370 年诺利斯的军队拿到了双倍。此外，从 14 世纪 40 年代中期开始，平均每三个月会发放一笔额外奖金。通常每 30 名士兵会得到 100 马克（66 英镑），但也可能是双倍，甚至三倍。

国王可以依靠王室内务府提供服务，特别是在国王亲自率军远征时。内务府的骑士和其他成员每年都会收到补贴和衣物，参战时也会得到酬劳。内务府的各色人等经验丰富，为国王提供基本的行政和军事服务。至少有 50 名王室的方旗骑士和骑士参加了克雷西战役，而且他们都带有自己的扈从。扈从的人数差异很大，从 150 人到 3、4 人不等。1346 年，内务府共提供了至少 1700 名士兵，组成了军队三大部队中的一支。14 世纪 50 年代，情况发生变化，约 12 个人组成了一个小团体，称为"密室骑士"，而不再是"王室骑士"。在理查二世的统治下，"国王的骑士"涉及的人员范围更大一些，这些人忠诚可信、尽职尽责，但不能指望他们永远住在宫廷里。1394 年，理查率领军队远征爱尔兰，当时除了 89 名方旗骑士和骑士随行之外，还有 39 名国王的骑士和 9 名密室骑士。

签订协议可以有效扩大征募规模。1346 年，托马斯·达格沃斯同意率领 200 名士兵和 600 名弓骑兵驻扎布列塔尼，以换取 2500 马克的酬劳和额外奖金。两年后，沃里克伯爵以每年 1000 马克酬劳的条件签订了终身协议，他要率领 100 名士兵为国王效力，当然，这些士兵都有酬劳和额外奖金的。1372 年，索尔兹伯里伯爵签订了一份为期一年的协议，将率领 20 名骑士、100 名士兵和 200 名弓箭手在陆上和海上征战。除了酬劳以外，他还会得到双倍的额外奖金。两年后，理查·阿德伯里（Richard Adderbury）同意率领 40 名士兵和 40 名弓箭手在海上征战，他的酬劳和额外奖金都是标准水平的 1.5 倍。[3] 在加斯科尼的英军很大程度上依赖在当地征募士兵；在那里签订协议的频率和在英格兰本土不相上下。1345 年，阿尔伯特兄弟中的贝尔纳德－埃茨（Bernard-Etz）提供了 185 名士兵和 940 名步兵，组成了一支庞大的军队。1346 年和 1359 年，国王曾两次大举远征法国，但并未使用协议征募军队，因为他的军队是由王室贵族直接管理的。

贵族们为了履行与国王的协议，会首先调用自己的终身家臣服役，作为回报，终身家臣们能够得到酬劳、衣物以及其他好处。1339 年，沃里克伯爵与罗伯特·赫利（Robert Herle）签订了一份终身服务协议。赫利是伯爵手下最重要的官员之一，战时手下有 4 名士兵。他曾随伯爵出战克雷西，奋勇杀敌，后来他成为布列塔尼领主、加莱领主、北方和西部舰队的海军指挥官以及五港同盟（Cinque Ports）盟主。也有人会被雇佣参加一些指定的战役。1372 年，索尔兹伯里伯爵与罗杰·马尔特拉弗斯（Roger Maltravers）签订了一份协议，他将带两名弓箭手一起服役一年，另外在海上远征时，他还需增加三名扈从。他自己提供马匹并配备适当的装备。战利品的三分之二归他所有，剩余三分之一则留给伯爵。[4]

1360 年之前，随行人员的结构相当稳定。人们通常会跟随同一个领主连续出征。1346 年为沃里克伯爵效力的 20 名骑士中，有 17 人曾跟随他参加过至少一次战役，12 人参加过至少两次。尼古拉斯·格里比特（Nicholas Gribit）曾对 1345 年兰开斯特带往加斯科尼的大批手下进行了详细分析。与其说这是一众扈从，倒不如说是一小支军队，而且对许多人来说，这是他们唯一与伯爵一起征战的机会。然而，超过三分之一的骑士曾在他的军队中战斗过，而且在 1344 年跟随他参战的方旗骑士和骑士中，约有 80% 的人在第二年都继续跟随着他。许多人都与兰开斯特有家族关系，这可以追溯到兰开斯特伯爵的叔叔兰开斯特的托马斯（Thomas of Lancaster，他于 1322 年被处决）的时代。随行人员团结一致，不仅因为他们在战场并肩作战，他们还由土地租约和亲属关系联系在一起。多年来，骑士和士兵的比例变化不大。1338 年，萨福克伯爵的扈从中几乎有四分之一是骑士，而索尔兹伯里伯爵的这一比例为 19%。1343 年在布列塔尼，兰开斯特的扈从中骑士占 22%。在 1359 年的远征中，黑太子的骑兵几乎有四分之一是骑士。

1369 年，战火重燃，变化随之而来。国王需要更多士兵，比如 1369 年国王与赫里福德伯爵签下协议，令其派出 900 名士兵，两年后另外又派出 700 名。总的来说，因为征募来的士兵不再连续参战，可能导致士兵之间的情谊不如之前深厚。1388 年阿伦德尔伯爵率领的人中，只有 19% 的人在前一年曾跟随他出战。由于扈从众多，私下再次签订协议的人也随之增多，而这些人本身可能会再进一步签订协议。马奇伯爵（Earl of March）曾与国王签订协议为其效力，又在 1374 年与约翰·斯特罗瑟（John Strother）达成协议，后者将为其提供 30 名士兵和 30 名弓箭手，为期一年。斯特罗瑟来自诺森伯兰，但他通过二次协议征募的士兵大多来自东安格利亚（East Anglia）。他承诺每年给他的士兵 40 英镑的酬劳，这显然少于马奇伯爵给他的报酬，中间的差额就这样被他收入囊中。

战事重启后的几年里，骑士的比例显著下降。1373 年冈特的骑行劫掠行动中，骑士的比例仅为 13%，领主们发现很难招募到他们之前承诺的骑士数量。1388 年，阿伦德尔军队的骑士人数约占所有士兵的 7%。这反映出社会的普遍变化，即男性越来越不愿意作为骑士而身负重任了。反之，关于这是否是人们对日益衰败的战争形势不再抱有信心的表现，仍值得商榷。但更有可能的是，人们的确是对骑士要承受的负担望而却步。

因为参战人员不限于年轻人，所以骑士和士兵都有着丰富的作战经验。14 世纪 90 年代，斯克罗普家族（Scrope）和格罗夫纳家族（Grosvenor）因使用相同的纹章而发生过激烈争论，许多人都为此提供了证据，详细描述了他们的军旅生涯。从 1337 到 1388 年，安德鲁·勒特雷尔（Andrew Luttrell）一直在战争中服役，持续了 50 多年。盖伊·布莱恩（Guy Brian）第一次参战是在 1327 年出征苏格兰，最后一次是在 1369 年随冈特的约翰出战。威廉·露西（William Lucy）参加过斯鲁伊斯海战、图尔奈围攻、克雷西战役、普瓦捷会战以及 1359～1360 年间的战役。他还参与过普鲁士（Prussia）的十字军东征。约翰·里瑟（John Rither）是一名从骑士，对 1339 年的战役记忆犹新。他曾在莫尔莱和克雷西作战，还参加过 1359 年的远征。他参加的最后一次战斗是 1367 年的纳赫拉战役，最后一次远征是 1373 年冈特的骑行劫掠行动，其战斗生涯持续了至少 34 年。正常情况下一个人的从军生涯可能最多只有 20 年，当然有时会比这短得多。然而，战场上白发苍苍的老兵们肯定积累了地形和战术方面的知识，并为他们的年轻战友提供宝贵的建议。

马 匹

一位诗人曾描述战场上的骑士："宝驹如电，盾牌高擎，紧握长矛。"[5]虽然征战过苏格兰的英格兰士兵都知道徒步作战最易取胜，但对骑士和士兵来说，马匹仍至关重要。人们在小规模战斗中骑马作战，在战斗溃败后骑马离开。此外，马匹也是骑士身份的重要彰显。高尚的行为只有在马背上才能完美呈现。有一次，诺利斯"非常鲁莽地"向一群布列塔尼人发起冲锋，结果却被他们打下马，只能被他的手下救起。[6] 1367 年在西班牙，威廉·费尔顿（William Felton）"手握长矛，策马冲下山坡。他接近西班牙人时，用长矛猛烈地刺向一名卡斯蒂利亚人，刺穿了这个人的盔甲，刺进他的身体，一击致命"。[7]

当时对马匹的需求十分旺盛。1340 年的惯例是每位伯爵要有 6 匹马，方旗骑士 5 匹，骑士 4 匹，士兵 3 匹。在 1359 ～ 1360 年的战役中，黑太子征战法国的军队共有 1369 匹马，其中有 395 匹死于战场，但军队俘获了更多敌军的战马，因此黑太子共带回了 2114 匹马。资料显示，1360 年大约有 9300 匹马被带回英格兰。1370 年，诺利斯带着约 4000 名士兵和 8464 匹马前往法国，开始了他注定失败的骑行劫掠行动。最好的战马（德斯提尔马）①需要精心照料，每匹都配有一个马夫。他们以燕麦为主食，辅以干草和刚打下来的鲜草；这些娇纵惯养的动物一般不会习惯自己去草地上啃草。因此，军队中战马的饲料和水消耗巨大。马的需求可能比人还要多；1360 年，由于

---

① 德斯提尔马（destrier），中世纪战马的统一称呼，并不是某个品种，用于区别犁马和运输用驽马。——译者注

"缺少喂马的饲料"，黑太子不得不穿过勃艮第，选择与他父亲不同的路线。[8] 马匹每天至少需要喝 8 加仑[①] 水；1345 年黑太子远征途中，由于找不到水，战马只能喝葡萄酒，这无疑会导致灾难性后果。

马匹是一项重要的投资，直到 14 世纪 60 年代，人们通常会根据战役中损失马匹的价值得到补偿。安德鲁·艾顿（Andrew Ayton）研究了王室文书编制的马匹资料，发现 1338～1339 年的马匹价值几乎是 1359～1360 年的两倍。战火连续不断，高价值马匹的比例急剧下降：在 1338～1339 年，29% 的马匹价值超过 20 英镑，而在 1359～1360 年，这一比例仅为 2%。1361 年，约翰·钱多斯对其损失的 100 匹马要求补偿，而每匹只值 10 马克。有很多原因可以解释这种转变。1338～1339 年间的高估值可能是人为的，目的是鼓励征募士兵，就像当时的双倍酬劳一样。徒步作战的习惯可能也使得人们不再愿意带着最强壮的战马上战场。在 14 世纪 60 年代，高质量的马匹仍然价格不菲；1362 年在列日为国王买的一匹马就花费了 100 多英镑。1362 年，黑太子用多达 232 英镑买下了佛兰德的两匹最好的战马。14 世纪 70 年代发生了重大的变化，在战场上失去马匹的人将不再得到补偿。相反，参加战役人员的潜在奖励提高了。而国王在战争中的获利（来自赎金和战利品）比例从原来的一半降低到三分之一。[9]

弓 箭 手

在爱德华三世的军队中，弓箭手的数量比任何类型的士兵都要多。1339 年，骑士和士兵、弓骑兵和徒步弓箭手的数量大致相

---

① 1 加仑（英）≈4.5 升。——编者注

当。20 年后，国王率领的军队规模很大，由 4750 名骑士和士兵、5500 名弓骑兵和 1100 名步兵组成。1369 年，冈特的约翰同意率领 500 名士兵和 1000 名弓骑兵一起跟随国王征战。

弓骑兵在爱德华三世时期得到迅速发展。他们步行作战，但与骑兵共同前进，因此加快了军队的行进速度。弓骑兵在爱德华三世发起的苏格兰战役中首次亮相；1334 年，将领们的扈从人员中有 838 名士兵和 771 名弓骑兵。1338 年在低地国家，兰开斯特的亨利有 16 名骑士、52 名士兵和 50 名弓骑兵。[10] 奇怪的是，弓骑兵并不在 1341 年的军种之列，但 1342 年在布列塔尼的英军中却出现了近 2000 名弓骑兵。

征募弓箭手主要有两种方式。他们可能先自发组成小队伍，再由征兵军官编入扈从队伍。克雷西战役时，大约三分之一的弓箭手被编入骑士和士兵扈从队伍。与此同时，征兵专员也在各郡招募弓箭手。然而，这一制度非常容易被滥用。1345 年，在诺福克郡（Norfolk），"征兵专员和副专员们因弓箭手得到的酬劳和战服而向弓箭手索要大笔钱款，连中间人也要交钱"，但他们要么一个士兵都没招募到，要么就是拒绝给弓箭手们应得的报酬。专员们自己也会遭到攻击，1346 年，一名官员抱怨，"一些作恶者用武力阻止他进行征兵"。[11] 到 1359 年，征兵专员大约只招募到 2100 名步兵（其中 1000 名来自威尔士）。大部分弓箭手都是由贵族招募来的，加入了他们的扈从队伍。招募并非一直受欢迎。威廉·弗莱彻（William Fletcher）被选中参战时，他的领主德文郡巴克兰（Buckland in Devon）的修道院院长用武力进行阻止，并说国王永远不能把威廉带走，也不能带走他手下的任何人。[12]

关于英军在克雷西和其他战役中获胜之事，大多数评论都将其归功于弓箭手。1333 年，英军在哈利顿山大胜苏格兰，这场战役使英格兰弓箭手首次向爱德华三世证明了他们的价值。他们射击速度极快，每分钟可射出 10 ～ 12 支箭，且射程可达 200 码[①]，足以击垮行进的敌军。若一个骑兵冲锋而来，弓箭手在这间隙中还可以射出 2 ～ 3 支箭。人们通常认为从"短弓"到长弓是一种革命性的转变，尽管现有资料无法证实这一看法，但爱德华三世的弓箭手使用的弓很可能比早期的弓更长、更具杀伤力。

人们在"玛丽·罗斯"号（Mary Rose）沉船上发现了数量众多的弓，这引发了人们进行大量的讨论和实验，以确定长弓的效力。凯利·德弗里斯（Kelly DeVries）认为，箭不足以作为杀人武器。如果箭的飞行轨迹较高，箭就会从敌人的盔甲上弹开而非穿透盔甲。正如克利福德·罗杰斯所言，这种观点与编年史家的证据背道而驰——对一场又一场战斗的描述证明了英格兰弓箭的威力。[13] 然而，并非所有箭伤都是致命的。腓力六世曾在克雷西战役中面部受伤，苏格兰的大卫二世和亨利五世也分别在内维尔十字之战和什鲁斯伯里（Shrewsbury）面部受伤。他们大概都没有戴面罩进行防护。战马较人而言目标更为明显，特别容易受到乱箭的伤害。战马因受伤疼痛而后腿直立，不受控制，弓箭手就这样粉碎了敌军的冲锋。

比起长弓的发展，更重要的是在爱德华三世的统治下，王室开始采取行动确保弓箭的充足供应。过去，参加战斗的人需要自己携带武器；通常一名弓箭手携带的一捆箭（24 支）在战斗中很

---

① 1 码≈0.91 米。——编者注

快就消耗殆尽了。1338 年，国王命令军械库供应 1000 张弓、4000
根弓弦以及 4000 捆箭。1338～1344 年，他的军队共配备了 3705
张弓和 5424 捆箭。之后的补给更多。1344～1351 年间——克雷
西战役和加莱包围战也在这期间，伦敦塔军械库共提供了 25465
张弓和超过 100 万支箭。[14] 1356 年，黑太子在补给上出了问题，
他派人回国，要求供应 1000 张弓、200 捆箭和 400 根弓弦，却收
到答复："英格兰一支箭都没有了，因为国王下令封存并带走了所
有可以在那里找到的箭。"黑太子竭尽全力来保障武器供给，普瓦
捷战场上的弓箭手们"在用光了箭后，就捡起石头，用剑和长矛
以及他们能找到的任何东西战斗"。[15]

虽然资料中通常将步兵描述为弓箭手，但他们还有其他武器。
1338 年，威尔士人在安特卫普买了 644 支长矛。[16] 弓在肉搏战中
毫无用处，在近战中，弓箭手们会使用钩镰、短矛、剑、匕首、
小刀和所有合适的东西进行战斗。伦敦塔军械库中有大量巨大的
长方形盾牌，虽然编年史上没有任何英军的使用记录，但这些盾
牌在攻城战和海战中都能起到很好的防御作用。加斯科尼步兵装
备了长矛、十字弓和其他用于肉搏的武器。

在战场上，弓箭手们依旧如爱德华一世时期那样列阵，甚至
可以追溯到更早。他们每队 20 人到数百人不等，由各级队长指
挥。以威尔士军队为例，资料显示队伍中除了士兵，还包括牧师、
翻译员、医生和传令者（大声喊出命令的人），但奇怪的是，没有
资料显示英格兰军队是否也同样如此。许多弓箭手穿着制服。阿
伦德尔伯爵的威尔士军队身着红白相间的军服，黑太子的军队则
身着绿白相间的军服。14 世纪中叶诺维奇的阵列显示，负责百名

士兵的指挥官们装备精良，每人都有锁子甲、中头盔、胸甲、护手甲、剑、匕首和长矛。负责 20 人的小队长们也同样配备精良的武器和盔甲。弓箭手每人都配有弓、箭、剑和刀，显然优于只有一根棍子和一把刀的人。[17]

军队拥有数量充足且射箭技能精湛的士兵至关重要，但一些证据表明，事实很可能并非如此；1346 年萨福克郡布莱辛（Blything）地区的一份征兵记录中列出了大约 50 名士兵，其中仅有两人拥有弓箭。[18] 这自然值得关注。1363 年一份著名的令状指出，"箭术几乎完全被废弃了"，并要求所有身体健全的人练习射击，不要再从事"毫无价值的徒劳运动"，比如踢球。[19] 想要成为一名优秀的弓箭手无疑需要大量的训练。但如何组织、是否在村庄里训练以及何时应征入伍都无从得知，也没有任何证据表明近期士兵们进行过这种需要花费大量时间的单调练习。

虽然史料中记载了许多弓箭手的名字，但历史学家们并没有为 14 世纪的弓箭手们写出多少传记。罗伯特·菲什莱克（Robert Fishlak）的例子非常罕见：他于 1378 年在布列塔尼服役，在接下来的 11 年里至少参加了 6 次远征。有的人服役时间更长。1384 年，理查·普灵顿（Richard Pupplington）——"国王最年长的弓箭手之一"，被许诺终身每天都能得到 6 便士，作为对他 40 多年服役的奖励。[20] 毫无疑问，这两个人是许多经常参战的士兵中的一员，但无法确定有多少弓箭手将打仗作为自己的正当职业。

对于弓箭手的社会地位，我们也只能做出假设。在 1379 年人头税的记录中几乎找不到他们的踪迹，这说明想要追溯他们的起源是非常困难的。诺森伯兰郡一个有 40 名弓箭手的扈从队伍中，只有一人被列入了该郡的纳税记录。一个弓骑兵的酬劳是每天 6 便士，因此他不太可能是从最穷的村民中招募来的。只有那些有点地位的人才买得起马和一些基本装备。从诺维奇招募来的一些弓箭手甚至带有仆人。弓箭手的职业有裁缝、绸缎商人、金匠、制弓匠和制箭匠，他们肯定都属于当时社会的中层。虽然英军的大多数弓箭手都来自农村，而非城镇，但这一信息仍然具有启发性。

其　他

　　军队离不开各方支持。军火商、维修工、泥瓦匠、铁匠、蹄铁匠、马车匠和车轮匠的作用都很重要。同时，还有专职人员记录军队人数并计算酬劳。其他与战争有关的人员还包括密探，比如王后的手下于 1338 年被派往巴黎，连续 40 天"秘密监视瓦卢瓦的腓力"，酬劳为每天 18 便士。[21] 几乎没有资料记载军队中非战斗人员的数量，但仆人和扈从需要侍奉骑士和士兵。大多数协议都没有提及这些，因为这并不是由国王出资，但从一些私人协议中可以明显看出，其数量非常可观。1353 年，约翰·苏利（John Sully）同意和一位从骑士和至少八名扈从侍奉黑太子，这也许只是个例，但即使是一位从骑士也可能有两三名扈从。据保守估计，步兵里扈从和仆人的数量至少和骑兵里的扈从和仆人一样多。

　　士兵中有相当一部分罪犯。做了坏事的人希望通过参加战斗得到宽恕。1346 年夏秋两季，爱德华三世共赦免了 1308 名罪犯，条件是他们必须留在军队。赦免的对象主要是大部分普通士兵，当然也包括沃里克伯爵、萨福克伯爵和一些骑士。很多犯下重罪的人也得到赦免。1360 年，罗伯特·达西（Robert Darcy）骑士得到赦免，他曾犯下一系列令人发指的罪行，大到谋杀、经营非法勾当、袭击王室法官，小到强迫一个小隐修院院长接受一名女子为修女。

皇家海军

海军是英军作战的核心力量。然而，国王自己只拥有少量战船，建立和维持皇家海军的资源非常有限。1338 年，驻扎在伦敦塔码头的皇家战船有 13 艘。1369 年，在海军服役的战船则增加到 27 艘。然而，到 1378 年就仅剩下 5 艘。皇家船只以"堡"为特色，船头和船尾搭有平台，某些情况下还会在桅顶搭建战斗平台，但它们大多数在结构上与商船区别不大，都是只有一根桅杆和一面帆。柯克船"托马斯"号（Cog Thomas）是最大的一艘，排水量达 240 吨甚至更多，载有大量水兵：1338 年，该船配有一名船长、一名专职文书、一名木匠、116 名水兵和 16 名船上侍从。当时有很多柯克船，这种船底部平坦，船舷较高，而其余的船只是被统称为"船"，包括霍尔克船和其他类型的船。另外还有一些划桨的桨帆船；1336 年，爱德华花费 666 英镑在金斯林（King's Lynn）建造了"拉·腓力"号（La Philippe），但其目的并非打造一支法军那样的桨帆船舰队。然而，到了 14 世纪 70 年代，一些被称为驳船和巴林格的特制桨帆船开始服役。伦敦驳船"保罗"号（Paul）有 80 把桨；巴林格的桨要少一些。这两种船的船体相对较小，因而能够出色地完成护送任务并快速航行到法国。在皇家海军服役的船只绝大多数是商船，其征募和数量将在第 9 章进行讨论。其中有些船和皇家船只一样威力巨大；1356 年，"圣玛丽"号（Seint Marie）有 140 名船员。

海军指挥官和陆军指挥官没有太大区别。1345 年，阿伦德尔伯爵被任命为海军司令，这是因为"除非他是个伟人，否则没有人能惩罚或领导他们"。[22] 罗伯特·莫利（Robert Morley）作为被召进议会的贵族，拥有极高的地位；他曾多次担任北方舰队指挥官，表现出色。14 世纪 50 年代初，兰开斯特公爵、北安普敦伯爵和沃里克伯爵都曾被任命为海军司令。盖伊·布莱恩身兼军事将领、行政大臣和外交大臣三重身份，并获得了男爵爵位。他经常出任西方舰队的指挥官。雷金纳德·科巴姆（Reginald Cobham）也曾担任过这个职位。1353 年的嘉德骑士科巴姆有着杰出的军事和外交生涯。这类海军指挥官虽然不是训练有素的水手出身，但毫无疑问，他们能够让手下各尽其才。偶尔，一些地位较低的人也会被任命为海军司令。罗伯特·莱德雷德（Robert Ledrede）是一名议会警卫官，1357 年，他指挥一支舰队前往加斯科尼，将葡萄酒运往英格兰。他的任命状上规定其主要职责为"依据海洋法"维持海洋秩序。[23]

海军中的弓箭手和士兵数量大致相同。1372 年，北方舰队司令威廉·内维尔（William Nevill）签订协议，同意率领 60 名士兵和 60 名弓箭手服役。第二年，从骑士、"伦敦"号驳船船长埃斯蒙·罗斯（Esmon Rose）同意率领 20 名士兵和 20 名弓箭手服役四个月。[24] 海军远征的士兵人数应该相当可观。在 1377 年至 1378 年冬天的一次灾难性航行中，白金汉麾下有 4000 名士兵和几乎相同数量的船员。1388 年，阿伦德尔的舰队由 53 艘船和 9 艘驳船组成，载有约 3500 名士兵，配备 2900 名船员。

在爱德华三世统治的辉煌时期，英军常常能够取胜，人们通常认为原因就在于当时的军队在一定程度上进行了一场军事革命，弓箭手配备了长弓，这使得他们有了决胜的法宝。然而，这只是一部分原因。还有一个很重要的因素：大多数弓箭手都要上马，这就能够保证他们不会在行军中掉队。英军列阵的连贯性极强，这一点从扈从人员中就可以看出，扈从人员不仅由骑士和士兵组成，而且还包括弓箭手。英军在法国作战遇到了一些困难，但也有一些优势。在威尔士或苏格兰作战时，因为离家较近，逃兵问题突显，但在法国，要想临阵脱逃就不那么容易了。英军获胜的原因还有很多。尽管很难量化，但士气非常关键。编年史家杰弗里·勒·贝克用晦涩难懂的书面拉丁文，记述了黑太子在普瓦捷战役之前的誓师演讲。他恰如其分地强调了"荣誉、爱国情怀以及诱人的法国战利品"。[25]

A
SHORT HISTORY OF
THE HUNDRED YEARS
WAR

第 8 章

14 世纪的法国军队

从外表来看，法国军队同英格兰军队一样惊艳。在罗斯贝克战役（the Battle of Roosebeke）前夕，腓力·范·阿特维尔德对其手下说，法国军队制服华丽夺目，头盔插有羽毛。[1] 这不仅仅是外表的问题，我们有充分的理由相信，法国将在 1337 年开始的战争中取得胜利。相较于英格兰，法国能够招募到的士兵多得多，而且他们不必在国外作战，这样就少了很多麻烦。不可否认的是，1302 年在库特莱，法国惨败于佛兰德人。但他们于 1328 年在卡塞尔反击了佛兰德人的突袭，最终得以报仇雪恨。尽管丧失了众多战马，但法国骑兵大获全胜。1324 年在加斯科尼的圣萨尔多战役（War of Saint-Sardos）中，法国打败了英格兰，但波尔多仍在英格兰人手中，阿热奈和其他地区也都被夺去了，肯特伯爵（Earl of Kent）还被迫交出了拉雷奥尔。

招募士兵

腓力·康塔米恩清晰地说明了法国军队的招募和组织状况。[2] 根据传统的封建制度，国王的封臣有义务自费向国王提供军队，为期 40 天。到了 14 世纪 30 年代，这种传统的封建义务已经没有多大意义了。但是，当国王需要大量士兵而召唤封臣时，封臣仍有义务向国王提供大批有偿军队。此外，国王有权在紧急状况下征召士兵，所招来的士兵被称为征召兵（*arrière-ban*），虽然 1356

年后便再无这种做法。征召兵的年龄可放宽到 18～60 岁。在征召时，可通过支付相当于一项税的费用来代替兵役。每百户人家可能需要支付多达六名士兵的费用。城市和乡镇均需提供此类服务：1337 年，巴黎派遣了 400 名骑兵，为期半年，条件是国王亲自率领军队。若率军的不是国王，那兵役将缩短至四个月。

法国国王还通过征兵协议（letter of retainer）来征兵，这种协议类似于英格兰所使用的协议。1339 年，富瓦伯爵率领 330 名重骑兵和 300 名步兵为国王效劳。外国雇佣兵，例如在克雷西被屠杀的热那亚弩兵，也是通过协议征聘的。与法国结盟的统治者，如波希米亚国王和萨瓦伯爵（Count of Savoy），也提供了大量外国雇佣兵。货币采邑可将这些统治者和法国的征战绑在一起。于是，布拉班特公爵于 1332 年宣誓效忠腓力六世，作为回报，他将每年收到 2 万里弗。然而在 1339 年，爱德华三世许诺每年给他 1500英镑，他便转而加入了英格兰阵营。

这样大范围招募士兵或许不成系统，但如此一来法国王室便可轻易筹备大量士兵。1339 年，王室计划招募 1 万名重骑兵和 4万名步兵，再加上国王和他儿子的军队。据记载，1340 年 9 月，王室在各条战线上共拥有约 28000 名重骑兵和 16700 名雇佣步兵。由此可见，此前的计划并非异想天开。现在已无法计算克雷西战役中法国军队的人数，但法军人数肯定远远大于英军人数。

除了提供有偿服务的军队外，还有大量的仆役和随军流动的平民。商人、手工业者、妓女和其他服务人员，就算不被指挥官所欢迎，也一定会受到士兵们的青睐。但他们是"累赘"。在 1382 年的罗斯贝克战役中，法军将那些无力战斗的老弱病残赶出了军营。

组　织

在战场上，军队分散开来参加了十几场"战斗"。1340 年，由阿朗松伯爵率领的军队共 1200 多人。在这支军队中，不同单位的规模差别很大。伯爵自己派出了 73 名重骑兵，方旗骑士则率领 23 支队伍，每支队伍的规模为 14 ～ 60 人不等；由 100 名骑士各自率领的小队每队 5 人；最后，20 名扈从各自率领的小队每队也是 5 人。

法军虽然成功地招募了大批士兵，却在克雷西惨败。紧接着，约翰二世于 1351 年颁布了一条法令，试图使军队更系统化。管理各个分队的指挥官分别是统帅（Constable）、元帅和弩兵军长。他还颁布了新的薪资标准。骑士和重骑兵集结成 25 ～ 80 人不等的小队。管理 25 人或 30 人的骑士将得到方旗骑士水平的报酬。每个月至少集结两次，并保有书面记录。所有马均须估价，还会被打上烙印，以便辨认。所有弩兵皆配有弓、箭和刀，他们还会穿戴防身钢板、钢盔和颈甲（保护脖颈）。其他士兵身着钢板装甲或锁子甲，戴着中头盔和护手，配有刀、剑和长矛。步兵 25 人或 30 人一组，由队长统领。[3]

此项法令体现了英法两军之间的异同。两军在骑兵的编排方面差异甚微，薪酬划分标准也大致相同，对马匹的估价标准也一致，以便对战争中的损失作出补偿。两军间不同之处在于步兵。法军中没有兵种对应英军中的弓骑兵或步行弓箭手。法国步兵中最精锐的是全副武装的弩兵，而其他步兵的盔甲要比英格兰弓箭手的盔甲好得多。他们配备的不是弓箭，而是剑、长矛和钩镰等

图 8-1　全副武装的 14 世纪中期法国骑士

一系列武器。两军中各兵种的比例差异悬殊，例如就法军而言，其重骑兵通常要比步兵多。

法国 1351 年颁布的法令无意照搬英格兰的弓箭手制度。但不出意料的是，此法令基于英格兰的模式做了一些改进，可以招募兼有重骑兵和弓箭手的队伍。1351 年，布列塔尼的元帅让·德·博马努瓦（Jean de Beaumanoir）手下有 4 名骑士、28 名扈从和 30 名弓箭手。类似地，翌年，布列塔尼骑士伊万·沙乎埃勒（Yvain Charruel）手下有 2 名骑士、21 名扈从和 30 名弓箭手。扈从让·德·盖合古雷（Jean de Kergolay）则统领 2 名骑士、5 名扈从和 10 名弓箭手。[4] 然而，这只是个短暂的尝试。后来，弓箭手或其他步兵很少出现在法国军队之中。

指　挥

战场上的指挥权自然属于那些大人物——公爵和伯爵。在克雷西战役中，波西米亚国王及其儿子卢森堡的查尔斯王子（Charles of Luxembourg）均率军冲锋陷阵。洛林公爵和来自佛兰德、布卢瓦、哈考特和阿朗松的伯爵们也担任了类似的职位。统帅和两个元帅是领导核心，元帅负责召集士兵，其法庭负责审理军队内部争端。这些指挥官不见得腰缠万贯，但一定精通战术且经验丰富。莫罗·德·费因斯（Moreau de Fiennes）在普瓦捷战后被任命为法军统帅，他曾在英格兰接受了良好的宫廷教育，其戎马生涯可追溯至 1340 年，那时他手下有 4 名骑士和 25 名扈从。约翰国王统治初期，他征战于阿图瓦、皮卡第和诺曼底等地。他在 1370 年去世时仍担任法军统帅。阿尔诺·奥德雷海姆的军事生涯始于 14 世纪 30 年代。他于 1352 年成为元帅，后于 1368 年卸任，成为一名王旗官。另一位经验极其丰富的将领——老布锡考特（Boucicaut the elder）——于 1357 年成为了元帅。他第一次参战是在 1337 年。他的继任者是让·德·穆昆其·德·布兰维尔（Jean de Mauquenchy de Blainville），又称布兰维尔爵士（Sire de Blainville），于 1368 年被任命为元帅。他是个诺曼贵族，虽没有巨额资产，但有丰富的军事经验。两年后的统帅任命更加令人注目，当时能力超群的贝特朗·杜·盖克兰被任命为统帅，在战场上，即便是属于王室成员的公爵们也得听从他的命令。

一种说法是，特别是对杜·盖克兰的任命，以及法国人态度的普遍转变，受到了韦格蒂乌斯（Vegetius）学说的影响，这一学说在罗马晚期其广为流传的著作中有所阐述。查理五世热衷于古典文学并拥有韦格蒂乌斯的著作。这本书强调军事指挥官的选拔，最重要的是其经验和技能。查理五世将其应用到了具体实践。毫无疑问，韦格蒂乌斯的著作十分受欢迎；问题是很难确定他的理论在多大程度上得到了应用。尽管杜·盖克兰的权力更大，但对他的任命和以往任命元帅与统帅并没有本质上的区别。韦格蒂乌斯的观点最重要之处并非那些军事实践的细节。在他看来，军队是国家争取公共利益的工具，这与争取个人利益形成了鲜明的对比——最极端的例子就是那些雇佣兵首领，他们唯一的目标就是攫取个人财富。

1369 年后的变化

战争在这段时间内发生了转变。每天发生的都是些小规模冲突和围困战，而非大型战斗。军队规模较之前变小了。虽然为了1382 年的战役（在罗斯贝克的战役达到白热化）和 1386 年入侵英格兰的计划（并未实施），法军招募了大量士兵，但是法军人数已与英军相当，约为 5000 人。

相较战争初期，士兵在战场上的时间普遍变长了。这使得军队更具凝聚力和专业性。指挥权仍在上层贵族手中，但是从杜·盖克兰的任职可以看出，指挥官的能力受到重视。和英格兰的情况一样，有些法国军官经验丰富。布列塔尼人莫里斯·德·特埃斯古迪（Morice de Trésiguidy）参与了 1351 年的三十勇士之战 [①]。1364 年，莫里斯在科谢雷战役中与杜·盖克兰并肩作战，并追随他去了西班牙。14 世纪 70 年代，他不时参战，并于 1382 年参加了罗斯贝克战役。他的军事生涯或许结束于 1396 年的尼哥波立之战。[5]

虽然国王仍然有权命令贵族为其出战，但他还是很大程度上依赖于通过征兵协议募得军队来有偿为自己服务。英军中方旗骑士和骑士的比例下降了，法军也是如此。然而在 1340 年，每 70 名重骑兵中就有一位方旗骑士，50 年后，该比例降至 1%。骑士的比重同样下降了，从 15% 降至 10%。此外，地区差异显著：北方相对南方而言有更多骑士。1369 年在加斯科尼，安茹公爵麾下一支骑兵队伍的马匹估值表显示，该部队受一名扈从率领，由其他 87 名扈从和 10 名弓骑兵组成。此外，1380 年在布列塔尼，奥利维尔·德·克里松手下有 2 名方旗骑士、32 名骑士和 165 名扈从。

在骑士数量下降的同时，根据征兵记录，德斯提尔马的数量也在减少。在 14 世纪中期，稍逊于德斯提尔马的被称为阔塞尔马（courser），其他的则被简单地称为豪斯马（horse）。根据 1366 年在第戎的征兵记录，有 3 匹阔塞尔马、19 匹豪斯马和 12 匹郎西马（rouncey）。小规模冲突和侦查活动需要用到马；士兵在战斗中往往徒步作战；在罗斯贝克战役中，只有查理六世是在马上作战。

---

① 三十勇士之战（Battle of the Thirty），发生于 1351 年 3 月 26 日，这场战斗以一种类似骑士竞技的方式，来决定布列塔尼公国的归属（英格兰支持蒙佛特家族，法国则支持布洛瓦家族）。英格兰方面由罗伯特·班博勒（Robert Bemborough）率领 30 位骑士和扈从出战，而法国方面则由让·德·波曼诺瓦（Jean de Beaumanoir）率领相同人数出战，最终法国胜出。——译者注

图 8-2　14 世纪晚期的法国骑士

法国应对英格兰精良箭术的方式之一是，确保步兵全副武装。多数士兵都备有弩，能够挡箭的盔甲也是必不可少的。1385 年，法军为 500 名步兵购买了盔甲，包括重 25 磅的甲胄（*côte de fer*）、重 14 磅的带面甲的中头盔、臂甲、护手和护腿（腿后面有锁子甲保护）。[6] 这样的士兵并没有大量招募；重骑兵通常比弩兵和其他步兵要多一至两人。法军不单与英军有所差异；14 世纪 60 年代和 70 年代，在纳瓦里招募的军队中重骑兵只占三分之一。

这其中不可避免地存在一些问题。征兵并非妥善举行。军官或许会花钱增兵，但士兵数量已超出打仗需要，而且士兵们所得的报酬常常不尽人意。人们在战争中抢掠，没有付钱便没收货物。有的人擅离职守或当了逃兵。1374年颁布的王室法令旨在防止这种胡作非为，但并未涉及根本性变革。它对军官的责任及纪律作出规定，说明了重骑兵的分配原则，即每百人组成一个连（company）或一路（route）。连以下又分十个类似的单元，名为尚布尔（chambre）。[7] 维系法令十分艰难；1380年，查理五世之死使得推动新法令实施的动力丧失了，人们又回到了老路上。在1382年的罗斯贝克战役中，人们担心将有大量士兵成为逃兵。传令官[①]们宣布，任何擅离前线的人都将受严厉惩罚。此外，所有士兵逃跑时可能会骑的马都被藏了起来。如此一来"那些逃跑无望的士兵或许就会卖力奋战"。[8]

14世纪后期，法国军官对战争的热情已丧失殆尽。而围攻是另一回事，因为这其中要用到各种战术，包括封锁、炮击、挖掘地道和架梯攀登。人们除了使用抛石机和其他投石武器，还开始大规模使用大炮攻城。据详细资料显示，1375年，在诺曼底的圣索沃尔围城之战中，为了攻城专门铸造了新型大炮，其中四门尤其巨大，可发射重达百磅的石头。其中一块石头砸进了法军统帅托马斯·卡廷顿的家中，把他吓得不轻。城堡上共架起了30门大炮。从账目可看出当时的建造细节。在卡昂，制造一门巨型大炮耗费了43天时间。炮身之上盖有牛皮以防生锈，点火口处还装有用来挡雨的铁板。大炮周身还缠有绳子，以提高大炮的强度。大炮被置于

---

① 传令官（Herald），担任副官、文书和参谋的角色，并且顾名思义，常被派去对方营地下战书或要求停战，战后还要负责清点己方的伤亡，是个全能的职位。——译者注

一个高度可调的精致的木质炮架内。大炮以石头为弹药，小型炮则发射铅弹。然而，最终让敌军投降的是金子而非石球——法国人用6万金法郎收买了英格兰人。应用于此次战役的攻城大炮并非军事技术革命的标志。但是，随着新型攻城大炮的出现，城堡和乡镇变得愈发不堪一击，这说明重大的军事技术演变的确发生了。

船　只

对法国人来说，海上力量并不像对英格兰人来说那般重要，因为他们入侵英格兰的计划从未实现过。然而，对抗英格兰的海军力量也是十分有必要的。鲁昂有家海军兵工厂，可追溯到13世纪晚期。它既是造船厂又是军械库，比英格兰的任何一座兵工厂都要复杂得多。14世纪30年代末，法国国王拥有各类船只约50艘。同英格兰一样，法国的舰队主要是由一些质量上乘的商船组成。1340年，从法国北部港口集结的舰队由200艘船组成，每艘船上都有60余名船员。有些法国船只体量庞大；名为"黛斯提埃尔"号（*La Testiere*）的皇家战船可承载150名船员。桨帆船或许可承载200名水手和弩兵。维护舰队并使其状况良好是亘古不变的难题。1374年，查理五世表示，之前建造或购买的桨帆船、普通战船、驳船和其他船只皆已损坏。这些装备都买得太过匆忙，花销也过大。于是王室寄希望于任命一个"擅于处理此类事务且兢兢业业"之人来扭转局面。[10] 法国人没有十分依赖自己的海军力量，而是广泛使用了租来的（特别是来自热那亚和卡斯蒂利亚的）桨帆船。1337年，热那亚的艾顿·多利亚（Ayton Doria）与法国王室达成契约，答应提供20艘桨帆船，每艘船上载有210名水手，并每月收取 900 弗罗林 ① 作为报酬。1348 年，卡斯蒂利亚国王许诺向法国提供 200 艘全副武装的战船，为期四个月。从 1385 年给每艘船分发的饼干数可看出，该舰队由 32 艘西班牙船只和 21 艘法国船只组成。十几艘西班牙船只是普通战船，其他的是驳船和巴林格帆船。

士 兵

在编年史和文献中鲜见这一时期士兵的详细资料。但是，1374 年普罗旺斯的征兵情况被记录下来，这份珍贵的记录对一小支部队进行了简短描述。大多数士兵为雇佣兵（都是些强盗土匪），需服役两个月。约四分之一的士兵"年纪轻轻"，多数都还没有长胡子，有的人长了些小胡茬。至于其他人，140 人中只有 4 人到了胡须花白的年纪。其中四分之一的士兵有看得见的伤疤，这些伤疤或许有些是体力劳动造成的，并不全是战斗导致的，因为职业雇佣兵身上的疤痕并不比其他士兵身上的多。几百年后，通过这些记录，那些士兵的面庞就这样出乎意料地展露于世人面前：

阿里耶的让·布斯凯（Jean Bosquet of Areis）个子中等偏上，长着一张圆脸，拥有一双浅色的眼睛。他的胡须已有几分花白，鼻子上有不少伤疤，下巴右侧也有些伤痕。他身着铠甲，头戴铁盔，配有利剑、盾牌、匕首和十字弓。[11]

---

① 弗罗林（Florin），1252～1533 年间铸造的一种金币，含有 54 格令金，最初由佛罗伦萨共和国铸造，14 世纪时很多欧洲国家也开始自己铸造弗罗林，他们铸造的弗罗林会采用当地的徽章和铭文。——译者注

A
SHORT HISTORY OF
THE HUNDRED YEARS
WAR

第 9 章

战争的后勤工作

战争的胜利有赖于很多因素。领导力和士气只是其中一部分，任何一场战役都需要繁重的筹备工作。如果连士兵和马匹都不能填饱肚子，那么远征则胜利无望。1346 年，一位英格兰官员在一封信中写道："自离开卡昂之日起，我们就一直在乡野作战，士兵们也备受煎熬。多亏上帝保佑，我们没有人员损失。而如今却陷入困境，急需粮食。"装备也同样重要。在同一场战役中，国王在给英格兰议会的信中写道："你们应该尽可能多地供应弓、箭和弓弦。"[1]

海 运

对于进军法国，英格兰人面临着一个主要困难，即人、马和物资的海上运输问题。在他们的所有船只中，大部分船的载重量很小，只有一些船的载重能达到 100 吨（约 150 吨排水量）及以上：早在 1340 年提出的计划中，就曾设想将载重为 30 吨及以上的船只纳入为王室服务的船队中，但是 1338 年负责把英格兰军队运往佛兰德的船只的平均载重只有 28 吨。1353 年，国王下令从泰晤士河北上的所有船只的载重都要达到 20 吨以上。一些船只不得不在船上改装舷板和栏架，以便能够运送战马。[2]

水手的人数远远超过士兵的人数。在 1338 年的远征中，大约有 3000 人连同他们的战马和装备被运到了佛兰德，使用战船约 400 艘，而船上的水手就有 13000 人。1342 年，近 4000 人的国王军队被运往了布列塔尼，使用战船约 600 艘，水手近 11000 人。据计算，1346 ～ 1347 年间的克雷西和加莱战役则使用了 853 艘船，水手达 23957 人。1347 年英军占领了加莱，部分解决了政府所面临的这一问题，因为在短途的海上航行中，用少量船只运送物资成为了可能。但通往加斯科尼的船运仍然存在水手人数多于士兵人数的问题。1355 年，黑太子需要用 187 艘船把约 2600 名士兵运送到加斯科尼，而当时船上的水手就有 2937 人。国王通常要求大型船只的船员是小船只的一倍，因而船员的规模各不相同。1338 年，国王搭乘"克利斯托弗"号（Christopher）去往低地国家，该船有 120 名水手，而相比之下，纽卡斯尔的"小哥德尔"号（little Godyer of Newcastle）上只有 11 名水手。当时许多船只都有近 30 或 40 名水手。[3]

政府为了征用船只不遗余力。最主要的方式是派出专员征用民间船只为国王服务。1354 年，三名全副武装的皇家纠察奉命来到金斯林和伦敦之间的各个港口，对 20 吨以上的船只进行征用，并将它们押往南安普敦。在英格兰南部和西部的港口也有类似的船只征用事件。从 14 世纪 40 年代中期开始，国王还直接与船主签订船只使用协议，国王的臣属也会与手下层层签约，落实船只事宜。对船只和水手强行征用不失为一种有效措施，但却非常不受欢迎，因为与郡或内陆城镇相比，港口的战争负担极大。仅一次大型远征，港口就有可能贡献其 40% 的可用船只。1339 年，由于拒绝向海军统帅上缴四艘船，博德明（Bodmin）的市长和主要涉事市民被关押在了洛斯特威西尔（Lostwithiel）。后来一个宗教裁判所证明博德明不是海港，他们才得以释放。1343 年，有人声称，肯特郡五港同盟中的海斯港（Hythe）和罗姆尼港（Romney）只剩下一艘战船，因为"他们的船全部毁于战火"。1349 年，罗杰·拉谢尔（Roger Larcher）和另一名纠察被派往南安普敦征用船只，当时"威廉·德·弗洛伊尔（William de Froille）召集了大批歹徒，他们袭击了罗杰，武力阻止他执行此次任务"。同年，"赫尔（Hull）和达特茅斯（Dartmouth）的金斯敦船（ships of Kingston）上的某些船主、船长和水手制造事端，他们公然待在家里，拒绝前来应征"。[4]

除了要征集船只，英军还遇到了其他难题，尤其是如何把兵力运到加斯科尼。1352 年，斯塔福德伯爵要率军远征加斯科尼，但由于船只短缺，大军只能停在英格兰。等到有船可用时，这些船也不足以运送所有的战马，大军仍需花费 686 英镑在加斯科尼购买战马。[5]1355 年，由于船队没有及时集结，黑太子前往加斯科尼的行程推迟了近两个月。大风等恶劣的天气使问题变得更加棘手。1355 年 7 月初，国王的船队在格林威治（Greenwich）集结出发，但由于逆风，于 8 月中旬仅到达了朴茨茅斯，一直未抵达法国。但从广义上讲，英军拥有运行良好的海运系统，通过这一系统他们征集了大量船只，并将人、马和装备运送到了法国，这极大地支持了这场战争。

粮食供给

被运到法国的军队缺少补给是不行的，为此政府出台了各种可行的措施。除了国王可能会大规模供应物资以外，士兵们则会自己想一些办法，就地获得粮食。14 世纪 30 年代末，爱德华三世在低地国家作战时，由于补给线很短，物资可以直接从英格兰运过来。同样，英格兰可以通过海运将物资运往他们在法国占领的港口，特别是加莱，以及布列塔尼的各个港口。船队还可以把食物带到波尔多。这样做是因为深入法国进行突袭的难度要大得多，而且军队可以携带的食物也很有限。此外，士兵们沿途劫掠粮食和物资有着战略意义，因为"靠山吃山"的本事是战争中的一把利器。

政府下令征集粮食的清单中记载着士兵们所需的食物：主食有小麦，还有其他的谷物作为补充。肉是猪肉或培根、牛肉、羊肉，重要的是要有一些腌鱼，特别是鳕鱼（鳕鱼干）和鲱鱼。饮料可以是麦芽酒（因为麦芽是身体所需物质），也可以是葡萄酒。燕麦对战马来说尤其重要，因此其需求量往往是巨大的。1300 年，一组有关驻扎在苏格兰的英军的数据表明，他们预计每天要摄入大约 5000 卡路里的热量，但事实上，特别是在作战中，摄入如此之高的热量几乎是不可能的。1327 年，法国对其士兵的日均粮食配给量进行了估计，结果表明他们每天要摄入大约 3250 卡路里，这仍是一个巨大的数字。倘若在海上，军队就需要大量的饼干；据法国人在 1355 年的估算，一艘 200 人的桨帆船一个月需要 25 吨饼干。[6]

通常情况下，士兵的报酬足以支付包括食物在内的一切作战费用。国家很少为他们提供专项薪酬。然而，官员们清楚地意识到有必要确保军粮的供应。从 13 世纪末开始，英格兰王室不仅为其王室军队提供粮食，而且为整个军队提供粮食，从那以后国家提供粮食成了一种常态。英格兰政府从各郡筹集了大量的粮食，并将其运至军粮基地，尤其是贝里克，以便供应军队，英格兰所辖的城堡也能有足够的粮食储备。为此，国王派出官员强制征购粮食。14世纪30年代，爱德华三世在苏格兰战役中便采取了这种强制措施；1334年，他从16个郡征购了1.2万夸脱[①]（9.6万蒲式耳）小麦和超过1.7万夸脱的燕麦。

1337年，英法开战，而英格兰的强制征粮制度已发展成熟。呈送给皇家议会审批的报告计划从南方10个郡征集4000夸脱（3.2万蒲式耳）小麦、6000夸脱燕麦和1000夸脱麦芽。据统计，1338年3月至8月期间，政府从东部17个郡征购了约2000夸脱小麦、2400夸脱麦芽、120头牛和650只绵羊以及其他物资。各郡的征粮任务由各郡长负责；因此，1346年林肯郡郡长征购了685夸脱小麦、315夸脱燕麦和105蒲式耳的大豆和豌豆，以及135只屠宰好的整猪、213只整羊、11头整牛和12韦[②]奶酪。这些物资花费了185英镑，另外53英镑用于购买包装袋、桶以及运输其他物品。所有这些，连同其他郡的类似物资，都是远征法国所必需的。远在加斯科尼的英军也需要物资补给：例如，在1347年夏天，运往加斯科尼的补给包括1万多夸脱的小麦以及少量的大豆、豌豆和黑麦。[7]

政府也很难搞清楚到底需要多少粮食。据估计，有着4050人的英格兰北方舰队需服役四个月，大概需要9100夸脱小麦、9350夸脱大麦、6000夸脱燕麦、2400夸脱大豆和豌豆、60桶麦

---

① 1英制夸脱＝1.1365升。——编者注
② 韦（wey），英国旧时重量或容量单位。——译者注

芽酒，还需要猪肉、鲱鱼、鱼和奶酪。规模相对较小的西部舰队则需要 4000 夸脱小麦，6000 夸脱燕麦，1000 夸脱大麦。[8] 这些数字远远超过了实际需求量，因为实际需求量最多只占其中的 1/3。很可能政府在征粮时考虑得更多的是能征多少，而不是实际需要多少。1346 年，向诺曼底运送的物资远多于实际需求量。其中一些粮食在装运和储存过程中发霉了，还有一些被运回英格兰卖掉了。

征粮过程很复杂。官府必须支付粮食供应者一定的报酬（而这些报酬通常会被拖欠）。郡长等政府官员必须对运粮路线进行规划，无论是用手推车还是船运，要先把粮食运到中央集散点，再从集散点运往港口，然后再运往海外。他们还要购买麻袋、桶以及租用仓库来储存粮食。有时还要把一些谷物磨成面粉；1351 年，为了降低运输成本，他们就把征集到的谷物磨成了面粉，然后装入桶中，运往加莱。[9] 这些还必须要登记入账并出具收据。

这一征粮体制漏洞百出，让腐败者有了可乘之机。在战争初期，此类案件就频繁发生。据说 1339 年拉姆齐主教（Abbot of Ramsey）为了让修道院的田地免于被征收粮食，向一位王室公职人员行贿，钱款超过了 7 英镑。当时还出现了许多征收完人们的粮食后不上交官府的案件以及许多拒付粮款的案件。据称，骑士威廉·弗朗克（William Fraunk）没有从林肯郡征收粮食，但是在那里搜刮走了 1333 英镑。也难怪强行征粮政策会如此不得人心。人们对强征其粮食的怨恨程度甚至超过了对税收的怨恨。由于征粮遭到了人们的反对，1340 年政府颁布了一项法令，该法令将供养王室的补给与军队补给区分开来，军事补给应该由商人来供应，这样人民就不会违背自身意愿而被迫出售粮食。[10] 而郡长仍然负责为1345 ~ 1346年间的主要军事行动征收粮食。在林肯郡，当地郡长征收了685夸脱小麦、365夸脱燕麦和105夸脱大豆和豌豆，以及135头熏猪、11头整牛和大量的奶酪。腐败现象依然存在。诺丁汉郡和德比郡的郡长遭到了指控，称他征集粮食是为了自己享用，而他的妻子也遭到了指控，因为她收粮时缺斤少两，手脚不老实。1351年，粮食供应方式没有发生变化，同年1月2日，爱德华三世成立了粮食委员会，该委员会从24个郡（从诺森伯兰郡到肯特郡）征集了7900夸脱小麦和7900夸脱其他谷物，这些粮食主要是为支援在加莱作战的英军。有些议员反对郡长征粮制，因为他们征收的谷物严重不足，小麦的征购量也减少到4190夸脱，已威胁到国家军事活动的开展。[11]

在这种情况下，让商人负责粮食供应反而能轻易解决这一问题。因为与王室公职人员相比，商人的反对意见较少，而且更易管理。官府禁止肯特商人在本地开办他们的集市和市场，并迫使他们去桑德威奇，这部分解决了1359年集体登船大军的粮食供给问题。1360年，三名商人同意将金斯林及附近港口的1000夸脱小麦、1000夸脱麦芽以及500夸脱燕麦、500夸脱大豆和豌豆运往加莱。约翰·威森汉姆（John Wesenham）既是王室公职人员又是商人；到1361年，他已经为加莱供应了6600夸脱的粮食。[12]

此外，为了确保军队能得到适当的补给，各指挥官们也采取了措施。英军被围困在加莱期间，兰开斯特公爵用自己的船来运送粮食。1356年，萨福克伯爵奉命征收了100夸脱的小麦、300夸脱的燕麦，以及大量的大豆、豌豆和鲱鱼，并将其从伊普斯威奇（Ipswich）运往了加斯科尼。1357 年，王室命令明确表示，在布列塔尼和诺曼底"为维持生计而随身携带玉米和其他食物"的士兵，不受武器和物资出口禁令的限制。[13]

1362 年，一项重要法令的颁布使得强行征粮制度正式转变，该法令甚至比 1340 年颁布的法令还要影响深远。它规定"更改'征粮者'这一霸道自称，以后'征粮者'只能自称为'买主'"。这些"买主"必须立即支付他们所购物资的钱款，而只有在为国王、王后以及威尔士王子等王室成员筹集物资时，才能采取强制措施。该法令的条款表明，政府拨粮供应全军的现象已不复存在了。[14]14 世纪后半叶，由于大部分军队规模较小，除了必须确保英格兰在布列塔尼和其他地方的驻军有足够的粮食外，政府也就没有必要对全军进行供粮了。

法 国

虽然法国没有像英格兰这样一一将补给记录下来，但情况和英格兰相似。1327 年，法国制订了相应的计划以应对一场可能发生的战争。法国将组建一支由 5000 名重骑兵和 20000 名步兵组成的军队，服役五个月，并计算了所需的葡萄酒、小麦、燕麦、猪肉、牛肉、羊肉和其他必要物资。为了不加重穷人的负担，所有物资都由富有的修道院供应。1342 年，普瓦图和圣东日的市长接到命令，要为诺曼底公爵的军队"征收"大量的小麦和燕麦，以及 500 头小牛、500 只绵羊、200 头肉牛、500 头熏猪、500 桶葡萄酒和其他物资。[15]记录显示，1346 年，为确保在加莱遭到围困的法军能得到充足的粮食，政府大范围地强行征粮。例如，政府从亚眠的圣富西恩修道院（Saint Fuscien Monastery）征粮达 24 歌珥①，从圣瓦里（Saint Valry）征粮达 32 歌珥。与英格兰一样，法国人们也普遍反对强行征粮，他们迫使国王作出让步，给予人们一定的税收补助。1354 年，法国政府承诺给出一个公正的粮食收购价格，但这样的保证几乎毫无价值。[16] 即使国王给士兵们拨粮，费用也是从他们的薪酬中扣除，这无疑相当于变相地鼓励士兵们自己备粮。但粮食有时会出现短缺的现象。1382 年，法军在罗斯贝克大获全胜，但整个军队都在闹饥荒，于是一支 200 人的分遣队被派去寻找食物和饲料。与英格兰一样，法国也越来越重视发挥商人的作用。他们鼓励商人们把货物带到王室军队中来卖；为了防止他们牟取暴利，军中法官制定了固定的粮食销售价格。据称，在 1383 年，巴黎商人尼古拉斯·布里亚德（Nicholas Boullard）带来了大量的食物，这足以让 10 多万人在四个月内免受饥饿的困扰；1388 年，又有一些商人来到军队，但只有一个叫科林·布里亚德（Colin Boullard，可能与尼古拉斯是亲戚）的人，同意以 10 万法国金币的价格为格德司远征军（Guelders expedition）供应一年的食物，尽管当时远征并没有任何胜利的希望。[17]

"靠山吃山"

在战争中，军队除了要得到有效的食物补给以外，还要练就"靠山吃山"的本领。这样做不无道理，因为这样就不需要大量地运送物资。尤瓦·哈拉尔（Yuval Harari）做了一个理论设想，即对于一支有着 10000 名士兵和 5000 名随军人员的军队，要想在一

---

① 旧时的重量单位，也可做液量单位。1 歌珥大约为 220 千克。——译者注

场持续 50 天的战役中带够所有的粮食，他们需要 1800 多辆手推车和 7000 多匹马，为了能吃到肉还要赶着一大群牛。根据这些数据，哈拉尔认为，远征军完全可以携带着所需的全部物资。[18] 但在实际中，这样的做法是不明智的，而且没有军队会选择这样做。即使在 1355 年由法国国王亲征、仅为期两周的战役中，他们也没有带够所有的粮食，而是把"所有的食物和其他补给运到了城市和城堡中，这样英军就会因粮食短缺不得不返回加莱"。[19]

1346 年，战争打响。虽然爱德华三世的大军从英格兰带来了大量的粮食，但他们仍要在战争伊始就学会"靠山吃山"的本事。一份战报兴奋地称他们在瓦洛涅（Valognes）发现了食物，在圣洛（St-Lô）发现了 1000 桶葡萄酒。在攻下卡昂之后，大军在那里待了两三天以补充粮食。[20] 随着大军沿着塞纳河上游不断地向内陆挺进，获取食物变得越来越重要。而河流是获取食物的其他来源之一，这里有着士兵们爱吃的鲜鱼。

1355 年和 1356 年，黑太子从加斯科尼发动了两次大规模的突袭，当时从英格兰运来的物资非常有限，政府给黑太子拨了 6666 英镑用于在当地购买粮食。据相关说法，两次突袭把各个村落和小镇洗劫一空，破坏范围极广。"他们先运走了所有的粮食和饲料，然后放了一把火，他们声称所做的这一切都是想让此地早日恢复和平。"然而有些时候他们的生活也很艰难。每次行军战马都是特别辛苦的，尤其是在没有水的情况下，这时他们就得用葡萄酒来补充马的体力。用酒烹制食物对士兵们来说也许不是什么难事，但这会让他们难以下咽。[21]

即使有大量的辎重车辆专门运送物资，爱德华三世的远征军也很难带够 1359 ～ 1360 年间所需的全部给养。起初，由于阿图瓦深受战争的破坏，大军在那里几乎找不到任何食物，尤其是马的饲料。后来他们发现菲弥修道院（Abbey of Fémy）储存着大量的食物，士兵们才得以果腹。兰斯市当局接到指示："你们务必要守住指定的城池，把各地的粮食和其他食物都运到那里去。要是运不走就毁掉，绝不能便宜了敌人。"因而想要在兰斯找到足够的粮草是不可能的。[22] 后来，他们在托内尔（Tonnerre）竟发现了大量的葡萄酒，士兵们兴奋至极。事实表明，英军虽然有自己从英格兰带来的手磨，但还不能把筹粮人员带回的谷物全部磨成面粉。于是黑太子旗下的 5 名扈从占领了当地的一个磨坊，而他们 5 人正在磨谷物时，有 50 人发起了反抗，其中 11 人被杀，最终他们把其余的人赶走了。在战役接近尾声时，大军占领了博斯（Beauce）的修道院，"由此，他们又获得了大量的粮食"。军队的主要问题是饲料短缺，为了四处寻找饲料，军队曾一度长途跋涉。托马斯·格雷（Thomas Gray）在他的《斯卡拉罗妮卡》（*Scalacronica*）中写到，在这场战役中，兰开斯特的战士们"一路靠山吃山，有时能顺利地找到食物，有时却发现此地已有其他英军到过这里，一片狼藉，找不到任何食物"。[23]

1373 年，雄心勃勃的冈特的约翰在法国境内进行劫掠，对他来说筹集粮食尤为困难。这场行动持续了近五个月，要运送足够的粮草是不可能的，士兵们必须就地获得食物。不幸的是，他们竟赶上了洪灾，大量储存下来的粮食毁于一旦。有时士兵们还得饿着肚子行军五六天。根据法国的一个说法，冈特出发之时征集了 3 万多匹马，等到达波尔多的时候只剩下 6000 匹，有 1/3 的士兵在这场远征中丧生。只有 1/3 的马车保留下来。由于没有马车代步，骑士们只能徒步行军，背不动盔甲时就只得把盔甲丢弃。当到达英军占领的加斯科尼后，冈特下令要想获得粮食就得即刻付钱，由此粮食短缺成为一个严重的问题。在加斯科尼本地获得粮食是不可能的了。

各城镇和城堡中的驻军便到附近的乡村搜刮食物。驻守布列塔尼的英军也有类似的过分行为，1352 年，沃尔特·本特利对此进行了谴责，他认为根本原因在于付给士兵们的报酬太少。15 世纪初，当地政府欲重建波尔多附近的卡马尔萨克城堡（castle of Camarsac），却遭到人们的强烈反对，因为那里的驻军总是袭击当地人，"抢走他们的粮食、葡萄酒、孩子、牛犊和干草，还殴打那些反抗者"。[24] 然而，要想成功地在附近的乡村里找到粮食也是很难的，因为村民们不光会把他们的粮食藏起来，还会袭击那些来寻找粮食的士兵。1381 年冬，驻扎在瓦纳的英军派人出来寻找粮食。他们来到乡下，却发现农民的谷仓空空如也，什么也没有；而法国的驻军又虎视眈眈，他们还不能去远一点的地方寻找食物，最后是海上运来的补给解了他们的燃眉之急。

由于英军通常是在敌方领土上作战，他们必须得就地获得粮食，但法军可以不必这样做。即使战争发生在加斯科尼，法军也是在本国领土上作战。然而在行军中除了抢夺食物，他们也别无选择。1373 年，贝特朗·杜·盖克兰和奥利维尔·德·克里松的军队"到处搜刮粮食，并在美丽的马恩河（Marne）附近发现了很多可以掠夺和获利的东西"。[25] 不管他们为谁而打仗，这些雇佣军都没有感到丝毫的内疚。编年史学家让·德·韦内特描述了大主教手下雇佣军的强盗行为："只要战争还在继续，这些人就会打着为战争做准备的幌子进行大肆掠夺。"1365 年，"他们经过法国香槟地区时，一有机会他们就会把商人和其他居民的马匹、金钱、货物、家具和食物洗劫一空"。[26]

武器装备

战争的胜利不仅需要食物，还需要武器。骑士和重骑兵参战需自备战马和装备；虽然国王在伦敦塔储备了盔甲，但这些装备专供王室成员手下的军队，而不是给整个军队准备的。同样，弓箭手们也得自带装备参战。1359 年，黑太子下令在柴郡征募 300 名弓箭手，并要求他们"必须带好弓、箭和一切必要装备"。但在实际作战中，这点装备是远远不够的，随后黑太子便下令制作男士军服所需的绿色和白色的布，以及弓和箭均由政府提供。[27]前面第 7 章讨论了英王确保弓箭手有足够的弓、弓弦和箭的方法。1359 年英格兰颁布了一份王室令状，该令状称"必须为国王尽快制造出大量的弓和箭，以便今后打败法国"，箭的具体数量是 11.5 万捆。[28]这一令状的颁布使得制弓匠和制箭者有了用武之地，因为对他们来说这件事不难完成。

在战争中除了需要大量的弓箭以外，还需要大量的军旗、队旗和枪旗。为了在行军中住得舒适些，将领们还需要营地帐篷和临时住所。1346 年的一份报告显示，在远征诺曼底时国王就有一个蓝色布搭建的"回廊"，八顶外蓝里绿的圆形帐篷，两个小教堂，四顶狩猎用的绿色帐篷，三座马厩和一座蓝色帆布搭建的"王宫"。还有一个由六根柱子支撑的"会议大厅"。一顶帐篷上绣着王冠，一座威斯敏斯特的大厅则绣着玫瑰。甚至在国王的"乔治"号船上也搭有一顶帐篷。[29]

　　1359 年远征军离开加莱，但通过傅华萨的描述我们就能知道，其后勤工作做得多么充足，他说："辎重马车紧随队伍之后，长达两英里，多达 6000 多辆，车上载着军队所有的补给，包括一些此前战士们从未携带的物品，如手磨、炊具和其他必需品。"为了让运货车顺利通过，500 名后勤人员还得用铁锹和镐平整道路或砍伐树木开辟出一条道路来。为了能让战士们吃到鲜鱼，军队里甚至还备有轻便的皮艇。[30]

　　战争中的管理和筹备工作令人赞叹不已。然而，令人惊讶的是，这种成熟有效的管理方法并不是在英法双方交战中产生的。相反，早在战争初期就已有之，由于当时两国政府要最大限度地供应粮食和装备，这种有效的方法应运而生。渐渐地武器装备筹备事宜由军事指挥官负责，而粮食筹备工作开始由王室官员负责，后来就直接交给了商人。

A
SHORT HISTORY OF
THE HUNDRED YEARS
WAR

第 10 章

阿金库尔战役

1380 年，年仅 11 岁的查理六世继承法国王位。博华萨称，早在 1382 年，查理六世就一心想投入战争，他宣称："我只想武装自己。而在此之前我从未尝试过，但如果我想统治法国，就得建立军功获得荣誉，首先我要学会使用武器。"[1]1388 年，他成年亲政。他似乎具备当一位国王的所有条件：英俊潇洒，虽不是很高，但也在平均身高之上，"鼻子大小适中"。[2]他擅骑马射箭，会用各种武器，尤擅长矛。他和蔼可亲，总能和人们轻松地交谈。

但查理六世却患有严重的精神疾病。1392 年一个炎热的日子，他和随行大臣在勒芒（Le Mans）附近骑马。这时，一名扈从的长矛突然失手掉落，查理六世吓了一跳，他疯狂地拔剑刺向随行的奥尔良公爵。最终查理被制服了。他的眼睛打量着周围，说不出话来，也认不出随行的人。国王身患一系列疾病，这是第一次发作，他失去了理智，谁也不认识，还说自己叫乔治；他产生了许多错觉，而这根本无法治疗。五个月来，他不肯换衣服，也不肯洗澡，结果身上长满了虱子，虱子甚至钻进了他的肉里。最合理的诊断是查理患有偏执型精神分裂症。对法国来说，国王患病意味着一场灾难。从此奥尔良公爵和勃艮第公爵为争夺查理六世的摄政权混战不休，使得法国分裂了 40 多年之久。查理六世的疯病也为新兰开斯特王朝统治下的英格兰人干预法国事务提供了新的契机。英格兰一直想要统治法国，但这个图谋只是导致复杂局势的原因之一。

图 10-1　查理六世和他的王后

勃艮第派和奥尔良派

由于勃艮第家族和奥尔良家族混战不休，法国陷入一片混乱。查理六世的叔父勃艮第公爵菲利普娶了佛兰德伯爵的女儿，1384年，佛兰德伯爵去世，由此菲利普继承了大片的土地，包括佛兰德、低地国家的布拉班特和阿图瓦以及勃艮第的弗朗什－孔泰（Franche-Comté，勃艮第伯国）。1404 年菲利普死后，他的儿子无畏者约翰（John the Fearless）继承其爵位，约翰在 1396 年的尼哥波利斯战役中英勇无畏，由此被称为无畏者。对于勃艮第统治者来说，北海（North Sea）对岸的低地国家与英格兰有着商业贸易，这意味着与英格兰和平相处远比战争更有意义。

1392 年，查理六世的弟弟路易成为了奥尔良公爵。他娶了米兰公爵吉安·盖拉佐·维桑蒂（Gian Galeazzo Visconti）的女儿，由此获得了财富。他的土地分散在法国各地，没有集中起来成为统一的势力范围。他不遗余力地扩大自己的土地，并在 1402 年获得卢森堡公国（the duchy of Luxembourg）的控制权，这直接挑战了低地国家的勃艮第政权。路易有口才、有教养、虔诚，但同时也是个赌徒和浪荡公子。

奥尔良公爵和勃艮第公爵之间的王权之争胜负难分。令人心惊的暗杀活动竟成为解决问题的办法。1407 年，奥尔良公爵在巴黎惨遭杀害，勃艮第公爵也付出了相应的代价。两年后，勃艮第公爵被国王赦免，并在巴伐利亚女王伊萨博（Isabeau of Bavaria）的支持下掌握了法国政权。在新奥尔良公爵的带领下，贝里公爵、波旁公爵、阿马尼亚克伯爵、阿朗松伯爵以及查尔斯·阿尔伯特（Charles d'Albret）组成了强大的奥尔良派。由于奥尔良公爵娶了阿马尼亚克伯爵的女儿，奥尔良派又称阿马尼亚克派。阿马尼亚克派和勃艮第派之间彼此结下深仇大恨。为了击垮对手，阿马尼亚克派开始勾结英格兰势力，1412 年在布尔日与亨利四世正式结盟。勃艮第派支持查理六世，在其带领下，查理六世开始围攻布尔日，发动了格里特（Griete）和格里勒（Griele）战役。战事最终以谈判告终，法国的政权交还给了国王。在某种程度上，法国再度和平，阿马尼亚克派与英格兰签订的条约也作废了。而内战很快再度爆发。1414 年，阿马尼亚克派攻占苏瓦松（Soissons）并将其洗劫一空。有人说到，"由于国王身边的佞臣作恶，阿马尼亚克派犯下的罪行罄竹难书"。[3]

亨利四世统治期间的战争

1399 年理查二世倒台，兰开斯特王朝建立。英法战争重新开启，但由于法国内部政治气氛十分紧张，法军自然没有丝毫参战热情。大部分战事发生在法国西南部。英军虽攻占了加斯科尼，包括波尔多和拜昂（Bayonne）两个城市、它们的腹地以及连接这两个城市之间的大片领土，但与爱德华三世相比，英格兰对这些地区的管理非常松懈，甚至让那些不忠于英格兰的雇佣兵首领驻守要塞。而对许多加斯科尼人来说，他们更喜欢生活在英军的统治下。这让学者让·德·蒙特鲁伊（Jean de Montreuil）困惑不已，他认为加斯科尼人"或是因为无知，或是因为接受了错误或虚假信息，才没有察觉英军侵略的本质，竟还认为这是好事"。[4] 1405 年，英军遭到重创。波尔多遭到围攻，大量英军要塞失守。1406 年，英军一度失去对加斯科尼的控制。奥尔良公爵率领一支庞大的阿马尼亚克军队围攻布尔格和布拉伊，围攻一旦失败，波尔多就会失守。然而，在这场围攻之战中英军很难取胜，而在冬天发动战役更是不明智之举。一支为奥尔良公爵及其大军运送补给的舰队未能成功抵达，大军饱受严寒和疾病之苦，再加上物资短缺，1407 年 1 月，他们放弃围攻布尔格。亨利四世几乎没有为加斯科尼人提供任何帮助，但加斯科尼还是保住了。[5] 与此同时，在北部，勃艮第公爵试图围攻加莱，最后也不了了之。随后英法双方就没有再发动战争。

随后几年里，法国及其卡斯蒂利亚盟国在英格兰海岸发动过一些小规模的战争，但不像 1370 年的那场战争，这些小规模战争并没有引起英格兰人的恐慌。1404 年，一支法国舰队抵达法尔茅斯（Falmouth）并准备向该镇开火。当地农民集结起来准备抵抗；法国弓箭手将他们逼退，其中只有一人死亡，这个人在骑马冲锋时被一名西班牙武士砍下了头。然后，"他的马驮着他那无头的躯体又跑了120步，躯体才掉了下来"。[6] 在此后的一年里，卡斯蒂利亚海军在作战中一直失利。在波特兰（Portland），他们和当地人发生了一场小冲突。在普尔（Poole）他们又打了一场，胜负不明，在那之后，"普尔地上满是密密麻麻的箭，人们要想走过去只能踩在上面，但箭的数量太多了，为了走路方便，人们只能先一把一把地把箭捡起来"。卡斯蒂利亚人到达南安普敦郊外时（他们一直以为到达了伦敦），便把战船开往诺曼海岸和安全地带。[7]

在统治初期，亨利四世便表现出其军事扩张的野心，尽管在1400年他对苏格兰长达两周的进攻以失败告终。1402年，亨利四世和他的儿子在威尔士平定欧文·格兰道尔（Owain Glyndŵr）的叛乱时，号称"热刺"（Hotspur）的亨利·珀西（Henry Percy）在伍勒（Wooler）附近的亨伯顿山（Humbleton Hill）粉碎了苏格兰对诺森伯兰的入侵。1406年，苏格兰国王罗伯特三世（Robert III）去世。更不幸的是，在他去世前不久，他的儿子——苏格兰王位的年轻继承人詹姆斯在乘船前往法国的途中被英军抓获，直到1424年他才得以释放，这期间英格兰和苏格兰并没有发生直接冲突。而许多苏格兰人选择去法国与英军作战，这种现象在1415年以后尤其普遍。

直到1411年，英军才再次远征法国北部。阿伦德尔伯爵和沃里克伯爵率领一支加莱军队前来支援勃艮第公爵。在巴黎附近作战的英军弓箭手大获全胜，但远征军却没有取得任何战果。那年秋天，英格兰的政策发生了逆转。自1410年初以来，英格兰一直非常重用威尔士亲王，而威尔士亲王则大力支持勃艮第派。但在 1411 年后期，英王重申了自己的统治权。第二年，阿马尼亚克派大使们提出将阿基坦所有地区归还英格兰。而威尔士亲王坚决支持勃艮第派，因此，国王下令由威尔士亲王的弟弟克拉伦斯公爵托马斯组建一支新的远征军，以支持阿马尼亚克派。1412 年，在克拉伦斯公爵的带领下，这支远征军从圣瓦斯特拉霍格（Saint-Vaast-la-Hogue）到卢瓦尔河谷一路劫掠。虽然克拉伦斯并没有与法军发生正面冲突，但他却提出了一个十分苛刻的条件，那就是如果想要他撤军，法国就得给他 15 万埃居。

哈弗勒尔围攻战

1413 年，亨利五世登上王位。1403 年他曾在什鲁斯伯里与珀西家族作战，也曾在威尔士率军镇压了格兰道尔叛乱，因此他作战经验丰富。在什鲁斯伯里作战时，他的脸被一支箭射中，用了一种特殊的手术器械才将其取下，脸上也留下了伤疤，但这也成了他久经沙场的标志。像许多王位继承人一样，他与父亲意见不合。但作为一个有教养的人，他深信正是他的虔诚之心才让他居于正统地位。他在统治期间鼓励人们使用英语，这表明他很看重英格兰的民族意识。据记载，他对行政管理、核对账目和处理申诉有着浓厚的兴趣。他并没有促进政府职能的转变，但却极力确保臣民的最大利益不受损害。

英格兰想通过外交手段实现英法持久和平，但收效甚微。亨利五世希望能和查理六世的女儿凯瑟琳结婚，这样他就能获得阿基坦、诺曼底、曼恩（Maine），安茹、都兰（Touraine）、普瓦图和庞蒂厄等大片领土，进而控制整个法国。到时他会放弃对法国王位的继承权，并让法国人支付约翰二世的赎金。果不其然，英法谈判破裂。亨利五世便想拉拢勃艮第派，但也一再失利，因为早在 1415年，勃艮第派和阿马尼亚克派便达成了共识。亨利想通过外交来达成目的的想法泡汤了，最终他采取了战争的方式。虽然法国仍处于严重分裂的状态，但在 4 月份，18 岁的王太子路易（Louis the Dauphin）掌握了法国的政权，而亨利的对手正是这位新执政者。

与主要军事将领签订协议使得 1415 年的远征目的地悬而未决：英军"要么进攻吉耶纳公国（duchy of Guyenne），要么进攻法国"。[8] 而此时的亨利却带着他的 1 万大军挺进了诺曼底，来围攻哈弗勒尔。因为哈弗勒尔港口地处要道，它位于塞纳河口，直通鲁昂，上游连接着巴黎。在哈弗勒尔，一位加斯科尼的大臣在一封信中写道，英王打下哈弗勒尔后并没有进驻其中，而是"想借助哈弗勒尔去攻打蒙蒂维利耶（Montivilliers）、迪耶普（Dieppe）、鲁昂，直到打下巴黎"。[9]

英军近年来没有打过围攻战，所以经验不足；他们最近攻下的城镇是利摩日，还是在 1370 年；最近一次取得较大胜利的围攻战是加莱围攻战，但也要追溯到 1346～1347 年。虽然哈弗勒尔防守严密，但英军的攻城武器精良；圣丹尼斯的僧侣称："其中包括一些大型武器，这些大家伙发射巨石时浓烟滚滚，声音震耳欲聋，仿佛是地狱发出的愤怒。"[10] 当时英军共发射了约 7500 枚石制炮弹。在炮火之下，哈弗勒尔城外的外堡逐渐被摧毁，城内的房屋也遭到了严重的破坏。事实证明，英军在城墙下挖地道或在可移动的木塔上进行攻城是行不通的。但五周后，他们仍向外堡发起了最后的进攻，并让守军意识到顽抗到底是徒劳的。而法国就没打算支援哈弗勒尔，也许他们认为英军的实际人数确实远多于他们侦察到的人数。不久前英军抓住了一个法国人，却选择将其释放，而释放的条件是要他告诉让·富索里斯（Jean Fusoris）一个消息——让·富索里斯既是巴黎圣母院的咏礼司铎，又是一名著名钟表和其他仪器的制造商——消息的内容是："英格兰国王亲率 5 万大军包围了法国的哈弗勒尔，他们的给养（包括面粉、葡萄酒）极为充足，还有十几门大炮。"[11]

而事实上，英格兰政府根本就没有为军队准备粮食补给。英军从朴茨茅斯登船前往汉普郡，那里的面包师和酿酒师已准备好食物为他们接风洗尘，但是每个士兵在法国的吃食只能自己负责，因此他们要带够三个月所需的全部食品。让一支大军连续数周围困哈弗勒尔无疑是自找麻烦，特别是营地会不可避免地出现不卫生的情况。整个战场痢疾肆虐，贵族军官和普通士兵无人幸免。有关记录显示，当时有 1330 人因患痢疾而获准回国。而这一数字是否准确尚待商榷；据说还有许多人只是因为贪生怕死而"偷偷溜回了英格兰"。[12]

哈弗勒尔围攻战以法国议降而告终，随后英军举行了盛大的仪式。英王亨利坐在用金箔装饰的宝座上。他右侧的立柱上安放着镶着王冠的头盔。法国指挥官交出了哈弗勒尔城门的钥匙，那些被哈弗勒尔镇民俘虏的英军得以释放，他们还为此举办了一场盛宴。随后，亨利又正式向法国王太子发起挑战，两人通过决斗解决争端，他还要求对方在八天内作出答复。王室议会对国王的主张展开了讨论。亨利的牧师称，国王提议向加莱进军，但大多数大臣认为此事过于危险，因为法国人可能会"像包围一群羊似的把他们一网打尽"。[13]

阿金库尔战役

亨利进军加莱的目的尚不清楚，但可以确定他此举冒着极大的风险。人们都认为亨利此举达成了他最初的目的，但安妮·库里（Anne Curry）却说："亨利向北进军并非是因为他渴望战斗。"克利福德·罗杰斯则持相反观点，他认为亨利"希望展开全面进攻"。[14]然而，法国人在哈弗勒尔被围攻期间，并没有试图作战，他们似乎也不太可能这样做。另一方面，英军却早已做好了战斗的准备。此外，国王具有强烈的宗教使命感；正如他的牧师所说，他"完全依靠神助和正义"而战。[15]虽然如此，亨利并不急于开战，也没有试图与法国就何时何地开战进行谈判。

法国人准备开战。一份保存至今的战斗计划显示，经验丰富的布锡考特元帅负责指挥作战；他在 1382 年的罗斯贝克和 1396 年的尼哥波立都有过战斗经验，并且对英军了如指掌，他猜想亨利可能把军队编成单一战斗序列。于是，他采取了用骑兵部队"攻击弓箭手并摧毁他们的战斗力"的作战方式。[16]另一支军队将攻击英格兰的辎重车辆。实际上，阿金库尔狭窄的地形决定了该计划无法得到充分实施。尤其是法国弩手和弓箭手并没有被安排在两支侧翼部队的前面。但该计划表明法国人已经为即将到来的战斗做好了充分的准备。

亨利没有一支庞大的军队。他的牧师统计出军队大概有 900 名士兵和 5000 名弓箭手。历史学家安妮·库里利用这些记录计算出英军共有 8680 名士兵，而罗杰斯则认为亨利大概拥有 6000 名士兵。当时的人也无法获得现代历史学家所能获得的名册，要想统计出这些数字非常困难。记录显示，在阿伦德尔伯爵率领的 400 名士兵中，有 87 人死于疾病，他个人的记录还显示，在这场战役中重骑兵的缺额只有 6 名。[17] 士兵人数无论是 6000 人还是 8500 人，这只是历史学家争论的焦点；重要的是，英军人数比法军少很多。

法军士兵人数更难统计。与历史学家一样，同时代的人估计也大相径庭。库里认为，军队的总人数约为 1.2 万人。鉴于 8 月底的计划是招募 6000 名重骑兵和 3000 名弓箭手，这个人数似乎是合理的。然而，罗杰斯认为，传统估计约 2.4 万人也是有可能的。其中有一些人被称作"杂役"，因此无法确定他们到底是战斗人员还是后勤人员。[18] 当时的观点认为，法军人数大大超过了英军，人数比例估计是四比一。唯一可以确定的是，英军在人数上处于极大的劣势。这两支军队不仅在总人数上有明显的差别，而且在重骑兵的数目上有更大的差别，因为法军中重骑兵的比例比英军高得多。

从哈弗勒尔出发的英格兰军队行军艰难。士兵们被命令需带够八天的口粮。这是完全不够的，因为索姆河上所有的桥梁都被破坏了，军队被迫逆流而上，花了一个半星期才到达一个渡口。士兵们饥肠辘辘，有关法军就要进攻的谣言甚嚣尘上。法军随后就向亨利下了战书，但没有具体说明何时何地。英军的行动经常被这种挑衅打断，很难知道法国人是否真的有作战意图。军队继续前进；接着，他们发现法军已经在一个山谷的高处摆出了战斗队形。然而过了一会儿他们就撤退了，英军空等了一夜。第二天，10 月 25 日，法国人集结了他们的部队，封锁了阿金库尔附近通往加莱的道路。前锋部队步行前进，两侧是骑兵，大部分重骑兵下马行军，后卫部队却骑马前进。与克雷西战役相反，这次是法国人选择了战场。

英格兰骑士和重骑兵分三列纵队并肩作战。关于弓箭手的阵列一直存在着许多争论。弓箭手是应该部署在阵列之间还是全都在两翼呢？按牧师的记述，亨利把他们安插在各个战队的空档之间，将随身携带的尖木桩插在阵前。一种法国的说法是，亨利告诉他的军队"我们的 12000 名弓箭手要在周围围成一圈"。另一种说法是弓箭手被安插在英军主力军队的后面，还有一种说法是他们在步兵的两侧。[19]回答这个问题都需要考虑到弓箭手的数量远远超过了重骑兵；然而大多数作战图显示的情况却恰恰相反。

证据是自相矛盾的，英军的每个侧翼似乎都部署了大量弓箭手，四周也有弓箭手，并混杂在重骑兵之中。这次弓箭手的装备有一个创新。他们带了铅锤把尖桩锤入阵地。1396 年，土耳其人在尼哥波立击败一支十字军时就使用了尖桩作为防护，但英军指挥官是否从这个战例中获得了灵感还有待商榷。

两军僵持了一会儿，谁也不敢贸然行动。一些法军"出去取暖，另一些人去散步喂马，他们都不相信英格兰人会如此大胆地攻击他们"。[20]但他们大错特错，因为英格兰人最终主动发起了进攻。亨利一声令下，内务大臣托马斯·厄平厄姆（Thomas Erpingham）将指挥棒指向空中，示意弓箭手向前推进。关于他们前进了多远，一直存在争议。对于弓箭手来说，拔出他们的尖桩，踏过泥泞的土地，然后重新插上木桩肯定是非常危险的。这将使他们完全暴露在法军的攻击下。一个比较可信的答案是，英军只前进了一小段距离。然而，大多数资料显示，英格兰人向前走了相当大的一段路，而且发出阵阵吼声。当法国骑兵向他们冲来的时候，许多骑手被一阵箭雨击退了，他们的马也受惊失去了控制。

法国步兵以三列纵队步行前进。当他们到达英军阵地时，已经在泥泞中挣扎得筋疲力尽了。在肉搏战中，没有盔甲束缚的英格兰弓箭手用铅锤和尖桩凶猛地攻击法国人。战线太窄，法军的人数没有任何优势。相反，他们的士兵挤在一起，无法控制。当前面的人被英军拦住时，后面的人仍然向前推进。这已经不像步伐整齐的军队，更像是一群挤作一团的乌合之众。不久，大量阵亡的士兵和垂死的士兵已经堆积在一起，场面极其恐怖。在这次混战中不只大批法国人丧生，英格兰的约克公爵也未能活着走下战场。他的扈从中也有 90 人被杀或重伤致死。

英军似乎取得了胜利，但当法国后卫军要发起进攻时，却引起了英军的恐慌，于是亨利下令将俘虏全部处死，法军最终从战场上撤退了。亨利的这一行为饱受诟病，但时人并没有指责他违反了战争法或惯例。勃艮第编年史家为这次杀戮提供了一个截然不同的理由。他认为这是"该死的法国军队"的错，因为他们执意重新集结，要与英军再次大战。[21] 亨利此举并非没有先例；在阿尔茹巴罗塔战役中的战俘同样被杀。

为什么英格兰取得了胜利？当时的人给出的解释非常简单。他们认为是"上帝"赐予了英格兰胜利：10 月 25 日是两位鲜为人知的圣徒克里斯平（Crispin）和克里斯皮尼亚努斯（Crispinianus）

的纪念日。作为法国王位的继承者，亨利认为把胜利归功于法国圣徒的佑护是明智的。他也承认贝弗利的圣约翰（St John of Beverley），因为 10 月 25 日是他的圣日。对英格兰人来说，这场胜利是对亨利可以获得法国王位的神圣判决。对法国人来说，这场胜利则惩罚了法国社会中的罪恶。性也是原因之一；由于亨利"禁止焚烧、蹂躏、侵犯或强奸女孩和妇女"，英军表现得比法军更有道德，而法军在战争前没有表现出良好的军纪。[22] 后来成为法军统帅的亚瑟·德·里什蒙（Arthur de Richemont）给出了一个直截了当的军事学解释。里什蒙本人在战斗中被俘，他的传记作者记下了他的观点。战场过于窄小以至于容纳不了太多人战斗；骑兵本应攻击英军的两翼，却被弓箭手击退了。在撤退中，法军的防线被击溃，而在前有英军进攻的情况下，法军几乎无法重新集结队伍。

英军的指挥体系是非常清晰的，而法军则没有做到这一点。亨利五世任命约克公爵担任先锋。主力部队由亨利本人亲自率领，卡莫伊斯勋爵（Lord Camoys）托马斯率领后卫部队，但他已经年迈，且军事经验相对较少，选择他担任将领是这场战役的一大谜团。至于法国人，国王和王太子都没有参战；年轻的奥尔良公爵是这场战役中地位最高的贵族，在战斗打响前不久才到达战场。阿尔伯特和布锡考特担任统帅和元帅，他们在指挥方面起着重要作用，然而也有许多贵族如波旁公爵和阿朗松公爵，也都处于领导地位。"所有的领主都想参加第一场战斗，这样就能比其他人获得更多的荣誉，因此他们存在很多分歧。"[23] 与一人担任总指挥的英军相比，法国的指挥官们却一直在争论不休。

地形在很大程度上决定了战争的结果。战争的地点是由法军选择的，大概是因为两边的树林容易封锁住英军通往加莱的路线。然而，这也削弱了法军在人数上的优势，因为他们被迫在一个相对狭窄的前线作战，场地宽度可能不超过 750 码。由于新犁过的田地被雨水浸透，泥浆成了主要问题。这使得骑兵无法高效作战：重骑兵在泥泞中挣扎，疲惫不堪。

对这场战斗的大多数记述都强调了英格兰弓箭手的重要性。法国人的盔甲相对于克雷西战役时期能更好地抵御箭雨的袭击，但英军的弓箭袭击在战争开始时非常高效，尤其是对付马匹。如果英军大约有 6000 名弓箭手，那么他们可能射出 15 万支箭。虽然弓箭可能没有杀死很多士兵，但可以造成伤残。齐射式攻击并不是弓箭手唯一的重要任务。在这场可怕的肉搏战中，英格兰弓箭手身手敏捷，法军士兵不堪一击。盔甲的关节部分易受刀和匕首的攻击，而护胸铁甲则无法承受铅锤的致命打击。

有关军队士气高昂还是贪生怕死，这个问题很难回答。英格兰人可能士气不振。从哈弗勒尔出发后，他们又累又饿；法国人已经提前把他们的所到之处搜刮干净，所以没有食物可以掠夺。英军也清楚自己在人数上不占优势。在战争前夕，亨利骑着一匹小马随军前行，尽最大的努力去鼓舞士气。据说，他告诉他的士兵："法国人吹嘘说，如果有英格兰弓箭手被俘，他们就会砍掉其右手的三根手指。"但他的讲话也未能奏效。[24]英军都抱着一种视死如归的决心，并且军纪严明，因为这是亨利非常重视的问题。国王在战前颁布的法令并没特别之处，但他令行禁止，执法如山。一些法国高级指挥官，尤其是布锡考特和阿尔布雷特，对这场战斗毫无把握。

然而，法国士兵的情绪普遍高昂，他们非常渴望上前线奋勇杀敌，从而赢得军功。不幸的是，想逞个人之勇的骑士都以悲剧告终。一名骑士甩掉了其余的骑兵，他骑在最前面，但很快就送了命。布拉班特公爵仓促投入战斗，但因为缺少人员和装备，他刚下马加入战斗就被杀死。法国人的过度自信很快发生逆转。许多人根本就没有参战，而是出于求生的本能逃离了血腥的战场。在战败后不久，诗人阿兰·夏蒂尔（Alain Chartier）在他的《四女爵之书》（*Livre des quatres dames*）中谴责了阿金库尔战役中的懦夫们："出于私心逃之夭夭，却使别人陷入险境，他擦亮头盔，穿上盔甲，却只是为了逃跑。"[25] 对于在阿金库尔被俘的吉伯特·德·兰伊（Ghillebert de Lannoy）来说，"如果我参加了战斗，我宁愿战死，也不愿被列在逃兵的名单上"。[26]

战　俘

并不是所有在阿金库尔被俘的俘虏都被当场杀死。那些具有政治和经济价值的人，包括奥尔良和波旁公爵、里士蒙伯爵、旺多姆伯爵（Count of Vendôme）和布锡考特元帅，都被带回了英格兰。他们被迫跟着亨利的凯旋队伍在伦敦游行。布锡考特在尼哥波立被苏丹·巴耶济德（Sultan Bayezid）俘虏后很快就被赎回，但这次他被囚禁在一个相当舒适的环境中，一直到 1421 年去世。里士蒙同意支持英格兰，并于 1420 年回到布列塔尼。波旁公爵一直被囚禁到 1434 年去世。旺多姆直到 1424 年才被释放，奥尔良的查理直到 1440 年才获释。关押俘虏为亨利提供了一些政治筹码，但这并不符合骑士精神。

对一些次要囚犯的待遇显示出亨利的报复心。其中一群人被关在弗利特监狱（Fleet prison）里，"等待上帝和国王的慈悲和怜悯，靠施舍度日"，直到国王死后他们才被释放。[27]另一些人则比较幸运。吉尔伯特·德·兰伊由于膝盖和头部受伤，和其他一些俘虏被关押在一所房子里。当亨利下达命令要杀死他们时，为了避免逐一砍掉俘虏脑袋，英格兰人直接放火烧了房子。吉尔伯特设法爬到了安全的地方。当英格兰人又返回来时，俘获他的人又把他卖给了约翰·康沃尔（John Cornewall）。他被带到英格兰，并在 1416 年以 1200 金埃居加一匹马的价格被赎回。康沃尔甚至给了吉尔伯特 20 诺布尔①来购买他回法国所需要的东西。[28]

图 10-2　刻画亨利五世和他的旗手的雕像，一名罪犯跪在他们面前

---

① 诺布尔（noble），英格兰在 14 世纪开始铸造的一种金币。——译者注

像大多数战斗一样，阿金库尔战役并不具有决定性意义。它既没有使亨利得到他想要在法国得到的东西，也没有帮助他解决勃艮第派和阿马尼亚克派之间的争端。战争非但没有结束，反而持续下去。亨利认为他的胜利是对正义事业的神圣裁决，但这没有完全实现他的目标。他的下一个目标是征服诺曼底。

第11章

攻占诺曼底

15 世纪的战争形态已经发生变化。英法战争已经演变成一场消耗战，尽管在阿金库尔战役后，英法两军还在维尔纳伊、帕泰、福尔米尼（Formigny）和卡斯蒂永（Castillon）打过几场著名的战役，但包围战已经成为这场消耗战中的主要形式。骑士时代已经终结：一部分原因是尽管诺曼底最终被亨利五世占领，但诺曼底保卫战使战争与之前大不相同；还有一部分原因是随着枪炮技术的发展，城池的攻防也随之改变。此外，英国弓箭手也不再像 14 世纪那样战无不胜，战争也不会再因骑士个人变化而暂停。

1417 年入侵

1416 年，两国之间的外交谈判毫无进展，尽管神圣罗马帝国的西吉斯蒙德皇帝（emperor Sigismund）一直从中斡旋以期促成和谈。当时，战事都集中在哈弗勒尔。1416 年 4 月，哈弗勒尔的守城将领多塞特伯爵（Earl of Dorset）在绝望之下给国王的王室议会写了一封信，在信中表示他的士兵难以“长久坚持，因为供给耗尽”，尤其是缺乏肉食、粮食和麦芽酒。实际上，在收到伯爵的信之前，王室已经下达相关命令，要求征收 1000 夸特的小麦、2000 夸特的燕麦、2000 夸特的麦芽酒和 1000 夸特的大豆，还有 200 只熏猪和 200 头牛。[1]8 月份发生的那场著名海战拯救了哈弗勒尔，贝德福德（Bedford）率领一支约有两百到三百艘船只的英军舰队在塞纳河河口与一支规模较小的法兰克—热那亚（Franco-Genoese）海军交战，激烈的白刃战持续了两天，"圣灵"号（Holy Ghost）和"皇家三一"号（Trinity Royal）两艘皇家战船的船帆与索具遭到破坏，英军俘获了三艘敌船，其中有一艘沉没。

1417 年，亨利五世率领约一万英军乘船前往诺曼底，他的目标是要一举拿下诺曼底。此次采取的作战方式也与过去的骑兵作战截然不同，骑兵作战旨在给法国施压，等条件合适时再同他们打一仗。现在，杀人放火已经不再是重点，亨利五世意图让英军通过这场战争拿下更多的城池，从而占领并控制整个诺曼底。

两周后，卡昂沦陷，并遭到亨利五世军队的践踏蹂躏，还被劫掠一空，其他地区也纷纷投降。法莱斯（Falaise）城堡抵抗英军长达两个多月，直到 1418 年 2 月才投降；瑟堡在被围困五个月后，于同年 9 月落入英军之手；栋夫龙（Domfront）凭借其建于诺曼时期的城堡，坚守四个月后被攻破。英军势如破竹，诺曼底其他地区纷纷沦陷，范围之广令人诧异。鲁昂围困战是其中的一场重大战役，于 8 月份开始。英军围绕鲁昂城挖了一条战壕，还切断了城内去往塞纳河的通道，导致城内的粮食消耗殆尽，居民"吃完了面包，喝光了麦芽酒和葡萄酒，能喝的只剩下水和醋。没有鱼也没有肉，只能吃马、狗、老鼠和猫"。[2] 为了能省下食物多撑几周，鲁昂的长官把老弱病残都赶出城外，亨利的态度也极为残忍，他不允许这些人穿过英军的防线，也不给他们提供食物，仅在圣诞节那天他才表现出些许仁慈。鲁昂最终于 1 月投降，向英军上交人质，除了签署其他投降条款外，还同意支付巨额赔款。

攻克诺曼底展现了亨利五世高超的围城作战指挥能力，从长远来看，这场胜利比阿金库尔的以少胜多更具重要意义。攻城一直是行军打仗的主要难题，城镇的围墙往往可以大大提高守城能力，一股小部队依托城墙的优势就可以抵御人数更多的军队。亨利五世也许并没有给围城作战带来重大进步，但是他指挥谨慎、富有成效，最终实现了目标。情报一如既往扮演着重要的角色，比如，亨利命令加莱总督派遣可靠的人前往皮卡第和其他地方的边界，"监视我们的敌人及其同伙，弄清他们的意图，尤其是他们下一步的打算"。[3]

枪炮与后勤

亨利五世充分认识到火器的威力，王室的信件表明，亨利五世本人一直致力于让大炮能在需要它的地方派上用场，他在信中有些气恼地写到，"我们专门派了一艘大船去运载卡昂的大炮，它就停靠在岸边，但鉴于这些大炮可能无法搬运和装船"，他命令这艘船改载石弹，"把存放在码头上最好的石弹能带走多少就带多少"。[4] 负责军械物资的一名官员在卡昂和鲁昂建造仓库存放物资，确保有效供应枪炮、火药和炮弹。法莱斯居民在英军大炮的轰击下被迫投降，法莱斯城堡也在炮火中化为废墟。[5] 除此之外，亨利五世及其军官还投入使用了一大批围城作战的装备，多次采用围城战术，抛石机之类的武器也得到广泛使用。他们还常常采用挖地道的方法，但收效甚微，有时也会用木质攻城塔。当武器不起作用的时候，将敌城封锁起来往往会成功。

英格兰大费周折，确保弓箭供应充足。1417年下达的一项著名王室令状规定，每个郡的居民每养一只鹅就得上交六根翼羽，

并禁止砍伐白蜡树做木鞋，因为所有白蜡木都要用来做羽箭。到
1420 年，国王下令在英格兰购买 40 万支羽箭，之后所需的羽箭则
在诺曼底生产制造。

尽管王室没有像 14 世纪前半叶那样征收粮食，但也采取措施
确保军队粮草能得到妥善供应，政府鼓励商人向诺曼底运送食物。
1417 年，任何向卡昂运送食物的人可以免交海关关税；1418 年，
亨利五世要求伦敦居民组织船队，载满食物尤其是酒前往哈弗勒
尔，之后再从哈弗勒尔向塞纳河上游行进前往鲁昂，鲁昂是主要
的物资配送中心。随着英军不断取得胜利，物资也得以精心调配，
确保英军占领的城堡都能得到供应。

皇家船队

亨利五世没有打过一场海战，但是他认识到若想战胜法国，
海上安全至关重要。为了能运送士兵，亨利五世主要依靠扣押商
船获得船只来为王室效力，这种做法着实有效。不仅如此，他还
打造了一支小型的皇家船队。亨利四世最多拥有 6 艘战船，但是
在亨利五世登基时却只有 2 艘能下水。亨利五世在 1413 年很快弄
到了 6 艘船，没过多久又弄到了另外几艘。这些船全是买来的。
这一年亨利五世也启动了造船计划，"皇家三一"号就是在这时建
好的。1415 年，开往哈弗勒尔的船队中有 9 艘皇家船只，亨利五
世就在"皇家三一"号上面。到 1417 年，包括俘获的船只在内，
皇家船只数量达到 32 艘。

当时的技术难以满足亨利五世打造战船的野心，他清楚地认
识到船只的大小才是问题的关键。"上帝恩典"号（Grace Dieu）于

1416 年动工，排水量达 1400 吨，在 17 世纪以前可能是英格兰最大的船只。她的排水量是亨利八世（Henry VIII，1509 ~ 1547 年在位）"玛丽·罗斯"号的两倍。"上帝恩典"号于 1418 年下水，但从来没有离开过汉尔布（Hamble）河口。船帆仅靠两根简陋的桅杆做支撑，难以带动这种型号的大船，而且她的叠接式结构采用多层船板技术，也不太理想。更能凸显亨利五世野心的是在拜昂建造的那艘船，船身长达 186 英尺，横梁就有 46 英尺。然而，在一封记录了这艘船建造过程的信中提到了船的龙骨，信中说"龙骨已经腐烂，必须更换"。[6] 如果这艘船成功建造出来，那么在 1682 年"不列颠尼亚"号（HMS Britannia）下水之前，她将是英格兰舰队中最大的一艘船。

《特鲁瓦条约》、布尔日王国和博热战役

攻城略地之后便是移民定居。1418 年到 1419 年，亨利五世将诺曼六郡赐给他手下的几大主将，其他低级军官也分到了公国内的部分土地。诺曼底需要防卫，这也是亨利五世规定获得土地的前提条件是参军的原因。虽然封臣向领主效劳的做法在英法两国均已过时，但不难理解这种制度可以确保获得土地的人履行捍卫领土的职责。英格兰鼓励商人去哈弗勒尔和卡昂定居，一些牧师也在诺曼底获得职位。这些都有利于维护统治者在英格兰占领诺曼底后的既得利益。

法国节节败退，国内又四分五裂，亨利五世则从中渔翁得利。1415 年 12 月，法国的王太子去世，尽管当时阿马尼亚克派掌握了政权，但国王的下一任顺位继承人是勃艮第派的约翰，他与埃诺

伯爵女儿的婚姻促使他加入了勃艮第阵营。约翰于 1417 年去世，下一任王太子就是未来的查理七世（Charles VII，查理六世之子，1422 ～ 1461 年在位）。法国政府财政捉襟见肘，一项估算表明 1418 年的财政收入仅折合 17 公吨的白银，而 1390 的收入有 88 公吨白银，货币也大幅贬值。[7] 政治上，与勃艮第决裂的后果不堪设想。1418 年勃艮第派通过血腥暴力控制了巴黎，还残忍地杀害了阿马尼亚克伯爵，不过王太子幸免于难。1419 年，勃艮第公爵约翰似乎有意与王太子重修旧好。虽然不情愿，他还是答应 9 月去蒙特罗（Montereau）桥与王太子见面。勃艮第公爵跪在未来的国王面前，在他起身的时候，他遭到了袭击：国王的一名扈从举剑刺向了他，另一名扈从挥斧向他砍去。勃艮第公爵遇刺是否经过事先预谋并未得到有效证实，但诸多证据都指向了王太子本人参与了此次刺杀计划。1407 年奥尔良公爵被杀的大仇终于得报，但法国也为此付出了惨痛的代价。

勃艮第公爵遇刺身亡使得他的继任者菲利普大力支持英格兰，1419 年 12 月，盎格鲁—勃艮第联盟成立，1420 年 5 月英法两国签署《特鲁瓦条约》（Treaty of Troyes），同意和解。王太子被剥夺了王位继承权，亨利五世将迎娶法王的女儿凯瑟琳，在法国行使摄政王的权力。一旦查理六世去世，法国的王位将由亨利或他的继承人继承。英格兰在法国获得了全新的地位，英格兰国王作为腓力四世的后代拥有法国王位继承权也不再成为问题，英格兰承认查理六世是法国的国王，法国也承认亨利五世是查理六世的王位继承人。然而，这里还存在一个问题——阿马尼亚克派不承认这项条约，在他们看来，王太子始终是正统的王位继承人。除了被英格兰占领的加斯科尼以外，卢瓦尔河以南大部分地区都支持王太子，他统治的这片区域被称为布尔日王国（kingdom of Bourges）。即便在英格兰也有人对这项条约表示担忧，议会担心"只要亨利五世、他的继承人或是他的继任者成为法国国王，英格兰王国和所有英格兰人民，无论何种身份地位，将不再臣服于他"。[8]

随着《特鲁瓦条约》的签署，英格兰的胃口越来越大，他们瞄准了诺曼底以外的地方，开始攻击王太子军队占领的城池，位于巴黎东南方向的默伦（Melun）成为他们的主要攻击目标，盟军于 1420 年 7 月对这里展开包围。射石炮与投石器连番上阵，却没能削弱默伦的防卫，盟军采取地道战又遭到了对方的反地道战攻击，亨利五世和勃艮第公爵都在地道里厮杀。围城的军队暴发瘟疫，许多勃艮第士兵逃走。最终默伦在 11 月投降，守城的士兵都饥肠辘辘、筋疲力尽。大部分俘虏被关进了巴黎的监狱，亨利从来不是个心慈手软的人。

此时的巴黎城已经乱作一团，据说阿马尼亚克派的人马在城内"四处劫掠，杀人放火，奸淫妇女、女童和修女"，[9]食物价格高到不可思议。12 月，亨利五世及其王后与查理六世、伊萨博王后（Queen Isabeau）以及勃艮第公爵一起进城，他们召开庭审会议，认定王太子参与了蒙特罗桥谋杀事件，并宣布他不适合当一国之主。亨利五世离开巴黎的时候，任命他的弟弟克拉伦斯全权掌管巴黎，巴黎开始了英格兰人的统治。

1421 年，英格兰遭遇一次重大失败。亨利五世的弟弟克拉伦斯公爵率兵攻打王太子支持者占领的地方，却在博热（Baugé，离

昂热不远）被杀，当时他正在迎战一支法兰克—苏格兰军队，巴肯
伯爵（Earl of Buchan）和威格敦伯爵（Earl of Wigtown）就在这支
队伍里。亨廷顿伯爵（Earl of Huntingdon）和萨默塞特伯爵（Earl
of Somerset）成为这次被俘的最高级贵族，1426 年亨廷顿交了 1.3
万英镑的赎金得到释放，萨默塞特比较倒霉，直到 1438 年才重获
自由，交了 2.4 万英镑的赎金。博热战役尽管在当时看起来简直就
是一场灾难，但它实际上不过是一次战情的反转。王太子向巴黎
进军，亨利五世从英格兰返回法国之后又被迫撤退。亨利五世发
起攻击，占领了德勒（Dreux）和其他许多城池，他仍然残酷无情：
为了给一名死去的英格兰士兵报仇，他下令将在一座城堡避难的
一支五六十人的游击队全部淹死。1421 年 10 月，大军开始围攻莫
城，这是亨利指挥的最后一场包围战。守城官兵已经坚持了 7 个
月，当看到英军用两艘大船运来了巨型攻城塔时，他们放弃抵抗，
选择投降。投降者都被处死，亨利五世从来不会心慈手软。尽管
根据战争法他可以为所欲为，但一条关于一名法国将领（因冷血残
暴而臭名远扬）之死的评论却说：“作为英格兰英勇善战的国王，
仅仅因为这名勇敢的骑士、这名忠诚的贵族只效忠于自己的王而
处死他，这样的举动实在不能称得上光明磊落。”[10] 亨利五世很有
可能是在莫城染上了让他丧命的疾病，他于 1422 年 8 月去世。

亨利五世的成就

亨利五世战绩赫赫，是一个杰出的军事领袖，他十分擅长鼓
舞人心，在阿金库尔战前的长夜里，他鼓励士兵克服对战争的恐
惧，他不止一次这么做过。在漫长的鲁昂围困战和莫城围困战中，

保持军队团结一致并非易事，但亨利五世恰恰具有这种领导品质。他非凡的个人魅力起到一定作用，但仅靠士兵对国王的爱戴与拥护并不能成事，惩罚也至关重要，亨利可以毫无顾虑地通过杀人达到目的。他严于律己，他的信仰使他不达目的誓不罢休。他极具战略眼光，这一点在阿金库尔之后的战役中得到了充分体现。当然，他还十分幸运。他突破重重困难取得了阿金库尔战役的胜利，挫败了法军的锐气；蒙特罗桥刺杀事件让亨利在他指挥的最后几场战役中得到了勃艮第的全力支持，而英格兰人最初认为勃艮第能保持中立就谢天谢地了。

《特鲁瓦条约》意味着英格兰争夺法国王位的性质发生了根本性转变，英格兰承认查理六世终生是法国的国王，法国承认亨利五世是查理六世的继承人。巴黎落入了英格兰人之手，巴士底（Bastille）的卫戍部队也由英格兰人接管，但是巴士底的官员大部分都是勃艮第人，而且守城的职责也由市民承担。英格兰人觉得巴黎人并不总是热情好客，1421 年的一个晚上，珍妮特·巴丁（Jeanette Bardin，据说是个风情万种的女人）在家里睡觉，这时有两名英格兰人在门外喊叫。因为不认识这两个人，又怀疑他们图谋不轨，珍妮特没给他们开门。这两个人打算强行闯入，她朝他们扔石头进行反击，石头砸中了其中一个人的脑袋，结果没过几天这个人就死了。[11]

克拉文特和维尔纳伊战役

亨利五世死后不久，查理六世也去世了。根据《特鲁瓦条约》的相关规定，英格兰国王的继承人即还在襁褓中的亨利六世，将

图 11-1　贝德福德公爵约翰

继承法国王位。但王太子（查理七世）更有可能继承王位，前五年法国货币屡遭贬值，他在 1422 年决定建立一个强劲的货币体制，大家认为这是他采用的新手段。然而，英格兰在法国的地位并没有轰然倒塌，亨利五世的弟弟贝德福德公爵精明能干，成了英格兰的新领袖。1423 年，盎格鲁—勃艮第军队在勃艮第的克拉文特（Cravant）战胜了法兰克—苏格兰军队，盟军在战前谨慎分配人员，确保人数平均以避免发生争执。这些信息为我们提供了一份更详细的战前部署说明，先锋部队由 60 名英格兰士兵和 60 名勃艮第士兵组成，骑兵全部要求下马，由他们的扈从把马牵到部队后方。和阿金库尔战役中一样，弓箭手可以携带尖桩作为保护；一旦队伍被拉到前线，任何人不准离开自己的位置，否则会被处死；直到战争结束才可以抓俘虏。在索尔兹伯里伯爵的带领下，英军在弓箭手的帮助下横渡约讷河（Yonne）。在从奥塞尔（Auxerre）运来的 30 余门勃艮第大炮的密集火力攻势下，许多人丧生，还有许多人死于英军的弓箭之下。被包围的勃艮第守军突围后，赶上法军后卫部队，盎格鲁—勃艮第盟军赢得了这一天的胜利，苏格兰人则用蹩脚的法语骂骂咧咧，他们的损失尤为惨重。

第二年，英军在诺曼底的维尔纳伊取得了更大的胜利。英军人数众多，他们估计法军有 14000 人，这可能还包括 6500 名苏格兰士兵。包围伊夫里（Ivry）城堡是引起此次战争最初的导火索，当时双方已达成协议，如果到 8 月 15 日城堡仍不能解围就得投降。法国人得到消息时已经太迟了，他们佯装攻打离伊夫里较近的位于阿夫尔河畔的维尔纳伊（Verneuil-sur-Avre），以解伊夫里之困。于是贝德福德领兵前去维尔纳伊迎战法军，双方都想打仗，但有一个说法是法军将领内部产生了分歧，年轻的贵族和苏格兰人渴望战斗。英军一整晚都在做祷告，编年史作家沃林（Waurin）讽刺道："他们本质上是十分虔诚的，尤其是在喝酒前。"[12]

因为和通常一样，我们得到的都是支离破碎的信息，不够连续完整，所以维尔纳伊战争很难得到还原。两方军队还是采取以往的作战方式，英军将步行重骑兵分成几个方阵，弓箭手部署在每个方阵的两翼，每人配备一根尖桩，有些弓箭手则站在重骑兵的前面。辎重车辆与战马紧随部队之后，由大约两千名弓箭手负责保护。法军大部分是步兵，但他们受到骑兵团的保护，一个是法国骑兵团，一个是意大利骑兵团。意大利士兵看起来无坚不摧，他们的战马和他们本人都是全副武装，与过去的骑兵相比，英军的弓箭对他们造成的伤害微乎其微。有一种说法是，法军的骑兵一部分站在步兵的前面，另一部分则站在阵列两侧。两军向着彼此冲杀而去，英军显得小心翼翼，法国士兵和苏格兰士兵动作迅速，跑得都快喘不过气来。骑兵的冲锋着实可怕，全副武装的战马直接冲进了英军方阵，冲向后方，英军的辎重车辆岌岌可危，但弓箭手拼死赶走了骑兵。当时英军的部分防线已被冲散，士兵四散逃跑，法军差一点就胜利了。英格兰后来发布的赦免令中描述了"胆小如鼠之辈是怎么逃离战场的"，这些无赖又是如何散布英格兰战败的谣言的。[13] 英军重整旗鼓，再次聚拢起来。和苏格兰军队作战打得尤其惨烈，双方陷入一场混战，战斗中夹杂着"圣乔治保佑"的呼声。双手挥舞着一把巨大的双头战斧，贝德福德奋勇杀敌。终于，法军落荒而逃。许多人命丧疆场，在贝德福德公布的敌军阵亡名单中，就有著名的道格拉斯伯爵（Earl of Douglas）和他的儿子，巴肯伯爵以及五个法国伯爵。他自己写道："活着的苏格兰人剩下没几个了。"[14] 很久之后，编年史家托马斯·贝森（Thomas Basin）认为，法国在此次战败中获得的一个明显的好处就是彻底摆脱了苏格兰人，苏格兰人对待法国盟友的态度十分轻蔑，让人忍无可忍。[15]

维尔纳伊战役的失败彻底改变了尚未加冕的查理七世及其朝

廷的态度，那些曾经极力反对勃艮第的人被铲除，支持与勃艮第和谈的人上位，英格兰与勃艮第之间的关系开始恶化。亨利六世的叔叔格洛斯特公爵（Duke of Gloucester）汉弗莱（Humphrey）与埃诺的杰奎琳（Jacqueline of Hainault）结婚，杰奎琳的前夫是布拉班特公爵，他们的婚姻被宣告无效。1424 年，汉弗莱代表他的妻子插手埃诺事务，明显威胁到勃艮第，后者一直想征服低地国家。贝德福德介入其中想阻止他的弟弟，但事态已经无法挽回，勃艮第与法国之间达成了休战协议。

维尔纳伊战争结束后，英军又相继取得了几场战争的胜利。1425 年，勒芒失守，到 1428 年，英军完全控制了曼恩，英格兰人从未占领过这么多的法国城池，但他们野心勃勃，并不满足。索尔兹伯里伯爵不顾贝德福德的提议，开始包围奥尔良，这未免过于乐观，因为英军兵力不足，难以对奥尔良城实行有效封锁。索尔兹伯里抵达奥尔良没多久就被大炮打死了，"大炮射出的炮弹打到了他的头上，炸掉了他的半个下巴和一只眼睛"。然而，包围仍在进行。1429 年，英军取得了一次胜利，奥尔良的领主试图抢走英军的大型辎重车，车上载的大部分都是腌制鲱鱼，他遭到约翰·法斯托夫（John Fastolf）的阻挠。法斯托夫让士兵围成一个圈，把马车护在中间，效仿胡斯教派（Hussites）在波西米亚战争中的做法。法国骑兵毫无章法的进攻遭到了一阵箭雨的痛击，英军严防死守，法军战败。这场战争后来被称为"鲱鱼之战"（the Battle of the Herrings）。

占领诺曼底、在巴黎建立盎格鲁—勃艮第统治，这些非凡的成就离不开亨利五世和他弟弟贝德福德的坚决果断和运筹帷幄。

可以想象，若是亨利五世还活着，他一定可以让两国共主这一设想成为现实，这样英格兰与法国即便不接壤也能由英土统治。但没有亨利五世，无论贝德福德如何全力以赴，这一目标也不可能实现。然而，英格兰的成功似乎只能依靠法国朝廷的派系争斗，亨利五世确实没有遭遇过特别顽强的抵抗。他功勋卓著，但英格兰在法国的战线拉得过长，不久，英军在奥尔良就遭遇了一场意想不到的失败。

A
SHORT HISTORY OF
THE HUNDRED YEARS
WAR

第 12 章

英格兰的溃败

1429 年，从布卢瓦出发的一支军队解了奥尔良之围，这支军队人数众多，但它最引人注目的不是它庞大的规模，而是走在这支队伍最前面的一名年轻女性，她自称圣女贞德。她的旗帜上画的是钉在十字架上的耶稣，她的身边还有许多牧师跟随，士兵则紧随其后。

人们写了许多有关贞德的文章，比与她同时代的任何一个人的都多，1431 年对贞德的审判和 15 世纪 50 年代为她平反而开展的重新审判都充分证明了这一点。然而，所有审判关注的重点不是她的军事地位和军事才能，而是她是否为异教徒这个问题。因为扛着旗帜爬云梯不像穿男装或看到神迹一样会遭人质疑。

此时身处希农（Chinon）的查理七世和他的大臣做了一个非同寻常的决定，他们允许这个能看见神迹的陌生女孩领兵作战。贞德声称她受到"上帝"的指示来协助查理拯救四面楚歌的法国。贞德内心深处十分痛恨勃艮第人，当后来被问及她在洛林的家乡栋雷米村（Domrémy）时，她说，她只认识那里的一个勃艮第人，如果能让"上帝"高兴，她十分希望砍掉他的头。至于英格兰人，她一心想把他们赶出法国。法国王室此时几乎山穷水尽，他们没有立即赶走这个女人，事实上，查理七世和他的谋臣不可能只让她当个精神领袖，他们想尽办法训练她。贞德的第一次行动就是加入支援奥尔良的大军。

奥尔良之围和帕泰战役

英军本不应该围攻奥尔良，因为根据已经签订的条约，只要奥尔良公爵在英格兰当人质，英军就不会侵略奥尔良，然而，战争法则被彻底推翻了。奥尔良是座大城，英军难以通过围城工具对其实行全面封锁，也没法阻止源源不断运进城的武器与补给。英军修建许多据点，以此来控制奥尔良城，但这些据点都可以被人一个个拔掉。贞德主张主动进攻，她和身经百战的法国指挥官时常争论不休，不过正面进攻都很成功。在攻打英军位于奥古斯丁大道（Boulevard des Augustins）的一处工事时，贞德肩头中箭，不幸负伤，但她表现得十分顽强。英军不愿冒险扩大战事，于是撤军放弃围城。

奥尔良之围解决后，查理七世面临的选择变多了。贞德极力主张他去兰斯接受加冕，其他人则建议他前往诺曼底或是夺回英军在洛林占领的城池，查理七世选择了后者。奥尔良战役结束一个月后，法军开始包围雅尔诺（Jargeau），在大炮的狂轰滥炸下，英军提出如果他们在两周之内无人支援就向法军投降。但是在贞德的领导下，法军成功拿下雅尔诺。在帕泰村附近，法军战胜了一支由约翰·法斯托夫指挥的英军。500 名最强的弓箭手埋伏在灌木丛里，打算伏击法军。然而，一只牡鹿突然跳出来，引起英军一阵尖叫，他们根本没意识到敌人就在身边。[2] 英军遭到攻击，先头部队落荒而逃，剩余的军队也跟着逃走，法斯托夫设法脱身，约翰·塔尔博特（John Talbot）和其他英军将领均被俘，缜密部署的计划就这样被一只意外闯入的牡鹿打乱。信息无法快速传递是作战中十分棘手的问题，事实证明，几乎不可能及时告知先头部队战况，因此混乱无可避免地导致了失败。贞德似乎并没有参加此次作战，可能是因为她所在的军队赶到战场时已经太晚了，但是她的声望却达到了前所未有的高度。帕泰战役表明英军在战场上并非不可战胜。

帕泰战役结束后，查理七世胜利进军兰斯并在这里接受加冕，阿朗松公爵如今全心全意支持贞德的事业，巴黎成为他和贞德下一个要收复的目标。在他们进军巴黎的途中，特鲁瓦为了免遭攻击选择投降，但是勃艮第人占领的巴黎却没有投降。《巴黎市民报》（*Journal d'un bourgeois de Paris*）作者十分怨恨贞德，他把她称为"伪装成女人的野兽"。他对贞德不投降就屠城的威胁嗤之以鼻，他还高兴地提到弩箭给贞德大腿造成的贯通伤。攻打巴黎失败后，他称贞德的军队气急败坏，因为她曾向他们许诺"荣华富贵，可随意在城里抢劫，任何人反抗均可就地斩杀，或是直接烧死在他们自己的房子里"。[3]

攻打巴黎失败后，贞德似乎用光了自己的好运气，如今，查理七世意识到有必要与勃艮第公爵达成和解，但贞德仇视勃艮第的强烈情绪与查理七世的打算背道而驰。贞德围攻卢瓦尔河畔的沙里特（La Charité-sur-Loire），但没能成功。1430 年 5 月，她在贡比涅（Compiègne）被勃艮第大军抓获，并被当作异教徒在诺曼底的鲁昂接受审判，此时的诺曼底仍由英军控制。如果她被证明是异教徒，甚至是一名巫师，那么很显然她所取得的胜利并不是"上帝"授予的，同时，如果她是一名异教徒，就不必跟她讲骑士礼遇那一套东西，她的下场可想而知。1431 年，贞德因被指控为异教徒而被判处火刑。

圣女贞德

贞德短暂传奇的一生给后世留下了诸多疑惑，人们尤其不解这个从未上过学的乡村女孩是如何取得这些举世瞩目的军事成就的。在 15 世纪早期，打仗是个专业活儿，需要接受训练和积累经验。贞德有专业人士相助，她身边有许多经验丰富的人，比如说年轻的阿朗松公爵（在维尔纳伊被俘后刚刚才获释）和艾蒂安·德·维尼奥勒（Étienne de Vignolles）——又叫拉海尔（La Hire）。不过，她的成就主要是靠她钢铁般的意志。也许她没什么过人的武艺，但她依靠以身作则和高超的指挥能力来领导军队。参加过贞德平反审判的玛格丽特·拉图鲁德（Margaret la Touroulde）称："她单纯懵懂，除了打仗之外，其他的几乎一无所知。"[4] 阿朗松公爵对她更是赞不绝口，他提到她使得一手好骑枪，能在战场精准安置火炮并拥有非凡的指挥作战能力。她的所作所为"好像一个拥有二三十年作战经验的指挥官"。[5] 毫无疑问，这些大约 25 年后收录的回忆在讲述时都有夸大的成分。贞德一直没什么耐心，她的作战方法与专业士兵相比有一个明显的不同，那就是她主张正面进攻。她不去衡量敌军实力，她的信念和自信激励她冒险一战，而其他人则会觉得这种做法难以接受。采取正面进攻的策略也许并不是她首创，她有时还会搭云梯攻城，但用这种方式打仗并不是明智之举。她声称受到"上帝"的指示，但她看到的神迹没有给她所有她想要的指引。在奥尔良的时候她说："我内心的声音告诉我应该攻打英军，但我不知道是应该攻打他们的堡垒还是攻打会给他们运送补给的法斯托夫。"[6]

贞德对这场战争做出的最大贡献就是她改变士气的方式，当她骑在马上的时候，"她的士兵都被她的精神所感染，而对于敌军来说，他们对她充满恐惧，仿佛被她抽干了力气"。[7] 她强大的人格魅力激发出了一种非凡的献身精神。她从来没想过要讨好部队，她不允许军队抢劫乡村，也无法容忍咒骂声，她还厌恶跟着军队的妓女和其他女人，并用剑面把她们赶走。即使这样她依然受到士兵的尊敬与爱戴。相反，英格兰人和勃艮第人则惧怕她，一名出席平反审判的人解释称，她曾听到一个英格兰的骑士说，"她给英军造成的恐惧比一百个全副武装的士兵还要厉害"。[8]

对于贞德的成功我们必须补充一个不能忽略的事实，那就是英军扩张过度，甚至还去攻打奥尔良，即便没有贞德出现，战争的天平也必然向查理七世倾斜。贞德的死对法国来说并非是场灾难，要是她还活着，她会继续仇恨勃艮第，这将成为法王的一大麻烦。

阿拉斯会议

1431 年，亨利六世在巴黎接受加冕成为法国国王，这显然是一场属于英格兰的胜利。10 岁的国王正式进入巴黎，迎接他的是一场又一场盛大的表演，这里的官员都不甘落后，争相表现自己。在一处喷泉里，由人装扮成的美人鱼在自由自在地游泳；在另一处喷泉附近，一场小型的猎鹿比赛正在进行。庆典结束后便大摆筵席，然而大部分食物都是提前好几天烹制好的，这令法国人大失所望，他们对英格兰食物没什么好印象。一个酸溜溜的编年史家写到，新加冕的国王"没有下达任何惠民指示就离开了"，[9] 比如赦免囚犯或是取消赋税。

从表面上看，此次加冕典礼具有非凡的象征意义，但它的实际意义并不大，因为对英格兰来说，此时的战争形势对他们极为不利，就连天气也在和他们作对：1432 年 1 月，塞纳河封冻，到了春天，这里又遭遇几场恶劣霜冻，刮了几次强风，直接造成这一年水果歉收。7 月又"整整下了 24 天的暴雨"，8 月遭遇了一场罕见的高温，导致这一年的葡萄酒品质不佳。[10]1433 年，加莱发生一起严重的士兵哗变，戍卫部队拒绝让贝德福德的副官进城，这里的士兵都相信贝德福德会做出正确的裁决，但他却审判并流放了 80 人，不仅如此，"大部分士兵还被没收了报酬，失去了所有他们应得的东西"。[11]1435 年，由于严寒和雪灾，农民起义爆发："科城（Caux）老百姓大规模造反，占领了我们的城镇、城堡和要塞，杀害军官和士兵，而此时我们在这个国家的战士所剩无几。"[12]

外交谈判无法解决英法两国之间的问题，1432 年，奥塞尔协商一无所获，英格兰与法国都不愿意承认对方的法国国王身份。1435 年，大型和平会议阿拉斯会议（Congress of Arras）召开，教皇试图居中调停。法国要求亨利六世放弃争夺法国王位，交出占领的城池并承认法国在西南地区的宗主权。法国人展现出开明通透的一面，甚至愿意拿诺曼底交换被关押的奥尔良公爵。然而英格兰丝毫不妥协，他们的使节中途退出了会议。正如英格兰所担心的那样，法国与勃艮第公爵达成了协议，英格兰的危机来了。

英格兰与勃艮第之间的关系错综复杂，顶多算个尴尬的联盟。1432 年，贝德福德的妻子安妮去世，她是勃艮第公爵的妹妹，由此一来，他们之间的私人关系也断绝了。贝德福德没能兑现他许诺给菲利普公爵的所有补偿，这也是造成他们关系紧张的诸多原因之一。英格兰采取措施保护本国的羊毛布料出口，强迫外国买主用金银支付三分之一的价格，这给勃艮第统治下的低地国家城镇造成严重影响。新成立的法兰克—勃艮第联盟大大地削弱了英格兰在法国的地位，祸不单行，1435 年，阿伦德尔腿部中箭身亡，更要命的是，精明能干的贝德福德公爵也在这一年去世，英格兰在法国的事业倍受打击。贝德福德全身心投入到兰开斯特家族在法国的事业，虽然他没有他兄长亨利五世那非凡的魅力，但他是一名英勇的军人，一位精明能干的政治家，他在法国摄政期间表现出非凡的才能与智慧。

英军败退

尽管圣女贞德成功扭转了法军的士气，查理七世依然面临着许多严峻的政治难题。1433 年，臭名昭著的内务大臣乔治·德·拉·特雷穆瓦耶（Georges de La Trémoille）遭到财务指控，在此之前，他还犯下许多其他罪行，其中包括阻止征收王室税和在他的封地征税，但均被赦免，原因是"他兢兢业业，为这个国家做出许多卓越的贡献，创造了大量财富"。[13] 他的失势倒是让法军统帅亚瑟·德·里什蒙平步青云。1440 年，法国的政治稳定受到一起短期的贵族起义的威胁。此次的布拉格里（Praguerie）贵族叛乱由波旁公爵和阿朗松公爵领导，他们要求改革并打算让查理七世的儿子登上王位。另一个棘手的问题是雇佣兵在法国四处活动，他们当中大部分都当过兵，起初他们只在勃艮第一带抢劫，但他们的活动范围迅速扩大，西班牙的一名投机分子罗德里格·德·维拉安德朗（Rodrigo de Villandrando）也加入了他们。《巴黎市民报》报道称在 1444 年没人敢离开巴黎，因为担心会遇到这些"强盗、杀人犯、纵火犯和强奸犯"，[14] 不光会被洗劫一空，还会被脱得一丝不挂。然而在 15 世纪 40 年代，法国国内逐渐统一，政府的力量不断增强，查理七世非常妥善地处置了布拉格里叛乱的领导者，雇佣兵也得到了控制，与地方议会就获取补贴的协商也越来越顺利，国王再也不用依靠货币贬值来维持财政。

15 世纪 40 年代，查理七世在法国的地位越来越稳固，而英格兰却是另一番景象。尽管亨利六世在 1435 年开始亲政，年仅 13 岁就出席议会，但事实证明他没有一点治国理政的能力。他十分虔诚、爱好和平，他的慷慨削弱了王室的财力。他也没能力调停野心勃勃和争吵不休的贵族，他的叔叔格洛斯特公爵汉弗莱和财力雄厚的红衣主教博福特之间的争执让英格兰变得动荡不安。萨福克公爵威廉·德·拉·波尔（William de la Pole）在 15 世纪 40 年代中期崭露头角，他采取了一项和平政策，但这项政策给英格兰带来了严重的后果，好在还能承受得起。萨福克在 1450 年遭到弹劾，他试图逃跑，却在海边被抓并被造反的士兵砍了头，之后英格兰爆发了大范围的叛乱。这一年亨利六世精神病发作，这可能是遗传了他外祖父法王查理六世的基因。约克公爵的威胁与日俱增，亨利六世的统治岌岌可危，英格兰内战即将拉开序幕。

英格兰绞尽脑汁地思考应该采取何种军事策略。1435 年，约翰·法斯托夫向在法国的英格兰议会提交了一份著名的谅解备忘录，他称亨利六世不能放弃法国国王的称号，因为一旦他这么做，

"之前发动的所有战争都成了篡位与暴政的代名词"。若真是这样，"上帝"就不会让英格兰取得那么多胜利。法斯托夫建议不应该继续采取包围战术，因为"没有哪个国王是依靠不停地打包围战来征服另一个国家的"。更确切地说，英格兰在法国应当有两支军队，每支750人，均配骑枪，其中一支前往香槟地区和勃艮第，"凡所到之处，土地、房屋、玉米、美酒以及所有能结出果实可供充饥的树应全部焚烧摧毁"。牛要么宰杀，要么赶回诺曼底。另一支军队应当守卫好诺曼底的前线，同时攻打安茹、曼恩和博斯，并拒绝敌人的战俘赎金或城池保护费。法国人此时正在反抗他们的合法政府，与对抗一般的敌人相比，这会是一场"更残酷的战争"。如果战争爆发（法斯托夫认为这应该不会发生），他们应当和过去一样用步兵作战。然而当1440年为约克公爵"攻打法国拟定相关宣传说明和指示时"，包括法斯托夫在内的王室议会没有给出一条战略性建议。约克列出了财务条款，要"六门大炮和十二支'大猎枪'，还有长矛、弓箭、盾牌和足够数量的马车"。1448年，法斯托夫建议萨默塞特公爵提拔"在战争中表现机敏的人担任军官，而不是任用那些贪婪的压迫者和勒索者"，前者（和法斯托夫自己不同）不会中饱私囊。法斯托夫还认为城堡应当装备齐全，小心戍卫。[15]

　　勃艮第在1435年转变立场造成的影响在第二年开始变得明显，勃艮第公爵包围了加莱。然而，15门大炮和许多小型火炮持续攻击了两周都没能攻破加莱。公爵的一名顾问十分清楚此次围城失败的原因，他告诉公爵"必须从加莱包围战中吸取军费不足的教训"。[16]尽管英格兰在1436年保住了加莱，他们却丢掉了巴黎，勃艮第公爵称巴黎"是法国的中心，是重镇要地"。[17]巴黎被封锁意味着城中粮食短缺，巴黎民众也没理由支持英军，前来救援的军队被打败，英军和他们的支持者在巴士底避难，但除了投降他们别无选择，英军占领的法兰西岛（Ile-de-France）也很快落入法国之手。1437 年 8 月下旬，巴黎西南边的蒙特罗遭到包围。让·比罗（Jean Bureau）精通火炮之术，他负责制作精妙的围城工具。查理七世在攻打蒙特罗时一马当先，"他握着宝剑爬上云梯"。[18]这里只有一小股英军戍卫队，但他们却抵抗了很久，不过他们还是在 10 月下旬投降了。

1439，亚瑟·德·里什蒙率兵攻打莫城，莫城失守。1441 年法军包围了蓬图瓦兹（Pontoise）——英军在 1437 年的隆冬时节突袭并占领了这里。比罗再一次展现了他非凡的火炮之术，他在进攻前先通过大炮轰击削弱了蓬图瓦兹的防卫。俘虏遭到非人的待遇，他们被带去巴黎，赤身裸体在大街上游行，就像一位目击者看到的那样，他们被"无情地对待，连狗都不如"，[19]许多人被当众淹死。他们没有协商投降的条件，而战争的法则就是胜利者可以为所欲为。但是这一事件进一步加剧了英法之间的矛盾冲突，骑士精神已经没有立足之地。

保卫诺曼底

英军并非在所有地方都一败涂地，诺曼底在 1450 年之前一直掌握在英军手里。双方不再像以前那样约定好时间地点再打仗，现在都是包围战、突袭和游击战。英军取得了一些胜利。1339 年，里什蒙包围了诺曼底的阿夫朗什（Avranches），他的士兵大部分是雇佣兵，却被英军的突袭打得溃不成军。1440 年，约翰·塔尔博特对哈弗勒尔展开长期围困，最后靠传统战术拿下了这座城池。然而到 1441 年，情况不断恶化。英格兰在鲁昂的议会用十分夸张的口吻写到，诺曼底"就像一艘被遗弃在大海上的船，没有船长，没有舵手，没有船舵，也没有船帆，被海浪无情地拍打，在狂风巨浪中飘摇，艰难前行"。[20] 约克公爵能力不足，难以成为贝德福德有力的继任者。1443 年，萨默塞特公爵约翰·博福特（John Beaufort）采取与以往截然不同的战术，率军进行劫掠，以期迫使查理七世参战。结果查理七世根本不上当，此次行动以失败告终。萨默塞特没能招到足够的士兵，招到的质量又参差不齐。英格兰想交战的想法泡汤了。

1444 年，双方达成《图尔休战协议》(Truce of Tours)，亨利六世将迎娶安茹公爵的女儿玛格丽特，婚礼将在下一年举行。然而，和平是不存在的，因为英格兰在诺曼底和阿基坦主权问题上态度强硬。至于萨默塞特，他于 1444 年去世，可能是自杀。1445 年，英格兰同意归还曼恩。新任萨默塞特公爵（前任公爵的弟弟）野心勃勃，1438 年他被任命为诺曼总督，他强烈反对归还曼恩这一提议，要求法国支付巨额赔偿金。自从 1447 年担任诺曼总督以来，萨默塞特就接手了一个烂摊子，他也处理得一团糟。1448 年，法国派遣使者前往英格兰，告诉英格兰法国政府对其失望透顶，尤其知晓了萨默塞特的态度之后。法国政府不再接受萨默塞特的信件，"因为他信的字里行间都在贬损国王的荣誉，这与过去约克公爵的做法完全不同"。他"不是太自大，就是太无知"。[21] 问题依旧：萨默塞特没有称查理七世为国王。外交事务一筹莫展，英格兰还面临着远比这个更严峻的问题。

英格兰在诺曼底的驻军剥削当地平民，十分不得人心，英格兰政府收到投诉，英军在诺曼底"打家劫舍，索要巨额赎金，殴打平民，犯下许多暴行，给当地人带来许多伤害"。[22] 对野战的部队和守城士兵来说，弄到补给十分不易，也常常因此招致怨恨，他们还强迫村民上交保护金。有报告称这里的驻军迫不及待地想从战争中牟取暴利，他们抓了许多劳工、水手、商人等非战斗人员，还没收财物和家畜。1430 年的一份记载称："次年 1 月 7 日，蓬图瓦兹的几个守军抢回了 24 匹马，种马和母马都有。它们被骑士威廉·赫伦（William Heron）一匹匹卖掉，一共卖了 43 里弗。"[23]

诺曼底糟糕的经济环境无疑让英格兰在这里的统治雪上加霜。在 15 世纪 30 年代晚期，诺曼底年成不好，庄稼歉收。1436 年这里又遭遇恶劣天气，导致下一年物价疯涨。一位编年史家称在 1438 年，"法国全国遭遇特大饥荒，饿殍遍野，诺曼人纷纷从诺曼底逃走……有钱的人坐船跑到布列塔尼，穷人靠两条腿走去皮卡第"。[24]15 世纪 40 年代，经济环境稍有起色，但不足以改变英格兰在诺曼底的财政状况。

时世艰难，诺曼底不断受到乱民的威胁，英格兰称这群人为"土匪"，但一些法国历史学家更愿意把他们塑造成爱国的自由战士，不过这群"土匪"是否真的是法国国王忠诚的子民则很难判断。事实是许多地方秩序崩坏，法律成了摆设，部分诺曼底地区活在非法团伙的恐怖威胁之下。许多档案揭示了活在一个处于崩溃边缘的社会中人们所要面对的恐惧。1424 年，一个名为托马斯·拉乌尔（Thomasse Raoul）的不幸女人被活埋，因为她"给'土匪'以及英格兰国王的敌人出谋划策，并且犒劳他们"。[25] 已婚男人科林·德夏比（Colin Decharpy）育有九个孩子，一家人住在法莱斯附近。他声称"土匪"向他勒索钱财、马匹和货物。他被英格兰人关押起来，但从地道里逃走了。第二次被抓时，英格兰人没有计较他逃跑的事情，但他又一次被关押起来。第二次逃跑后他先去教堂躲了一段时日，然后试图逃出法莱斯城。他用绳子爬下城墙，但绳子太短，他摔在地上，受了很重的伤。科林·德夏比设法回到家中，却再一次被抓又被关进了法莱斯的监狱。最终他得到了赦免。[26]

有些档案还表明英格兰人在某些时候可以融入诺曼社会，有时候又寸步难行。有些士兵娶了法国妻子，融入当地人的生活。蓬托德梅尔（Pontaudemer）发生了一起谋杀事件，被害人是当地的一个妓女，她是"一个叫威廉·罗斯（William Ross）的英格兰人的女仆和情妇"。[27] 尽管诺曼城镇生活有它独特的吸引力，但对驻守在圣米歇尔山（Mont-Saint-Michel）附近通布莱娜岛（Tombelaine）的一片礁岩上的一百多名英军来说，没有什么能比在1425 年运过来的 10 桶葡萄酒和 25 桶苹果酒更令人舒心的了。对诺曼人来说，他们不可随意地表达对英格兰人的看法，一个醉鬼说，比起英格兰人他更喜欢阿马尼亚克人，"比起英王亨利他更喜爱法王查理"，结果就被戴上镣铐关了起来。[28]

任何认为诺曼的财政收入足够支撑诺曼防务的想法都未免过于乐观，诺曼庄园缴纳的税赋越来越少。1442 年到 1445 年的平均收入不足 1435 年到 1440 年平均收入的一半，因此，财务重担落到了英格兰身上。然而，英格兰的财务状况极度恶化，国内消费

水平升高，关税收入下滑，下议院又不愿发放新的拨款。红衣主
教亨利·博福特拥有很大的影响力，但他的政治才能却遭人质疑，
他从 1417 年开始给国王提供贷款。在 1437 年 4 月之后的两年里，
他拿出 2.6 万英镑填补战争带来的财政空虚，1443 年他借给萨默
塞特 2 万英镑的巨款资助他的军事行动，但有些活动就没有得到
他的支持，比如 1428 年索尔兹伯里伯爵攻打奥尔良。1447 年博
福特去世后，无人能顶替他的职位。英格兰债台高筑，入不敷出，
政府没钱支付拖欠约克的薪资，也无法给诺曼底驻军发放薪酬。
1449 年，议会增加拨款，将之前只支付一半的补贴提高成完全补
贴，但这远远不能满足战争的需求，因为"我们目前没有钱"养
活一支保卫诺曼底的军队。国王承诺捐出一大批珠宝和盘子，其
中包括"一块刻有圣乔治画像的牌匾，上面镶有一颗红宝石和八
颗钻石"，但这不过是杯水车薪。[29]

波尔多失守

《图瓦休战协议》到 1450 年 4 月终止，在此之前，双方多次
发生违反协议的行为，最著名的一次是一名阿拉贡籍英军指挥官
弗朗索瓦·德·苏里安（François de Surienne）在 1449 年突袭布
列塔尼的富热尔（Fougères）。他们为这一行动谋划多时，并有萨
默塞特和萨福克伯爵在背后支持。这场行动的目的是救出关押在
监狱里的吉尔斯·德·布列塔尼（Gilles de Bretagne），他是亲法派
布列塔尼公爵的弟弟，在 1446 年被捕入狱。这个计划不明智到令
人难以置信，后来法国人编造了一个离奇的说法，他们说英格兰
人试图哄骗法国，在一份文件中把布列塔尼公爵写成他们的盟友，

趁着半夜把文件放在水沟里送去，结果文件被打湿一个字都看不清楚。萨默塞特和他的同党可能没这么狡猾，但他们却有个重大失误，那就是任用了苏里安。

富热尔被攻占后，布列塔尼公爵向查理七世求助，这导致英法在 1449 年 7 月重新开战，查理七世充分利用休战时期重整军队，法军的大炮迅速攻破了英军在诺曼底不堪一击的防卫，让·夏蒂尔（Jean Chartier）写了一本国王传记，他称没有哪个信仰基督的统治者能拥有这么多门大炮，还能配备充足的火药、炮衣，还有专门负责运送的马车。让·比罗和他的兄弟加斯帕尔（Gaspard）负责指挥这些大炮，他们不仅要将大炮送去前线炸毁城堡和防御工事，还需要修建复杂的围城工事，像"修堡垒、筑堤坝、掘战壕、挖地道"，更要有与对方谈判劝其投降的能力。[30] 当可以向英军提供丰厚的投降条件时，法国收复失地的任务变得轻松多了。利西厄主教（Bishop of Lisieux）托马斯·贝森（Thomas Basin）十分娴熟地与法国协商投降的条件，开创了宝贵的先例。法军只在福尔米尼打了一仗，英格兰远征军大概有 6000 人，由经验丰富的将领托马斯·凯瑞尔（Thomas Kyriell）和马修·高夫（Matthew Gough）领导，他们有充足的时间为战斗做准备。英军弓箭手在一次冲锋中成功俘获了两门法国大炮，这两门大炮之前炸毁了英军的部分阵型，看起来似乎是英军占了上风。两三个小时后，一支部队出现在山顶上，英军希望是萨默塞特的援军，但是当发现这是法军统帅里什蒙的队伍时，英军的希望破灭了。这场战役结束后有人说："我觉得里什蒙是上帝派来的。"接下来就是屠杀，当地的农民杀死了试图逃跑的英军，一位编年史家给出的英军死亡人数的确切数字是 3774，无论相信与否，这次惨重的失败导致英格兰在诺曼底的统治土崩瓦解。[31] 英军一蹶不振，士气低迷，不少人变节，无疑助了法国一臂之力。吉索尔（Gisors）的守军将领理查·默伯里（Richard Merbury）毫不抵抗，乖乖投降。他的儿子约翰暗地里为法方做了大量工作，法王"不希望这件事以任何方式被宣扬出去"。[32] 终于，萨默塞特除了投降别无选择，英格兰在诺曼底的统治就这样不光彩地告一段落。

法军还剩下加斯科尼未收复，英格兰在这里的统治一直持续到 15 世纪 30 年代末。1339 年，谈判失败，亨廷顿伯爵率领一支远征军打了几次胜仗，但他很快就从这里撤军，查理七世在 1442 年入侵加斯科尼。波尔多直到这一次才受到战争的波及，但他们给亨利六世送去一封信，在信中用绝望的口吻写道："我们没有足够的资金自救，您的子民在这里苦不堪言。尽管英格兰保证会派兵支援我们，但是一直以来我们谁都没有盼来，即便是只来一艘英格兰的船也能宽慰我们的心。"[33] 法国大炮的威力越来越大，战争的天平随之倾斜。法军的大炮对达克斯（Dax）狂轰滥炸长达三周，达克斯被攻破，接着拉奥雷尔也被占领。然而在这场战役中法军并非一直占据优势，英军最后又夺回了达克斯。不过当 1449 年休战协议土崩瓦解时，这里的英军几乎没做什么抵抗。1451 年，布莱伊的城墙被围城的法军用大炮炸开了一个口子，法军对其发起了最后的进攻。布尔格不到一周就被攻破，城破时法军的大炮甚至还没对准他们的防御工事。法军收复了一座又一座城池，波尔多的居民和英军考虑到"他们会被一群英勇的骑士和贵族包围"，提出丰厚的条件之后就投降了。[34]

图 12-1　1453 年，法国人在卡斯蒂永战役中获胜。

英格兰政府收到波尔多的求救信后，塔尔博特在 1452 年 10 月就率领一小支远征军抵达波尔多，英军在一开始便取得了较大的胜利，他们精心设计了攻城计划。在一个周日的清晨，有一处城门被人打开，塔尔博特发起了突袭。他随后连战连捷，许多城池纷纷向他投降。第二年援军到来后，塔尔博特的队伍壮大到 7300 人。[35] 但最后还是法军获胜，因为此时有三支军队正在向波尔多逼近。在卡斯蒂永，拥有"火炮鬼才"之称的法军指挥官让·比罗在城外绕城一周修筑防御工事，塔尔博特的军队拿下法军手下的一座修道院，这里的人故意告诉他法军正在四处逃窜，于是他传令发动进攻。他们喊着"塔尔博特、塔尔博特、圣乔治"的口号就向法军的防御工事冲去，正在这时各式大炮猛烈开火，一批批英军应声倒下。接下来就是混战，塔尔博特英勇杀敌，却被一把匕首刺穿了喉咙，人们估计包括他在内约有 4000 人被杀。塔尔博特的传令官第二天被带去辨认他的尸体，直到传令官摸到塔尔博特的牙齿时才能确认这具尸体就是塔尔博特，尸体在战斗中被毁得惨不忍睹。此战结束后，英格兰已经山穷水尽，他们在波尔多抵抗了一段时日，最终在法军的包围下选择投降，加斯科尼重回法国手中。英格兰在法国的领地只剩下加莱，英格兰政府特意购买了 24 门新炮，修了两座堡垒，这里的防御工事没有受到较大的挑战。

卡斯蒂永战役通常被当作是百年战争结束的标志，然而，它没有彻底结束英法之间的敌对状态。爱德华四世（Edward IV，约克王朝首位国王，1471 ~ 1483 年在位）在 1475 年入侵法国，率领的或许是 15 世纪英格兰最大的海外作战部队，然而双方并没有打仗，而是签订了条件丰厚的条约。1513 年亨利八世在马刺之战（the Battle of the Spurs）中战胜法国，包围并成功占领了图尔奈——爱德华三世当年失败的地方。甚至有观点认为百年战争直到 1558 年法国夺回加莱才算结束，不过在本书中，塔尔博特战死和波尔多失守就标志着战争结束了。

连年征战使得两国国内的民族情感高涨，并越来越受到重视。然而，民族情感并没有直白地表露出来。法国出版了许多强调英格兰人恶贯满盈的著作，又坚持认为法国是法国人的法国。不过这些著作主要用于外交，而不是为了大众宣传。[36] 对英格兰人来说，阿金库尔战役不仅证明了他们追求的事业得到了"上帝"的肯定，还说明他们比法国人厉害。《英王亨利五世记事》（*Gesta*

Henrici Quinti）的作者曾希望在阿金库尔战役后，法国人能公开批判自身不公正的行为，不再使用邪恶的手段，他们自己鬼迷心窍、投机取巧，而这些邪恶的手段让他们走上了一条不归路。[37] 然而，当巴黎及其大部分周边地区、诺曼底还有加斯科尼都落入英格兰人之手时，作者还在这里大肆诋毁法国人已经显得很不合适。对法国人来说，他们也可以很容易写出"我们国王的宿敌英格兰人卑鄙无耻的目的和计划"这样的字眼。[38] 但是法国不是一个完整统一的国家，15 世纪初期的学者让·德·蒙特鲁伊认为加斯科尼人的态度令人困惑，因为他们为英格兰人效忠。在他看来，这里的人受到虚假信息的误导，又对事实一无所知。对圣女贞德来说，勃艮第人比英格兰人更加可恶；布列塔尼和诺曼底地方主义又与一个统一的法国的原则背道而驰。不过把英格兰人赶出诺曼底和加斯科尼是实现法国国家统一的一大步。

其实令人惊讶的地方不在于英格兰人被赶出法国，而在于英格兰人成功占领了诺曼底和加斯科尼，并维持了较长时间的统治。导致英格兰最终失败的原因有很多，亨利六世治下的英格兰无法提供必要的财政支持，诺曼底和加斯科尼也没有足够的资源用于城池防御。英格兰有许多能谋善断的指挥官，著名的有贝德福德和塔尔博特，但萨默塞特 1443 年开展的劫掠表明并非所有将领都具有军事才干。萨默塞特的兄弟成为他的继任者，他在 1440 年率兵夺回哈弗勒尔，一战成名，但却在最后一战中一败涂地。

A
SHORT HISTORY OF
THE HUNDRED YEARS
WAR

第 13 章

15 世纪的军队

15 世纪时，英格兰人陷入了新的困境。他们不仅要招募远征军，而且还要想办法守住他们在法国的领地。尽管压力很大，却没有人着手改造英格兰军队。英军财政困难，而且屡战屡败，心灰意冷，军队的管理也还沿用着过去曾行得通的老办法。亨利五世的去世带来了一个重大变化：如果国王未成年，王室在征兵和作战方面将不再是主角。而他们的对手则恰恰相反，15 世纪 40 年代，法国在军队改革方面做出了相当大的努力，制定了一系列原则，从而使军队协调一致。

英格兰军队

1417 年，由亨利五世率领入侵诺曼底的军队规模达到巅峰，有 10000 人左右。后来远征军的人数就少得多了，一般不到 2000 人。但也有例外：1436 年加莱遇到威胁时，格洛斯特伯爵统率的军队有大约 7500 人。1443 年博福特统率的军队有 4500 人，是百年战争最后十年里人数最多的军队。在某些情况下，比如 1428 年索尔兹伯里伯爵率领约 2700 人的远征军时，国王与远征军的首领签订了一份单独的协议，随后首领会与规模更小的下属军团签订自己的协议。当然有时，国王也会与这些军团的首领签订单独的协议；1430 年国王就签了 114 份这样的协议。这对战场上的部队没有任何影响，他们一如既往地组织成大小不一的小队。他们定期集合，确保人员装备齐全以及各项协议条款能得到妥善履行。

在加莱和诺曼底驻防的人非常多；据统计，在 1436 年有约6000 人。征募驻防队伍的方式与征募远征军的方式相同，他们与小队长签订协议，之后队长提供士兵。有证据表明，一些职业军人可能加入不同的队伍，在多名队长手下服役。[1] 虽然没有真正的常备军，但驻防队伍会长久存在。军人可以离开驻防队伍去增援野战队伍。此外，诺曼底当地也集结了军队。理论上说，那里的封建主可以征募到 1400 人，因为通常"所有贵族和其他熟悉战争的人"征兵时都用了威胁手段：任何不响应征兵的人都会被认为是"叛乱者、反对我们的君主的人"。[2]

英格兰有一个强大的传统，即这个王国最伟大的人将在战争中发挥领导作用。1436 年，8 位公爵和伯爵以及 17 位男爵参加了保卫加莱的战役。从此以后，情况就大不相同了。1443 年，萨默塞特抱怨他的远征队伍里"缺少贵族、方旗骑士和骑士"。[3]1450年福尔米尼战役就没有贵族参战了。1442 年起受封什鲁斯伯里伯爵的约翰·塔尔博特 1453 年在卡斯蒂永战败时，身边除了他儿子莱尔子爵（Viscount Lisle）之外没有一位伯爵或男爵。总体上来说，贵族们对战争的支持程度已远不如从前。

参战的骑士也变少了。1420 年约克郡曾大费周折，招募愿意在诺曼底为亨利五世效劳的人，这表明人们对战争的热情明显不足了。有些人年龄太大了不愿意效力。拒绝参战的最常见的借口是贫穷，托病不出则是第二个常用借口，但究竟患何种疾病往往含糊其词。同时也有其他拒绝的原因。威廉·索林森（William Thornlynson）否认自己是个绅士。另一个人说他只是个律师。还有一个人说："我会尽我所能在英格兰境内做任何事，但不会离开英格兰。"总共有 70 位"绅士"说他们不能参战。有一个人是"被"自愿的：霍尔德内斯（Holderness）的当地民众急于甩掉约翰·劳斯（John Routh），"很明显，他是参战的合适人选，他在国内总找穷人麻烦"。与诺福克贵族的谈判甚至不太成功，王室官员们沮丧地得出结论："在这个国家不是所有人都愿意为国王效力，我们对此深感痛心。"[4]

这意味着军队中骑士的比例急剧下降。1443 年博福特的军队里只有 7 名骑士，占总人数的 0.15%；而 1370 年冈特的约翰的部队里骑士人数占比达到 10%。造成这种变化的原因之一是英格兰的骑士数量在减少；在 15 世纪 30 年代，英格兰可能只有不到 200 名骑士。骑士数量的减少也表明从骑士正取代骑士在社会中的地位，他们在战场上的身份是重骑兵，像骑士一样战斗。即便如此，能招募到的人数还是有限的："1436 年，沃里克郡只有 18 名骑士、59 名从骑士，还有大约 55 名绅士。"[5] 后者认为自己有权佩戴徽章，但他们不想上战场，只想在地方行政部门任职。战争没有让社会变得日益军事化，尤其是当进行到最后阶段的时候，只带来了完全相反的结果。

弓箭手和其他人

随着参战的贵族和骑士越来越少，弓箭手在英国军队中的比例上升了。在 14 世纪晚期，弓箭手和骑兵数量相当是很正常的，例如 1373 年沃里克伯爵同意带领 200 名骑兵和 200 名弓箭手出征。到亨利五世统治时期，一名骑兵搭配三名弓箭手的作战方式则成为常态。1425年，萨福克公爵受命带领100名骑兵和300名弓箭手围攻圣米歇尔山。弓箭手人数在远征军中的占比更高，弓箭手与骑士的比例从1428年的5∶1上升到1449年的9∶1。

与招募骑士和重骑兵相比，招募弓箭手并不难。一名弓骑兵的薪酬是一天六便士，比一个熟练的工匠挣得还多，而且他们还有可能获得战利品。弓箭手的社会出身不易辨别，但其中有些人家境殷实，或至少是自耕农。弓箭手中不乏经验丰富的老兵。海吉姆·汤姆森（Hegyn Tomson）在哈弗勒断断续续地服役将近30年，理查·布洛克（Richard Bullock）一共服役了22年，其中在圣洛要塞就服役了至少19年。

传统观点认为英格兰弓箭手是优秀的士兵，"是素质最高、最训练有素、最有战斗力的兵种之一"。[6]这种夸张的说法很难证实。阿金库尔战役的胜利很大程度上就归功于弓箭手，维尔纳伊战役的胜利也是如此。弓箭手在一些规模较小的战役中是很有价值的，比如鲱鱼之战，但他们却没能在帕泰战役中很好地发挥作用。英格兰军队在14世纪40年代的表现说明军队中骑兵比例偏低是一个劣势。在战争的最后阶段，弓箭兵没能再像之前一样为英军赢得战斗。

作战需要一些专业部队，炮手变得至关重要。为了做好包围哈夫勒尔的准备，亨利五世招募了29名炮手和59名其他士兵，大部分来自低地国家。随后一支典型的军械连队在鲁昂成立，连队包括一名熟练炮手、一名锻造工（或铸造工）和他的助手、一名熟练木匠和他的助手（制造炮车和炮衣）、一名熟练石匠（准备弹药）和一名马车夫。一名骑兵和18名弓箭手为这支连队提供保护。1436

年英军包围默伦时，这支连队又增加了 8 名炮手。在围攻战中，无论是进攻还是防御，弓箭手都很有价值。尽管他们给弩装箭的速度很慢，但在这种情况下也算不上太大的缺点。英军在英格兰招到的弓箭手不多，反而在加斯科尼和诺曼底招募到了专业的弓箭手。各行各业的人都为战争作出了贡献。军队需要专人生产军械和制造弓箭，在城堡的驻军需要商人供应食物酒水。包围战还需要挖掘战壕和地道的人，他们大部分来自迪恩森林（Forest of Dean）。

纪　律

编年史作家让·德·沃林（Jean de Waurin）抨击布拉班特的部队军纪松散时说："1000 名好战士的价值超过 1 万个这样的狗屎。"[7]根据当时颁布的法令条例判断，英格兰军队应该是纪律严明的。亨利五世的法令表明，队伍服从命令对他来说至关重要。他严令禁止亵渎神明的行为，并要求对孕产期的妇女给予特殊保护；军队筹粮受到管制，不能在征服的领土上肆意掠夺；还制定了对待俘虏的详细规定，无论是英格兰人、爱尔兰人、威尔士人还是法国人，都不能嘲笑别人的民族血统；妓女不得出现在军队驻地一里格（约三英里）之内。[8]

这些纪律条例并不容易执行，这是意料之中的事。贝德福德公爵在 1423 年写到，他了解到有士兵闯入教堂，强奸妇女，抢夺货物，监禁男人，并强敛不义之财。"有一些英格兰无业游民四处游荡，抢劫并煽动士兵逃跑。"[9]第二年，一些新来的英军离开了自己的队伍，去发钱最多的长官手下服役，这是一种"欺诈"行为。其他人没来多久就逃走了。[10]

法国军队

法国人认为改革势在必行，英格兰人却不以为然。法军的规模明显超过了英军；1449～1950 年间的诺曼底战役，查理七世派出的军队人数多达 20000。但英法两军也有相似之处。15 世纪初，法军中的骑士数量也骤然下降。1414 年，阿马尼亚克政府的军队里只有 1.7% 的方旗骑士或普通骑士。值得注意的是，1417 年被授予法国元帅的皮埃尔·德·罗彻福特（Pierre de Rochefort），尽管名义上是方旗骑士，但只是个从骑士，并不是真正的骑士。社会变化是造成骑士地位下降的原因之一，但是人们也的确不愿意支持一场胜利无望的战事。法国的情况与英格兰和勃艮第不同，人们认为骑士和重骑兵在军事头衔上的区别几乎没什么意义，因为从 15 世纪 30 年代末开始他们拿的薪酬都是一样。方旗骑士头衔取消了；军队的指挥权交给了职业军官（而不是原来的贵族）。在 15 世纪初，重骑兵与弓箭手的比例是 2∶1，甚至更低。根据 1414 年签订的协议，旺多姆伯爵率领 2000 名士兵和 1000 名弓箭手一起服役，而亚瑟·德·里什蒙则率领 500 名士兵和 100 名弓箭手一起服役。到了 15 世纪 30 年代，这个比例已经变为一名重骑兵搭配两名弓箭手。

来自苏格兰、西班牙和意大利的外国雇佣军是法国军队的重要组成部分，尤其是在 15 世纪 20 年代，他们的人数占了查理七世军队总人数的一半。1424 年，2500 名苏格兰重骑兵和 4000 名弓箭手在布尔日集结，英军与伦巴第（Lombard）骑兵和苏格兰骑兵在维尔纳伊短兵相接。这场战斗对在法军服役的外国人来说是一场灾难，它标志着这种大规模对外征兵就此结束。尽管如此，在奥尔良围攻战中，外国士兵得到了法军有限的食物补给的三分之一，而在支援部队中就有 60 名苏格兰重骑兵和 300 名弓箭手。到 1445 年，法军中只剩下两队苏格兰士兵、一队意大利士兵和一队西班牙士兵。

到了 15 世纪 30 年代，法军尽管在圣女贞德的鼓舞下打了胜仗，但军队管理却陷入了混乱。法国试图启动封建动员令，但未

图 13-1　15 世纪中期的骑士

果而终，士兵的薪酬和审查制度也陷入崩溃。纪律涣散的士兵像流氓和暴徒，完全摆脱了王室的控制，肆虐村庄，抢劫钱财。为了解决这些问题，1439 年王室颁布的法令制定了改革计划，最基本的原则是军队指挥官必须对国王负责。军官由国王任命，任何未经王室批准就指挥军队的人都犯了亵渎君主罪。任何队伍不得掠夺庄稼或牲畜，前线驻军不得离开阵地，也不得搜刮当地人民。压榨百姓的驻军必须解散，防务移交地方领主[11]。这项法令不受贵族欢迎是可以理解的；它还引发了 1440 年由波旁公爵领导的短期叛乱。然而，这项法令标志着一个至关重要的开端，即法国军队开始转型。

　　1445 年，在新的改革要求驱使下，法国颁布了一项新的军事法令。该法令的目的不是驱逐英格兰人，而是解决在法国肆意妄为的流氓和暴徒，并指定由亚瑟·德·里什蒙全权负责。很可惜，法令的完整内容没有保存下来，但主要内容是清楚的：法令详细描述了如何让士兵组成连队，称为"敕令骑士连"(*compagnies d'ordonnance*)。"兰斯"(lance)是连队的基本单位，由六个人组成：一个人全副武装，第二个人轻装上阵，第三个人是从骑士，还有两个骑马的弓箭手和他们的一名仆从。这为组织一个协调高效的部队打下了基础，就像 14 世纪时英军把骑射兵并入扈从队伍一样。每一个"兰斯"的食物都是精心准备的；这六个人每个月需要两只羊和半头牛，每个人每年能分得两桶酒（252 加仑）。那些在军队里溜须拍马、只会劫掠村庄的人都会被遣送回国。里什蒙的传记作者评论说："百姓长期以来遭受的掠夺就此结束了，里什蒙长官十分高兴，因为这是他一直以来最想实现却没能实现的愿望，不过国王直到这时才开始听取他的意见。"[12]1448 年，法国采取了进一步重大改革，成立"法兰西弓箭手"军队，法国国王由此有了新型的民兵性质的步兵军队，可以解决地方混乱。他们需要定期集合，每个人都要有一顶轻便的头盔、一件有衬垫的夹克或一件战袍（布料衬着金属板）、一柄剑、一把匕首和一张弓。若是把这次改革看成是建立常备军未免太夸张了，但他们确实发掘了打造常备军的潜力。改革可能受到了韦格蒂乌斯的思想的影响从而制定了新的标准，而正是受这种新思想影响而创建的军队让法国收复了诺曼底和加斯科尼。

盔甲和武器

编年史家让·夏蒂尔强调，收复诺曼底的法军装备精良。他描述称骑兵"都身披精良的铁甲、穿戴护腿甲和沙德（圆头盔），其中大部分有银质装饰，配备长剑，他们的扈从还拿着长矛"。[13]其他军队还有骑马的弓箭手，他们都穿戴锁子甲、护腿甲和头盔。为步兵提供有效保护的需求是推动制甲业发展的动力之一，这在英法两军中都很常见。这一时期穿着新式盔甲的骑士与 14 世纪的骑士看起来大不相同。他们不再穿从前的铠甲罩衣，而是把盔甲上明亮的钢板露在外面。胸甲取代了"一副金属板"，胸甲内部用皮条精密地连着。保护颈部的护甲被淘汰了，取而代之的是金属板，是头盔的一部分。从墓葬铜饰上可以看出，15 世纪早期在英格兰还流行专为保护肩关节而设计的圆形肩甲。[14]精良的盔甲对士兵的动作几乎没什么影响。据说，布锡考特元帅穿着全套盔甲可以不用马镫就跳上马背，简直是个优秀的运动员，他摘下头盔后

图 13-2　15 世纪的法国弩手

甚至可以穿着全套铠甲翻筋斗。然而，穿着盔甲尽管可全身活动自如，但四处走动还是十分费力的。

　　手持武器变化不大，主要有矛、剑、匕首、战斧、钩镰砍刀和长柄战斧。十字弩改用钢弓和绞盘装弹，长弓则不需要改进。攻城用的投石机也没什么明显改进，尤其是利用配重原理发射石弹的抛石器还在继续使用。军队还使用了传统的攻城设备，例如可移动的攻城塔，而挖掘地道仍然是重要攻城手段。

火 炮

百年战争期间的主要技术进步体现在火炮方面。在 14 世纪最后 25 年里，一个重大转变拉开序幕：围城战中开始使用火炮，效果显著。到了 15 世纪，这一转变速度加快，火炮在攻城战中得到广泛应用，比如哈弗勒尔包围战。当时出现了多种款式的大炮，制造方法也多种多样。最大的炮一般是将几截炮管通过铁箍连在一起，而其他大炮则是用青铜或铁铸造的。大多数炮是从后膛装弹，带有单独的火药室：这样的大炮射击速度比从炮口装弹的大炮更快。射石炮的威力最大，而且炮膛很宽，使用石弹，射击弹道相对平坦。1409 年，布拉班特公爵订购了一门大炮，制造商帕斯奎尔登克（Pasquier den Kick）花了两年的时间，用了 35 吨

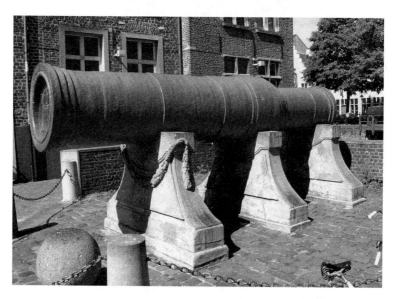

图 13-3　15 世纪的杜勒格里特（Dulle Griet）大炮，如今位于根特

铁才造出来。最大的射石炮能发射近半吨重的石块。中型射石炮比较小：1445 年，12 门勃艮第中型射石炮各有两个火药室，里面装着三磅火药。它们可以发射出重达 12 磅的石弹。库帕特炮（crapaudaux）与中型射石炮相似，但炮身更短、更轻。最小的炮是古勒维林炮（coulovrines），是一种发射铅弹的轻型长炮，士兵用它来对付敌人，而不是击倒城墙。15 世纪早期的火药改进让大炮的威力大大提升，特别是"颗粒化"技术的出现，可以把火药碾磨成致密的颗粒，让炮的威力更大。此外，到 1430 年左右火药开始大规模生产，所以价格也变得更加便宜。

使用这些武器有很多麻烦。用于围城作战的巨型火炮很难运输。1409 年，一门重达 7700 磅的勃艮第炮需要 25 个人、32 头牛和 31 匹马来拉才能以一天 3 里格（约 14.5 公里）的速度前进。

图 13-4　19 世纪时大炮的复原图

1436 年，一辆载着 22 英寸①口径布戈尼（Bourgogne）大炮的炮车需要 48 匹马才能拉走，另一辆火药车也需要 36 匹马。此外，把大炮装卸到位也需要 5 匹马提供动力。马恩河上的桥梁无法承载这支运输队的重量，他们只好乘船渡河。

尽管困难重重，还是有不少火炮能被拉上了战场。1428 年索尔兹伯里伯爵远征法国时，带去 7 门射石炮和 64 门小型火炮，其中有 16 门是手持火炮。1436 年，勃艮第公爵围攻加莱失败后建了军火库，拥有数量惊人的武器。根据记载，那里共有 10 门射石炮，60 门中型射石炮，55 门库帕特炮和 450 门轻型长炮。这种排炮炮阵轰击产生的噪音和烟雾本身就是一种武器。然而大炮并不总是百战百胜：1431 年的一天，马恩河畔拉尼（Lagny-sur-Marne）遭到炮击，大炮向这里发射了 412 枚石弹，但只砸死了一只鸡。然而，大炮能够攻破城墙，例如 1441 年查理七世用"几门射石炮和其他火炮攻打蓬图瓦兹，他们不停地向城墙开火直到城墙多处倒塌"[15]。到 15 世纪 40 年代末，比罗兄弟发明了可以调节射角的马拉炮架，法国大炮愈发令人生畏，一座又一座城镇屈服于法军的炮火之下。

J. R. 哈尔（J. R. Hale）在一项经典研究中指出，直到 15 世纪下半叶，在一种更新、更科学的战术在意大利出现之后，抵御猛烈炮火攻击的新型防御工事才建造起来。在一个彼此相连的复杂防御系统中，负责侧翼火力的堡垒十分关键。然而，在 15 世纪早期，法军就引入了一种新的火炮防御方式，即在已有的防御工事周围修建了土堡。这种土堡由栅栏和圆木加固，能够抵御炮火的

---

① 1 英寸 = 2.54 厘米。——编者注

轰击，土堡上面还有能架设火炮的平台。原先的防御工事用泥土加固了，但直到 1450 年左右才出现大规模的专用炮台。[16]

普通士兵

这些记录可以让我们对当时服役的士兵的状况稍作了解。吉列·德·朗特伦（Gilet de Lointren）是一个出身不错的穷人，30 岁左右时因为穷困潦倒去当了一名骑兵，他"像所有骑兵一样去诺曼底冒险"。他先在伊夫里勋爵（lord of Ivry）手下干了几年，之后他辗转于不同驻军之间、在不同长官手下效力，直到被俘。被俘后他付不起赎金，所以被囚禁了 7 个月。他还从英格兰人罗宾·曼恩（Robin Maine）的赎金中分得 4 埃居。后来他再次被英格兰人抓获，有 4 个人合伙买下他，并把他的赎金定为 81 埃居。他在监狱里被关了 6 个月，因为付不起赎金，最终只得同意为英格兰人效劳。后来他又多次被抓、被囚禁和被勒索赎金，直到最后被判死刑。不过他的故事有一个非常美好的结局，因为有一个"名声很好"的 15 岁左右的少女在父母和朋友的陪同下，去找英格兰在阿朗松的指挥官斯凯尔斯勋爵（Lord Scales），提出要嫁给吉列，死刑判决因而得以推迟。1424 年，吉列终于获得了赦免。[17]

A
SHORT HISTORY OF
THE HUNDRED YEARS
WAR

第 14 章

得与失

15世纪西班牙作家笔下的战争非常残酷，因为骑士只能住在"简易帐篷或用树枝搭建的营帐里，行军床非常简陋，身上的钢铁盔甲使他们睡得并不安稳，还要防备随时可能放箭的敌人"。[1]但战争也有其吸引人的地方，它可以带来财富和名声。托马斯·格雷在他的《斯卡拉罗妮卡》一书中解释了14世纪50年代末的一些英格兰人是如何"靠战争生活"的，他们在诺曼底逼人纳贡，在普瓦图、安茹和曼恩攻城略地。"他们斩获颇丰，所有的基督徒都对此惊叹不已。然而，他们不过是一群年轻的平民，在此之前一直都无足轻重，但通过这场战争，他们获得了崇高的社会地位，也有了一技之长。"[2]编年史家让·德·韦内特记录下了1360年在布雷蒂尼签订和平条约的消息给巴黎带来的喜悦，但出于谨慎他又加上了一句："所有的人都很高兴，当然，除了那些希望在战争中获得巨大利益的人，但别忘了还有一些人因这场战争而蒙受了损失。"[3]1364年欧赖战役之前，一群英格兰骑士和乡绅告诉约翰·钱多斯，他们对两国可能讲和大为震惊：他们已经花光了所有的钱，但战争却能给他们一个回本赢利的机会。[4]这一点很重要，并可以解释为什么战争从1337年一发不可收拾。许多参与者将战争视为一种赚钱的方式。15世纪的法国人认为："英格兰人通过海路和陆路向所有的国家发动战争，并把在国外掠夺的一切都运回国，英格兰因此变得富有起来。"[5]

奖金与赎金

工资并不能使人变得富有，它只能支付战争的一部分费用。而另外一些收益，如对战马损失的补偿，以及为表达领主犒劳之意的奖金，虽然毫无疑问大受欢迎，但这些进项很难改变一个人的财产状况。然而，凭借战功获得的补助金和土地则有可能会改变一个人的财产状况，从而使其变得富有。1347 年，约翰·德·科普兰（John de Coupland）在内维尔十字战役中俘虏了苏格兰国王，凭借"神勇"表现，他获得了每年 500 英镑的终身补助。同年，亨廷顿伯爵凭借其在战争中的不俗表现获得了 823 英镑 12 先令 4 便士的嘉奖，这一金额有点奇怪。加斯科尼的阿梅尼奥·德·莫特（Amanieu de Mote）则每年拿到 500 里弗，作为其攻陷一座城堡的奖励。勇敢的詹姆斯·奥德利（James Audley）于 1356 年在普瓦捷战役中险些丧命，后来得到了黑太子每年 400 英镑的终身补助。[6]

诸多例子表明，战俘的赎金可带来丰厚的回报。即使这些是特例，人们仍认为有巨额利润可图。战争刚开始时，沃尔特·莫尼于 1337 年俘虏了佛兰德的盖伊，之后爱德华三世以 8000 英镑赎回了盖伊，这使人们看到了其中潜在的利润。1346 在攻陷卡昂时，托马斯·霍兰德（Thomas Holland）抓获了伊尤伯爵，后来以 1.2 万英镑的价格把他卖给了国王。普瓦捷会战后，爱德华三世就同意以 6.5 万英镑的价格让法方赎回战俘。不仅是英格兰人以这种方式从中获利，1340 年索尔兹伯里伯爵和萨福克伯爵的被捕也使法国人获得了巨额赎金。战争后期，法国人的这种机会越来越多。萨默塞特伯爵于 1421 年在波吉（Beaugé）被俘，他称自己交了 2.4 万英镑赎金才获释。然而，也有一些赎金金额令人失望的例子。约翰·塔尔博特（即后来的什鲁斯伯里伯爵）于 1429 年在帕泰被俘，俘虏他的人提出了"不合理的赎金"要求，但查理七世只肯为塔尔博特支付 2100 英镑的赎金，所以塔尔博特只得在之后的一次战俘交换中才获得自由。[7] 一些雇佣兵从中获利颇丰。佩里恩特·格雷萨特（Perrinet Gressart）就深谙在战争中牟利之道，1426 年底，他俘虏了法国皇家议员乔治·德·拉·特雷穆瓦耶。佩里恩特向其索要 1.4 万金埃居的赎金，此外，特雷穆瓦耶为了让自己尽快获释，还承诺会送给佩里恩特的妻子及其家人大量的"金币、银制餐具、丝绸和珠宝"等贵重礼物。最终，1432 年勃艮第公爵答应为特雷穆瓦耶支付这份赎金。[8]

然而，靠赎金牟利并不简单。可能会有一些反对的声音，就像在克雷西战役中一样。当时，爱德华三世的德意志盟友向他提出抗议，指出如果他没有让这么多贵族死在战场上，"你就会在这场战争中取得更大的成就，还能获得一大笔赎金"。[9] 在抓获一个俘虏后，关于是谁俘虏了他这个问题就会产生很大争议，在如何羁押方面也会出现很多问题，并且很难决定他的赎金金额应该在哪个水平。1384 年，一名法国士兵在苏格兰被俘虏，对其进行审讯的一个重要环节是让他供出法军中富有的骑士和扈从，并交代"如果他们被俘虏，应交纳多少赎金"。[10]

当时无力全额支付赎金的情况很常见，而且随着赎金金额越来越高，困难也随之增加。1366 年，约翰·钱多斯写信给查理五世，说贝特朗·杜·盖克兰欠他 2 万法郎的赎金，但他只收到了

1.25 万法郎。他要求还清余款，并从中拿出 1000 法郎作为尼古拉斯·达格沃斯（Nicholas Dagworth）的赎金。1379 年，绝望之中的托马斯·费尔顿给理查二世写信，称他为了筹得 3 万法郎的赎金，卖掉了一些土地、银制餐具和珠宝，还向富瓦伯爵借了钱，又在英格兰筹集了一些钱。他提出想把所有的土地上交给国王，以换取 6000 英镑。[11] 还清一笔赎金可能需要很多年。1421 年，亨廷顿伯爵在博热被俘，但直到 1455 年，他应付的 2 万马克赎金中仍有 7500 马克没付清。萨默塞特也在博热被俘，经过复杂的俘虏交换谈判后，他直到 1438 年才得以获释。

被俘方交付的赎金，并不是全归俘获者，还需满足诸多要求。根据当时复杂的规则，俘获者必须将部分收益上交给他的上级，在英格兰，上交的比例从战争初期的一半到 1370 年左右的三分之一不等。然后，这位上级再把他的收益的一部分（通常是三分之一）上交给国王。1369 年，法国舰队条例规定，无论是海战还是陆战获得的收益，都要上交一半给国王。

保　护　费

肆无忌惮的士兵们向村庄征收保护费大发横财。1386 年，英格兰人袭击图卢兹时，当地的许多城镇和村庄都被迫上交了保护费。除此之外，他们还必须向法国王室缴纳钱款以求获得赦免。雇佣兵也趁机从中牟利。[12] 有的地区全体都会上交保护费：1438 年，法国南部的热沃当（Gévaudan）地区同意向西班牙雇佣兵头目罗德里格·德·维拉安德朗交纳 2000 金币。第二年，维拉安德朗和法军首领（即波旁的私生子）在图卢兹附近安营扎寨，"他们绑架勒索了大批民众，做尽了坏事，使得我们提及的城镇以及其他城市无法得到食物和商品供给”。[13] 不只是英格兰人和雇佣兵们对法国人进行敲诈勒索；法国驻军也经常去周边乡村洗劫，他们非但没有为民众提供保护，反而变本加厉地对他们进行压榨。

劫 掠

劫掠在战争中已成为一种惯例，这种行为得到了上级批准，并且都是有组织地进行。因此法国农村遭受的剥削超乎想象地残酷。对于普通士兵来说，这是他们从战争中获利的主要方式。1352 年，沃尔特·本特利抱怨英国在布列塔尼的驻军通过劫掠来牟利，但谁也无法阻止这种情况的发生，因为这是他们主要的收入来源。钱财、牲畜和庄稼全被士兵们洗劫一空。当权者也曾试图限制士兵抢劫，比如 1346 年爱德华三世曾下令不许抢劫教堂、妇女和儿童，还有亨利五世曾禁止他的士兵在行军中从哈弗勒尔拿走除食物之外的任何东西，但这样的命令很难执行下去。1346～1347 年的战争结束后，“大多数妇女都拥有了来自卡昂、加莱和其他海外城市的皮草、床罩、餐具等。桌布、项链、酒盏、银碗和亚麻床单等舶来品也出现在每个英格兰家庭里”。[14] 1354 年由罗伯特·诺利斯（当时的他暂时失势）没收的一份物品清单显示了更多信息。这份清单上除了几双新靴子还有大量的银器，清单上第一条便是重达七磅多的银制水盆和水壶。[15] 当时的一份时事通讯记录了 1356 年英军在诺曼底的劫掠行动：“他们每天攻克多处要塞，带回大批俘虏，掠夺大量物资，还带回了 2000 匹敌军的战马。”[16] 三年后，诺利斯残暴地洗劫了奥尔良和奥塞尔。通过抢掠，

图 14-1　1391 年，臭名昭著的兵痞梅里戈·马尔谢的行刑现场

"他拥有了金银珠宝和其他值钱的东西，从穷人变成富翁，这在英格兰前所未有"。[17]据说在 14 世纪末的十多年时间里，臭名昭著的梅里戈·马尔谢（Mérigot Marchès）靠抢劫获利 10 万金法郎。傅华萨是这样描述他的：

在这个世界上，没有人能像我们的士兵一样享受这种快乐和荣耀。我们骑马去冒险的时候，遇到一个富有的修道院院长、一个商人，或是一队骡子，满载着来自蒙彼利埃（Monpellier）、贝济耶（Béziers）等地的布料、毛皮或香料，这时我们会无比高兴。然后所有东西都成了我们的，或者至少是按照我们的意思交纳赎金。

我们每天都在赚钱……我们出国的时候，所到的国家都会战栗，因为他们的一切都会成为我们的。[18]

普通人只能指望奇迹出现，把他们从这种可怕的处境中拯救出来。战争还造成了另外一些影响，例如绑架事件频发、村庄被摧毁，以及人们不再遵守法令。[19]

战 争 财

许多人都在战争中发了财。罗伯特·诺利斯就是一个很好的例子，他从一名仆从干起，最终成为了法国伟大的骑士和强大的领主，坐拥许多城堡、城镇和土地，控制着许多要塞。[20] 他通过掠夺和交易获得了在布列塔尼的地产，但他的财产大部分都是收缴的赎金和掠夺来的财物。而积累财富对他来说也并非轻而易举；1358 年他被迫归还了从奥塞尔掠夺的一些财物；1370 年他组织的骑行劫掠失败了，导致他在英格兰的财产被暂时没收。尽管如此，出身卑微的他还是凭借在战争中获得的收益建立了自己的财富王国。他晚年在贸易方面的投资更是带来了巨额收益，到了 14 世纪 80 年代，连国王都要向他借钱。

在战争时期甚至不用参加战斗就能获得收益。威廉·德·拉·波尔是一位商人兼金融家，他把钱（大部分是从别人那里筹集来的）借给了国王，从而发了大财。他吸取了 14 世纪 40 年代意大利的巴迪和佩鲁齐家族的失败教训，并且凭借不正当商业行为巧妙地避免了困扰诸多英格兰羊毛商联盟的破产问题。他于 1341 年接受审判，随后被监禁一年，但这些都没能阻止他。1366 年他去世后，他的家族地位仍继续得以提升，他的儿子成为了萨福克伯爵。

约翰·法斯托夫就是英军指挥官靠战争发财的典型。他从乡绅阶层（继承的遗产仅值 46 英镑）一跃成为每年收入 1000 多英镑的大地主。他甚至有财力在诺福克郡的凯斯特（Caister）建造一座城堡。他的财富主要来源于他占领诺曼底后收缴的地租；此外，他还购买了更多的地产。他还很幸运，在战争期间从未被俘虏。1439 年，他做了一个明智的决定，返回英格兰不再参加战争。在维尔纳伊一战中，他俘虏了阿朗松公爵并宣称拿到了 2 万英镑的赎金，但是还有其他人要求分这份赎金，法斯托夫本来能从中分得 5000 马克，但其实他只拿到 1000 马克。与其说法斯托夫是靠他的军事成就飞黄腾达的，不如说是他敏锐的商业头脑起了关键作用。但是，如果没有这场战争他就不可能发家致富。

在战争中发财的不只是英格兰人。法国人奥利维尔·德·克里松通过各种手段也积累了巨额财产。他的母亲（沃尔特·本特利的遗孀）给他留下了一笔遗产，而后他的两次婚姻使他获得了更多的土地。通过受赠和购买等方式，他逐渐拥有了布列塔尼公国几近 1/4 的土地。他还在诺曼底购置了地产，并掌管巴黎附近的蒙特赫里城堡（the castle of Montlhéry）。如果国王无法兑现克里松应得的薪酬，就会用一片土地来代替。他在布列塔尼的若瑟兰建造了一座富丽堂皇的城堡，在巴黎还有一栋豪华的别墅。他家财万贯，能够大手笔地借钱给教皇、贝里公爵、奥尔良公爵、西西里女王等人。毫无疑问，俘虏交纳的赎金和战争带来的其他利益让他更富有。他也很幸运从未被俘虏过，从而不必交纳赎金。1374 年，

查理五世允许克里松保留所有他和他的手下从英格兰领地获得的
赎金及其他款项，而这些早已超出了他应得的报酬。1382 年，国
王许诺给他英格兰在佛兰德占领的全部土地。十年后，据说他的
现金和动产的价值已高达 170 万法郎。不出所料，他的敌人将矛
头指向了他，指控他挪用公款。然而，最终他并没有被定罪。克
里松的财富有多少直接来自于战争，又有多少来自他获赠的遗产、
他的婚姻，或是得益于他的吝啬以及他的理财能力，这些都无法
确定，唯一能确定的是这些因素共同给他带来了惊人的巨额财富。

图 14-2　圣丹尼大教堂里奥利维尔·德·克里松的墓像

　　当然，这样的成功案例是非常罕见的。战争对很多人来说就意味着经济灾难。昂布瓦斯的安格耶尔（Ingergier d'Amboise）在1350年被俘虏后，敌方要求他交纳3.2万弗罗林的赎金换取自由。后来他又在普瓦捷被俘，要再交纳1万埃居的赎金。他最终由于无力支付赎金而死于狱中。许多法国家族再也没能从这种经济灾难中走出来。英格兰的约翰·鲍彻（John Bourchier）1372年被俘，随后他在监狱里至少待了七年，原因之一是俘虏他的人的继承人之间存在纠纷。他伤心欲绝地给妻子写信求助，而他的妻子不得不为2000英镑的赎金而东奔西走。同样出于赚钱的目的，奥利维尔·德·克里松买下了对鲍彻的控制权，鲍彻最终在1380年才还清了自己的赎金。获释后，鲍彻仍然必须努力偿还为了凑赎金而欠下的贷款。然而，他的这次被俘虏经历并没有让他意识到参加战争并非明智之举；很快，他再次投身战争，也许他还抱有从中获利的幻想。约翰·尼维特（John Knyvett）于1415年被封为爵士，他曾两次被俘，最后只得卖掉两处庄园来支付赎金。约翰·莫尔（John More）曾向国王请愿，"表明他决心自担风险和费用，投身于法国和诺曼底的战争中18年甚至更久"，他七次被俘虏，"曾被胁迫扣押"，敌方索要巨额赎金，他最终只得出售和抵押所有的土地。他的事例应该足以使许多人对战争望而却步，[21] 却依旧有许多人认为战争值得他们去冒险。

　　战争既给人获利发财的希望，又带来蒙受损失的恐惧，二者难以平衡。1388年傅华萨遇到了巴斯科特·德·莫莱翁（Bascot de Mauleon），他说得很有哲理："有时我的运气极差，穷得连一匹马都没有，有时我又变得相当富裕，运气就是这样时有时无。"[22]

在战争中，这种平衡不断变化，在 1360 年以前，英格兰人占优势，在战争的最后几年，法国人占优势。对个人来说，参加战争总是有风险的，但是丰厚的赎金仍然诱惑着很多人去冒险。

经济影响

20 世纪 60 年代人们就百年战争对经济的影响展开了辩论，当时 K. B. 麦克法兰（K. B. McFarlane）对人们的固有观念提出了挑战，他认为英国从百年战争中非但没有损失，反而获益颇多。随后他的观点遭到了 M. M. 波斯坦（M. M. Postan）的反驳。后来腓力·康塔米恩也加入争论，从法国视角提出很有价值的观点。[23] 人们的争论集中在以下几点：投入战争的人力规模、战争税的影响、收缴的赎金和其他收益以及战争造成的损失。

战争并非持续不断，相对和平的时候对人力的需求很小。虽然可以估算出参战的士兵的数量，但要估算出为战争提供支援服务的人数就很困难了。而且即使没有战争，也会有许多人从事军事相关的工作，因为贵族们依旧会修建城堡，士兵们仍然需要购买盔甲。长远来看，并没有证据表明征兵带来的人力损失会造成严重的后果。而征募水手和征用船只的影响则可能更大，因为英格兰水手是战争中的主力军。战争期间，一年可能就会征用一个港口多达 40% 的船只。虽然征用船只使得贸易受到了打击，但也有积极的方面：战争对船只的需求推动了造船业的发展，而且港口还可以从运送军队、马匹和物资中获得利润。

战争期间税收的影响很难评估。从广义上讲，税收是从相对不富裕的社会阶层拿钱到富人阶层再重新分配。毫无疑问，一部分钱会从贵族和将领那里回流到工农阶层，但这些钱具体有多少是无法计算的。在法国，国王筹集资金的方式之一是使货币大幅贬值，但这也造成了其他影响，货币的实际价值也因此降低了。法国作家阿兰·夏蒂尔在 1422 年（当时税收收入非常低）写到，他认为钱从富人流向了农民，"贵族和神职人员的财产随着战争的持续不断减少，因为货币贬值使农民欠他们的租金等债务价值缩水了"。[24]

税收还影响了贸易。麦克法兰估计，英格兰在整个战争期间的税收收入约为 800 万英镑。他认为，由于其中近 500 万英镑都来自于关税，也就是说，实际上税收负担主要是由外国消费者承担的，而不是本国生产商，外国消费者只能以更高的价格购入羊毛。关税无疑对英格兰经济产生了相当大的影响。战争开始时，英格兰就对生羊毛出口征收重税，导致佛兰德织布工的成本大增，因为他们的生产原材料是英格兰的羊毛，同时这也刺激了英格兰布料生产商增加产量。1363 年制定的政策规定，所有羊毛都必须通过"贸易中心"加莱出口，再加上较高的关税，导致了羊毛出口量的下降。在 14 世纪的前十年里，每年出口的羊毛超过 4 万袋；到了 15 世纪 40 年代，每年的出口量不到 1 万袋。而这些政策带来的好处就是布料出口额的增长，因为布料产品的出口关税较低。

不仅仅是羊毛和布料的出口受到了战争的影响，由于战争期间葡萄园经济和船运受到重创，加斯科尼和英格兰之间的葡萄酒贸易也遭到了严重打击。在 14 世纪早期，英格兰每年从加斯科尼进口 2 万多桶葡萄酒。14 世纪 30 年代后期，战争直接导致葡萄酒进口量降低了四分之三。14 世纪 60 年代，波尔多葡萄酒的出口量只相当于 14 世纪早期的三分之一多一点。1369 年两国重新开战，葡萄酒贸易更加惨淡。到了 15 世纪，葡萄酒进口量从 1437 ~ 1438 年的 5400 桶逐渐增长到了 1444 ~ 1449 年的平均每年 12000 桶。

在战争中实际支付的赎金金额是无法计算的。在 14 世纪，英格兰人明显比法国人从战争中获益更多，麦克法兰认为在 15 世纪，英格兰人从阿金库尔和维尔纳伊两场胜利中得到的远比他们在败仗中损失的多。然而，虽然在战争中赢得的赎金对个人来说非常可观，但总体来说其所涉及的金额并不大，所以并不会产生重大的经济影响。唯一的例外是法王约翰二世，他被俘虏后法国向英格兰交纳了相当于一吨黄金的巨额赎金。1360 年 9 月之后的两年里，伦敦铸币厂生产了近 34 万英镑的金币。当时的货币总值可能也不超过 100 万英镑。

毫无疑问，这场战争影响了英格兰经济，但它对法国的影响要严重得多，尽管两者存在相当大的地区差异。英格兰士兵骑行劫掠、雇佣兵大肆抢劫，加上城堡守军也到处掠夺，这对法国经济造成了严重的破坏。然而，大规模入侵是间歇性的，法国许多年来都处于相对和平状态。到了 15 世纪，英格兰军队也未像 14 世纪 50 年代时那样在法国肆虐。相比之下，村庄不像城镇那样有城墙保护，所以受到的破坏更严重。局部战争和守军的劫掠带来的破坏的范围远远超出入侵军队的行军范围。在 15 世纪 40 年代，法国流窜的强盗"像士兵们一样"肆意破坏，而诺曼底也受到了强盗和战争带来的重创。[25] 然而，尽管有大量的证据证明破坏十分严重，但中世纪经济的恢复力不容低估。例如，与葡萄园和果园相比，耕地可以相对迅速地恢复耕种。战争也带来了一点积极影响。那些从事军工行业的人获利颇多，因为军工产品需求量大，但许多装备是从意大利和德国进口的。泥瓦匠和其他工人则可以从城堡和新城墙的修建中赚取利润。

麦克法兰和波斯坦的观点可以用铸币数量验证。如果前者的观点正确，即英格兰在这场战争中获益，那么相对于法国，英格兰的金银储量会有所增加。然而，现在的证据表明情况更为复杂。铸币厂的记录表明，英格兰和法国的银币产量在 14 世纪大致持平，一个国家生产了大量的银币后，另一个国家的银币产量也迅速增长。从 14 世纪 60 年代开始，除了 15 世纪 20 年代和 30 年代加莱的银币铸造规模较大之外，英格兰铸币厂的银币铸造规模一直处于非常低的水平。几乎没有什么迹象表明战争使白银从法国转移到了英格兰。15 世纪早期，英吉利海峡两岸的白银流通量很低，这是全欧洲范围内银荒的结果，而不是受英法战争的影响。而黄金的情况就不同了。英格兰铸币厂的金币铸造规模在 14 世纪 60 年代初达到顶峰，这无疑是法国为法王交纳的巨额赎金所造成的。从 1411 年到 1424 年，英格兰铸币厂发展迅速，1412～1413 年间生产了价值 138826 英镑的金币。从 1435 年开始，铸币数量再次下降。人们很容易把这与战争的成功和失败联系起来，但事实并非如此。1411～1412 年，英格兰出现了货币重铸现象，当时黄金的价格相对于白银来说过高了。正是这些因素（而不是法国交纳的赎金所致）导致了 15 世纪 20 年代中期铸币厂的高产量。《英格兰政策评论》（*Libelle of Englyshe Polycye*）的作者在 15 世纪 30

年代后期写到，他认为金币供应不足主要是因为意大利商人：

> 从这片土地上拿走了黄金的人
>
> 也带走了我们手中的积蓄
>
> 就像黄蜂从蜜蜂身上吸取蜂蜜一样[26]

实际上，当时的问题是勃艮第公爵使他的金币贬值，这吸引了黄金流向他在低地国家的铸币厂。

《巴黎市民报》描绘了 15 世纪 20 年代到 50 年代的黑暗景象。报纸突出了三个因素：野蛮的冲突、恶劣的天气和导致大量死亡的瘟疫。战争、气候变化和疾病在百年战争中共同影响着英格兰、法国和低地国家的经济，很难确定它们谁的影响更大。1348 年的黑死病致使一半人口消失，劳动力市场遭到重创。随后暴发的新疫情使人口更难增加。从 14 世纪初开始的低温以及反常的天气现象都很难应对。战争引发了很多的问题，也给一些人带来了机遇。大规模的破坏和大量征兵买马、购入装备只是战争影响的一方面；而贸易的变化是另一方面。尽管军队对装甲、武器和其他战争必需品的需求刺激了一些行业的经济发展，但这并没有带来普遍的经济增长。对少数人来说，战争可以带来利润；对大多数人来说，战争使他们的生活更加困难。阿兰·夏蒂尔描述了一个农民，也是战争的受害者，他以自己的劳动来支持士兵作战，结果却遭遇了不幸："军队集结了起来，作战水平有所提高，但他们的所作所为却使我的生活雪上加霜。"[27]

第 15 章

骑士精神与战争

物质动机对参战者来说或许很重要，但杰弗里·德·查尼的一篇关于骑士精神的短文中却认为，把征战看作是获取财富的手段是非常不可取的。他说"一个骑士，应该全身心为永恒的荣誉而战，而不只是为了获得利益和战利品，因为这些东西转瞬即逝"。[1] 荣誉是骑士文化的核心，战斗力是另一项基本素质，这能在战斗中得到充分显示。其他著名的骑士美德还有礼貌、慷慨和虔诚。虽然很难说清这些高论到底是减轻还是加剧了战争的残酷现实，但从广义上讲，骑士精神的文化内涵却成为了贵族和骑士阶层勇往直前的力量。

法国有很多关于骑士精神的著作。杰弗里·德·查尼的《骑士制度读本》（*Book of Chivalry*）和霍诺拉博韦（Honorat Bovet）的《战争之树》（*Tree of Battles*）等专著都对骑士精神进行了阐述、分析和批判。描写战争英雄（如波旁公爵和布锡考特公爵）的传记都颂扬了骑士精神。然而，这方面的著作在英格兰却少之又少，有关骑士的法国论著直到 15 世纪 40 年代才在英格兰流传开来。另一方面，骑士传奇文学（不仅仅是专门讲关于亚瑟王故事的作品）却又在英格兰和法国广为传颂。这些作品充分体现了荣誉的重要性和英勇的价值，与关于骑士精神的论著相比，它们只是反映了而不是强行规定了时人的态度。另外，它们与现实战争的相关性值得怀疑，因为很难相信那些身经百战的士兵会为了提高战术而阅读骑士传奇文学。诚然，布锡考特喜欢听罗马历史上的故事，也喜欢听圣人的传记（虽然不是传奇故事），但他的行动是出于实际考虑，而不是从遥远的过去获取灵感。

荣誉和英勇

在骑士精神中，荣誉是至关重要的。吉伯特·德·兰伊在阿金库尔战役中被俘，后来死里逃生，之后他就对儿子说："我宁愿你在战斗中高举着旗帜光荣牺牲，也不愿你临阵退缩。"[2] 加强人们对荣誉的重视是约翰二世星辰骑士团的根本目的之一。任何一个无耻地逃离战场的骑士都将被取消成员资格。他的盾牌会被反挂在墙上，直到他挽回荣誉。1373 年，托马斯·珀西（Thomas Percy）在巴黎被监禁时写的一份保证书中强调，如果他违背了释放他的条件，那么他将失去一切荣誉，"成为一个假骑士、叛徒和伪君子，并将承受由此带来的一切罪责和耻辱"。[3] 对约翰·法斯托夫来说，帕泰战役的失败导致他很长一段时间失去了嘉德骑士的头衔，人们对他也一度失去了信任。

英勇是另一项重要的骑士品质。法国星辰骑士团的章程宣布，骑士们"渴望在战斗中获得荣誉，并且目标一致，作战英勇，这样骑士精神之花将在我们的国土上绽放"。[4] 武艺需要长时间和高强度的体能训练才能得到提升。布锡考特的传记描述了他通过跑步增强耐力，以及佩戴护胸铁甲只使用手臂爬梯子背面来增强体力。然而，尽管这些技能很重要，但骑士精神的理想与战争的实际情况并不完全符合。因为训练只针对个人而非集体。骑士精神推崇的是个人的技巧和勇气，而不是团结和激励一个团体，但它促进了马上战术的发展，尽管后来战术的发展更有利于步行作战。西班牙人唐·佩罗·尼诺（Don Pero Niño）的传记作者认为："一个勇敢的骑士，骑上一匹好马，一小时的战斗力可能就比十个人还强，或者比步行一百小时所达到的战斗力还强。人们正因为如此才称他为骑士。"[5]但这多少有些令人难以置信。

有些骑士美德在战争中只占次要地位。有时，人们会向受人尊敬的敌人表现出宽宏大量，1350 年，爱德华三世在加莱与尤斯塔斯·德·里博蒙（Eustace de Ribemont）交战后就向后者表示了敬意。他满怀狂热的骑士精神，把自己的一串珍珠项链送给了里博蒙，并且没有索要任何赎金就释放了他，以表彰他的勇敢。虔诚自然受到颂扬。14 世纪，兰开斯特的亨利写了一本冗长的宗教小册子；15 世纪，亚瑟·德·里什蒙烧死的异教徒的数量史无前例，这都体现了他们的虔诚。

骑士精神可能对英法战争中的战士起到了很大的鼓舞作用，同样，这种精神在其他战役中也有体现。格洛斯特郡的骑士约翰·德·拉·里维尔（John de la Ryvere）于 1346 年参加十字军东征，为他在法国战役中犯下的罪行赎罪。他英勇地与土耳其人作战，在叙利亚和埃及担任间谍，并受到教皇的盛赞。[6]1390 年，波旁公爵远征北非，经验丰富的格斗家托马斯·克利福德（Thomas Clifford）和其他一些英格兰人之所以被选中参与此次征战，是因为他们"表现出了高贵的风度"。[7]克利福德回到了英格兰，但不久便踏上了远征波罗的海的征途。他最终死在了去耶路撒冷的路上。这只是众多例子中的两个——因为在骑士们看来，只有通过十字军远征，而不是在法国的征战，才能更好地证明他们的骑士精神。

在百年战争中，许多事件体现了人们的骑士精神。在克雷西战役中，一位法国骑士向他的英格兰对手托马斯·科尔维尔（Thomas Colville）发起挑战，他们"为赢得佳人芳心"进行了三场角逐。第三回合由于这位法国骑士的盾牌被打坏而取消，但两人自此发誓要"做永远的朋友"。[8] 威廉·费尔顿在 1367 年参加了西班牙的战事，单枪匹马、冲锋陷阵，最终战死，他的这一行为很可能是为了挽回自己的名誉，因为他在巴黎最高法院对贝特朗·杜·盖克兰提起的诉讼失败了。在阿金库尔，一位名叫威廉·德·萨维乌斯（Guillaume de Saveuses）的法国骑士在两名扈从的伴随下冲入敌阵，直至战死。这些事件对战役的结果几乎没有影响。骑士精神很少考虑战争的实际情况。

比武和格斗

比武和格斗是骑士仪式的关键要素。爱德华三世是骑士比武的赞助人，他本人也经常隐瞒身份参加这些比赛。毫无疑问，这在很大程度上反映了他的个人热情。1343 年，在史密斯菲尔德举行的一场骑士比武上，爱德华和一些骑士打扮成教皇和红衣主教进行比赛，这其中掺杂着一些表演的元素。这些活动不大可能成为战备训练，但却是培养贵族和骑士尚武精神的一种手段。同样，在法国，查理六世也表现出了对骑士比武及其相关庆祝活动的热情。1389 年 5 月，路易的两个年幼的儿子——安茹公爵和那不勒斯王——被封为骑士，因此举行了比武大会，并为杜·格宾克林（du Guesclin，1380 年去世）举行了盛大葬礼。国王选用绿色和红色作为主题色，并用一只会飞的牡鹿作为他的纹章。宫廷里的女士和骑士们都很享受这场盛大的比武盛宴。这还不是全部，三个月后，在王后伊萨博加冕后，查理六世举行了三天的比武大赛。他亲自参加了比赛，自然成为了最终的胜者。所有这些活动都助长了贵族的军事野心。这一时期成了格斗的全盛时期。

1390 年，在离加莱不远的圣英格勒沃特（Saint-Inglevert）举办了一起盛事。在那里，布锡考特和他的两个同伴在一个多月里向所有参赛者发起了挑战。尽管他们不可避免地受了伤，但最终还是胜利了。这样的活动为骑士们提供了一种在休战时期证明其实力的方式。相比之下，热衷比武对战争的成功并不是至关重要的。在格斗中所需的专业技能与肉搏战中所需的技能相差甚远。尤其是亨利五世，他没有时间去做他认为无聊的事情；他甚至懒得参加为庆祝他的婚礼而举行的比武。骑士精神有时被认为是一种优雅的男子气概。杰弗里·德·查尼认为女人应该待在家里，"多注意自己的外表，用珠宝、饰品和衣服将自己打扮得比男人更华丽"。然而，女性也有她们自己的角色，查尼也承认"正是这些高贵的女士激励男性取得了伟大成就"。[9]在战斗中，女士们给她们崇拜的人佩戴勋章，并鼓励他们英勇作战。一首带有讽刺意味的诗曾提到兰开斯特的亨利，他的女儿曾把两根手指放在了索尔兹伯里伯爵的一只眼睛上。因此索尔兹伯里伯爵发誓在和法国人作战之前绝不睁开。欧贝尔希库尔的尤斯塔斯的情人送给了他一匹漂亮的白马，他由此倍受鼓舞。海峡群岛上的姑娘们在法军入侵的威胁下，用紫罗兰和其他花朵编成花环，送给男人们，鼓励他们坚强抵抗敌军。[10]

骑士精神和暴行

1346 年，托马斯·霍兰德和他的同伴们在洗劫卡恩事件中竭力"保护妇女和女孩免受强暴和恶行"，[11] 这真是出人意料。战争的实际意义与谦恭、慷慨和仁慈的理想相去甚远。如果一个人在混乱的战斗中不给对方致命一击，那他必定是希望得到丰厚的赎金，而不是出于骑士精神。"骑行劫掠"一路烧杀，对攻陷城镇进行野蛮洗劫，并虐待村民：这些战争的共同特征很难与骑士精神的要求相符合。令人发指的事件在战争进程中时有发生。1373 年，在围攻多瓦尔（Derval）的战役中，罗伯特·诺利斯拒绝投降，攻城的安茹公爵以处决四名人质作为报复。诺利斯有点精神病，他随即把关押的四名战俘斩首，扔进沟里，身首异处。[12] 奥利维尔·德·克里森指挥的这场战争也几乎没有任何骑士精神可言，他因大肆屠杀英格兰战俘而得了个"屠夫"的称号。亨利五世对待囚犯的方式也非常不符合骑士精神。约翰·塔尔博特对各种暴行更是难辞其咎。尤其是 1440 年他在利昂斯（Lihons）的教堂放火，"共有 300 多名可怜人在那里被烧死，其中有男人、女人和孩子，只有极少数人逃脱了"。[13]

对于这些现象，有一些合理的解释。约翰·法斯托夫认为，战争法则使得"焚烧和摧毁所有土地"是合理的，因为"对待叛徒和反叛者必须有另一种作战方式，一种比对新老敌人更尖锐和残酷的作战方式"。[14] 对他们来说，法国人就是反抗国王亨利六世的叛乱者。更广泛地说，战争法则允许他们在城镇或城堡不投降的情况下野蛮掠夺。另一种解释是，平民不必遵循骑士的荣誉准则：荣誉和谦恭是贵族和骑士需要遵守的，而平民则不必遵守。当布锡考特建立骑士团时，其目的是保护"贵族血统"的女性不受压迫，而并非保护所有的女性。[15] 骑士文学中也提到了骑士的残暴行径。在其中一部作品中，亚瑟的军队入侵诺曼底，"他们一下船，就跑到这片土地上掳掠男女和财物，残酷地蹂躏了这个国家，可以肯定，这片土地从未经历过如此悲惨的事件"。[16] 传说，亚瑟王自己外出打猎时遇到了一位美丽的少女，不管那个少女如何哭喊，"他都做了他想做的"。[17]

在战争后期，骑士精神的光芒逐渐暗淡。在法国有许多人对骑士精神持批评态度。霍诺拉博韦在他于 14 世纪 80 年代末写的《战争之树》一书中，对那些为"虚荣、英勇和个人主义"而战的人毫不同情。在他的长篇论文中，他解释说，穷人不应该被杀害或监禁，因为他们甚至都不知道如何"顶盔掼甲、罩袍束带"。[18] 诗人尤斯塔斯·德尚（Eustace Deschamps）等人普遍认为，骑士们已经变得软弱不堪，毫无男子气概。在英格兰也有类似的观点，尽管口号没有那么响亮。14 世纪末，约翰·高尔（John Gower）在他的《雷声》（Vox Clamantis）中指责骑士们软弱无能，毫无荣誉感。身为骑士的约翰·克兰沃（John Clanvowe）谴责那些"肆无忌惮地在肉、酒、衣服和房屋方面奢靡消费，过着安逸而懒惰的生活"的人。[19] 乔叟则刻意安排他笔下的骑士没有参加在法国的战争。

这些批评在一定程度上反映了时代的变迁。到了 15 世纪，战争不再像过去那样频繁地被个别骑士的壮举或蠢行所左右。骑士的提议可能会被拒绝。当一位驻扎在加斯科尼的英格兰指挥官（很可能是亨廷顿伯爵）遇到西班牙探险家罗德里格·德·维拉安德朗，二人进行决斗时，他建议两人分享一块面包和一瓶葡萄酒，然后"由上帝和圣乔治"来决定结果。最后罗德里格什么都没有得到，两人也没有发生决斗。[20] 这场战争的性质，特别是英格兰人对诺曼底的许多围攻，与爱德华三世和腓力六世时期大不相同。部分原因是英格兰和法国军队中，骑士参与战争人数减少以及弓箭手和其他普通士兵比例增加。

然而，宫廷骑士文化并没有到了被人遗忘的地步，勃艮第公爵更是对骑士文化颇为重视。1430 年，好人腓力（勃艮第公爵）设立了金羊毛骑士团（Order of the Golden Fleece），并为此赞助了精心准备的骑士比武大会。1454 年举行的"野鸡节"（The Feast of the Pheasant），场面极为盛大。"两名侍者在餐桌旁背靠背骑着马，每个人都拿着一把小号，尽可能大声地吹着，为公爵大人的盛会大造声势。"[21] 然而，这种奢侈的骑士仪式越来越脱离了战争的残酷现实。

负罪和慷慨

可以预料，骑士精神的理想与战争的残酷性之间的对比会让人产生一种负罪感。毫无疑问，有时的确如此。还有像约翰·德·拉·里维尔这样的人通过十字军东征来"救赎"自己。然而，十字军东征的骑士约翰·克兰沃所写的文章暗示了更多的忏悔动机：在大多数情况下，动机是无法确定的；比如，有很多原因可以解释为什么爱德华三世的掌玺大臣——好战的威廉·基尔斯比（William Kilsby）会在 1342 年前往圣地和埃及朝圣，尽管拿起武器的愧疚感似乎是其中一个原因。

然而，在许多情况下，罪恶感并不容易表现出来。兰开斯特公爵亨利向教堂捐赠了许多礼物，尤其是将莱斯特的一家医院改造成一所能接收 100 个穷人的学校，并为其提供了一笔可观的捐款。然而，与他的军事生涯无关的是，该校基金会的章程明确规定，其目的是让那里的神职人员在王室成员、公爵的父母以及公爵死后为他们祈祷。在 1402 年的一项遗嘱中，布列塔尼的骑士莫瑞斯·德·特雷吉迪（Morice de Trésiguidi）向他的家人和一些穷人（包括关在城堡监狱的因犯）以及教会捐赠了大量遗产，但没有迹象表明他的慷慨与他长期的军事生涯有任何联系。事实上，他的遗嘱中甚至没有任何内容表明他曾当过兵。[22] 约翰·钱多斯未婚去世，但他的财产归他的姐妹，而不是教会。在他漫长的一生中，他只向教会捐了一笔小钱。奥利维尔·德·克里森本可以提供慷慨的资助，但即使在他最后的日子里，他也极度吝啬。他送给教会的一件大礼是未偿还的债务，这几乎是不可能收回了。

野蛮的战役和理想主义的骑士精神之间的差异也许困扰了一些作家，也迷惑了一些历史学家，但对大多数参战的人来说，这并不重要，他们并没有意识到这些矛盾。骑士精神在鼓励贵族、骑士和士兵作战方面起着重要作用。骑士精神为战争打造了一副精致的外壳，它掩盖了战争的残酷性。但骑士精神对保护平民或防止城镇和村庄遭到破坏作用甚微，它没有软化锋利的战争之剑。相反，有关它的神话和仪式使战争变得更容易被人们接受。

A
SHORT HISTORY OF
THE HUNDRED YEARS
WAR

结　语

20世纪中叶，历史学家爱杜尔·佩罗伊发现百年战争给法国和英格兰带来了巨大变化。"现代君主制度从他们的伤口和血液中诞生，封建制度向国家官僚制度的转变速度也加快了。"[1]如果将14世纪的法国和英格兰与15世纪中叶的法国和英格兰进行比较，就很难维持这样一个宏大的结论。以英格兰为例，到1450年，政府官僚机构的复杂程度和办事效率并没有比一个半世纪前有所提高。王室财政明显疲软，大贵族的权威更具威胁性了。爱德华一世在威尔士建造的巨大城堡以及他集结的庞大军队，都表明国王的军事力量在14世纪比在15世纪50年代要强大得多。在14世纪早期，腓力四世统治下的法国君主政体非常强大，行政高效。到了15世纪20年代，法国受到英格兰和内战的双重威胁，举步维艰，但是在30年的时间里情况出现了好转，法国财政和行政实力都显著增强。多年的冲突并没有提高国家应对战争的组织调配能力，特别是在英格兰，王室官员在征兵和军粮供应等事务上的权力遭到削弱。虽然参军打仗成了一些人谋生的手段，但随着战争的推进，军队规模变得越来越小。到了15世纪，军队中骑士规模远小于战争初期。

　　历史学家首先认为军事革命发生在16世纪和17世纪；中世纪的人渴望自己身处的时代也发生类似变化。战术变化被视为早期现代军事革命的主要因素，它促进了常备军的发展，使军队规模大幅度增加，并出现了多个部队协同作战的新模式；战争还给社会带来重大影响，因为社会要负担军队的开支和战争造成的破坏。火炮和防御工事的发展带来了技术变革，也影响了社会。百年战争中有两次军事革命：第一次是步兵在 14 世纪主导战场，第二次是火器在 15 世纪彻底改变了围攻战的作战模式。

显然，百年战争中缺少了某些经典军事变革应包括的要素。军队的规模不仅没有增加，反而减小了。战争初期的军队规模很大，1346 年爱德华入侵诺曼底的军队多达 1.4 万人，同年其他英格兰军队还在加斯科尼和佛兰德作战。军队人数在 15 世纪则大大减少，1415 年亨利五世的军队规模是个例外。尽管许多人在一次次战役中定期服役，但真正的常备军并没有发展起来，

除了火器，百年战争期间几乎没有什么技术发展。15 世纪的大炮为围攻者提供了比投石机和弩炮更强大的武器，但最终人们发现它们无法得到进一步发展。长弓非常好用，但没有得到创新。但是它的使用规模发生了变化，人们竭力确保弓箭手的箭够用。盔甲的主要变化发生在 14 世纪初期；随着战争的进行，服饰潮流也有了改变，但没有发生颠覆性的变化。

尽管百年战争中的军事战略并没有像十字军东征那样引起热烈讨论，但毫无疑问，这期间的所有战略都是经过深思熟虑的。从 14 世纪 30 年代末的大联盟开始，人们就不缺雄心壮志，英格兰的战略更是如此。军队间更注重协调作战，尤其是在 1346 年达到高潮。后来在 14 世纪，在贝特朗·杜·盖克兰和奥利维尔·德·克里松的指导下，法国的防御战略取得了巨大成功，然而在英格兰人眼里，法国人建造碉堡是狂妄自大，注定会失败。

由于战役不多，而且只是双方复杂冲突中的一个方面，历史

学家们对战术问题关注得并不多。14世纪上半叶，作战形式发生的主要变化是徒步作战成为常态。1302年，佛兰德步兵在库特莱击败了法国骑兵。1314年，苏格兰步兵在班诺克本击败了英军。在13世纪30年代的苏格兰战争中，英格兰骑士和骑兵下马与弓箭手并肩作战。这种作战形式在百年战争中得到了巩固。不过这一期间也发生了一些变化，例如在14世纪后期，法国人发明了对付英格兰弓箭手的方法，但这算不上是战术革命。

战争的总体影响是带来了极大的变化，但要把战争与其他因素的影响分开并非易事，尤其是黑死病和随后爆发的瘟疫导致村庄废弃、农田荒芜，并引发了重大社会变革。因为要负担战争产生的军事开支，社会对农业的投入转移到了生产效率更高的产业。尽管如此，这场战争是中世纪晚期英法转型的一个关键因素。战争给不同地区造成的压力并不一样。因为休战协议的签订，战役断断续续打了许多年，但是对许多人来说，休战时的负担几乎没有减轻。法国遭受了军队、城堡驻军、结队抢劫的士兵和强盗的直接滋扰，而英格兰却没有这方面的影响。即使在法国内部，各地受到的影响也大不相同，英军占领的加斯科尼、布列塔尼和诺曼底地区的边界受到的影响最为严重。

这场战争对英格兰和法国的宪政也产生了截然不同的影响。战争给英格兰议会带来了诸多征税要求，这扩大了议会的权威，特别是下议院获得了相当大的政治影响力。然而在法国，三级会议并没有英格兰议会这样的控制权。王室要支付约翰一世的巨额赎金引发了金融危机，未经三级会议同意就进行征税。此外，法国地区议会还保留一定的权力，而这种情况在英格兰是不存在的。

因此，筹集军费的需求导致英格兰的君主制受到议会的限制，而法国则成了一个君主专制国家。

"那个故事，那个好人会细细讲给他儿子听
克里斯宾节，从今天直到世界末日，永远不会随便过去
在这个节日里的我们也永不会被人们忘记——
我们是少数几个人，幸运的少数几个人，我们是一支兄弟的队伍。"

图 16-1　电影《亨利五世》（1989）中，肯尼斯·布拉纳爵士在集结军队

法国国内到 15 世纪中叶出现的情况不存在必然性；因为语言和文化差异明显，法国南方尤其是西南地区很可能不会被瓦卢瓦王朝统治。然而，法国夺回加斯科尼和诺曼底标志着英格兰对法国的控制最终结束了。随后英格兰把野心转向海上扩张和征服新世界。法国民族情绪愈发高涨。几个世纪以来，战争的记忆影响了英法两国的态度。法国人铭记了民族英雄圣女贞德短暂而传奇的一生，也铭记在克雷西、普瓦捷，特别是在阿金库尔的失利。同样，英格兰人也为这些胜利感到骄傲，莎士比亚的《亨利五世》无论在舞台上还是在电影中都强化了这种自豪感。

这本书似乎不应该以骑士精神的荣耀作为结尾，我们最后倒是应该提一提那些参与战斗和受苦的人们。战争是艰苦的。休·黑斯廷斯（Hugh Hastings）脸上挨了一拳后掉了几颗牙；他还要忍受肩肘关节的疼痛，很可能死于 1347 年围攻加莱时感染的疾病。1419 年，一名在法国的英军写道："我请求你为我们祈祷，让我们结束这种无趣的行伍生涯，让我们过上以前在英格兰的生活。"托马斯·霍斯特尔（Thomas Hostelle）1415 年在哈弗勒尔战役中失去了一只眼睛，在阿金库尔战役和后面的海战中也受了伤。他"浑身疼痛，虚弱不堪，遍体鳞伤"，声称自己服役从未得到过任何回报。1415 年，威廉·克劳福德（William Crawford）在哈弗勒尔服役，"他经常被俘房，手脚都有伤，头部也受了重伤，已经不太可能康复了"。但王室慈善机构至少确保了他最后在温莎的日子还算过得去。[2]

致　谢

我非常感谢亚历克斯·赖特（Alex Wright）建议我写这本书，他在此过程中给予我很大的帮助。此外，我还要感谢保罗·汤普西特（Paul Tompsett）、罗尼·汉纳（Ronnie Hanna）、大卫·坎贝尔（David Campbell）以及全体出版团队。感谢杜伦大学（Durham University）在我退休后还愿意继续为我提供纸质和电子版图书馆资料。近年来，电子资料资源越来越丰富，具体研究过程也随之发生了变化。如果没有互联网档案系统、Hathi数字图书馆和Gallica数字图书馆，这本书就不能顺利完成。同样一如既往地感谢我的妻子的帮助和建议。

拓展阅读

概述

在关于百年战争的历史著作中，处于首要地位的是 Jonathan Sumption 的权威多卷本著作 *The Hundred Years War I: Trial by Battle*（London, 1990）；*Trial by Fire: The Hundred Years War II*（London, 1999）；*Divided Houses: The Hundred Years War III*（London, 2009）以及 *Cursed Kings: The Hundred Years War IV*（London, 2015）。这些著作详尽地记述了百年战争的历史。关于百年战争的简史类著作有 E. Perroy 的 *The Hundred Years War*（London, 1951）；P. Contamine 所著的 *La Guerre de Cent Ans*（Paris, 1972）；Anne Curry 的 *The Hundred Years War*（Basingstoke, 1993）；以及 Christopher Allmand 撰写的 *The Hundred Years War: England and France at War c. 1300–c. 1450*（Cambridge, 1988）。David Green 的著作 *The Hundred Years War: A People's History*（London, 2014）对许多主题都进行了非常有价值的研究。A. H. Burne 所著的 *The Crecy War*（London, 1955）以及 *The Agincourt War*（London, 1956）至今仍具有重要的参考意义。如果想了解关于中世纪战争的概述性研究，请参考 P. Contamine 的 *War in the Middle Ages*, M. Jones 译（Oxford, 1984），和 J. F. Verbruggen 所著的 *The Art of Warfare in Western Europe during the Middle Ages: From the Eighth Century to 1340*（Woodbridge, 1997）。由 Valerie Tourelle 等人所著的 *Guerre et Société*

1270–1480（Neuilly, 2013）也对战争进行了多方面的归纳总结。

许多文集里都有重要的文献可供参考，包括 Anne Curry 和 Michael Hughes 所编著的 *Arms, Armies and Fortifications in the Hundred Years War*（Woodbridge, 1994），L. J. Andrew Villalon 和 D. J. Kagay 所编著的 *The Hundred Years War: A Wider Focus*（Leiden, 2005）；*The Hundred Years War（Part II），Different Vistas*（Leiden, 2008），以及 *The Hundred Years War（Part III），Further Considerations*（Leiden, 2013）。P. Contamine, C. Giry-Deloison 和 M. H. Keen 所编著的 Guerre *et societé en France et en Bourgogne XIVe–XV siècle*（Villeneuve d'Ascq, 1991）里有很多有价值的英语和法语文献。

New Oxford History of England 中有两卷记述了百年战争这段历史，分别是 Michael Prestwich 所著的 *Plantagenet England 1225–1360*（Oxford, 2005）和 Gerald Harriss 的 *Shaping the Nation: England 1360–1461*（Oxford, 2005）。G. Small 的著作 *Late Medieval France*（Basingstoke, 2009）则是对这段历史的简要概述。

耶鲁大学关于英国君主的系列丛书包含了以下内容，都是与百年战争高度相关的：W. M. Ormrod 的 *Edward III*（London, 2011）；Nigel Saul 的 *Richard II*（London, 1997）；Chris Given-Wilson 的 *Henry IV*（London, 2016）；C. T. Allmand 的 *Henry V*（London, 1992）；以及 Bertram Wolffe 所著的 *Henry VI*（London, 2001）。关于法国王室的著作包括 R. Cazelles 的 *Société politique, nobles et couronne sous Jean le Bon et Charles V*（Geneva and Paris, 1982），Françoise Autrand 所著的 *Charles V le Sage*（Paris, 1994）和 *Charles VI: La folie du Roy*（Paris, 1986），以及 Malcolm Vale 所著的 *Charles VII*（London, 1974）。

资料出处

我在这里只列出一些现成的英文译本，并没有列出本书所用的所有资料来源。还有许多在尾注中有详细说明。弗罗萨特的作品有多种译本，由 G. Brereton（Harmondsworth, 1968）主编并翻译的 *Froissart Chronicles* 可供便捷摘录。其他英文编年史包括 R. A. Newhall 主编的 The *Chronicle of Jean de Venette*（New York, 1953）；Andy King 主编的 *Sir Thomas Gray Scalacronica, 1272–1363*（Surtees Society, 2005）；G. H. Martin 主编的 *Knighton's Chronicle 1337–1396*（Oxford, 1995）；Frank Taylor 和 John S. Roskell 主编的 Gesta *Henrici Quinti*（Oxford, 1975）。还有 Craig Taylor 和 Jane H. M. Taylor 主编并翻译的 The *Chivalric Biography of Boucicaut, Jean II le Meingre*（Woodbridge, 2016）。

文中一些资料出处包括 Clifford J. Rogers 主编的 *The Wars of Edward III: Sources and Interpretations*（Woodbridge, 1999），Michael Livingston 和 Kelly DeVries 主编的 *The Battle of Crécy: A Casebook*（Liverpool, 2015），Richard Barber 主编的 *The Life and Campaigns of the Black Prince*（London, 1979），Anne Curry 主编的 *The Battle of Agincourt: Sources and Interpretations*（Woodbridge, 2000），Craig Taylor 主编的 *Joan of Arc: La Pucelle*（Manchester, 2006），以及 C. T. Allmand 主编的 Society *at War: The Experience of England and France during the Hundred Years War*（Edinburgh, 1973）。

第 1 章　战争原因

Malcolm Vale 的 *The Origins of the Hundred Years War*（Oxford, 1990）主要研究了加斯科尼这个地区，而 H. S. Lucas 的 *The Low Countries and the Hundred Years' War, 1326–1347*（Ann Arbor, MI, 1929）关注的则是另一个地区。关于十字军东征计划的失败，请参见 C. J. Tyerman 的'Philip VI and the Recovery of the Holy Land'，刊在 *English Historical Review* 100（1985）。Dana L. Sample 所写的'Philip VI's mortal enemy: Robert of Artois and the beginning of the Hundred Years War'，摘自 L. J. A. Villalon 和 D. J. Kagay 合编的 *The Hundred Years War（Part II），Different Vistas*（Leiden, 2008），第 261–284 页，它着眼于这场危机中的另一个因素。Craig Taylor 在 J. S. Bothwell 主编的 *The Age of Edward III*（Woodbridge,

2001）第 155–169 页探讨了 'Edward III and the Plantagenet Claim to the French Throne' 这一主题。关于苏格兰的历史，请参阅 James Campbell 的 'England, Scotland and the Hundred Years War'，再版于 Clifford Rogers 主编的 *The Wars of Edward III: Sources and Interpretations*。如果想了解最近关于这方面的一些观点，请参阅 Michael Penman 的 *David II, 1329–71*（East Linton, 2004）。

第 2 章　战争的第一阶段（1337 ～ 1345）
第 3 章　克雷西与加莱

　　Clifford J. Rogers 的 *War Cruel and Sharp*（Woodbridge, 2000）一书中主要讲述了爱德华三世的一些战役，他提出英格兰的战略是主动求战。Kelly DeVries 的 *Infantry Warfare in the Early Fourteenth Century*（Woodbridge, 1996）对个别战役进行了研究。关于斯鲁伊斯海战的内容，请参考 G. Cushway 所著的 *Edward III and the War at Sea: The English Navy, 1327–1377*（Woodbridge, 2011）。关于图尔奈之围的内容，请参阅 Kelly DeVries 所著的 'Contemporary Views of Edward III's Failure at the Siege of Tournai, 1340', *Nottingham Medieval Studies* 39（1995），70–105 页。兰开斯特在加斯科尼及其他等地的战役在 Kenneth Fowler 的 *The King's Lieutenant: Henry of Grosmont, First Duke of Lancaster*（London, 1969）一书中有详细记述。克雷西战役受到了广泛关注。如果想了解这场战役的历史，Andrew Ayton 和 Philip Preston 共同撰写的 *The Battle of Crécy, 1346*（Woodbridge, 2005）非常重要，而 Richard Barber 的 *Edward III and the Triumph of England*（London, 2013），以及 Livingston 和 DeVries 合著的 *The Battle of Crécy: A Casebook* 都对这场战役进行了不同的阐释。关于加莱之围的内容，请参阅 Craig Lambert 的 'Edward III's siege of Calais: A reappraisal', *Journal of Medieval History* 37（2011），245–256 页；而这场围攻战带来的难题则在 S. J. Burley 的 'The Victualling of Calais', *Bulletin of the Institute of Historical Research* 31（1958），49–57 页中有详细记述。

David Rollason 和 Michael Prestwich 主编的 *The Battle of Neville's Cross* （Stamford, 1998）中有许多关于这场战役的内容。

关于英格兰在战争期间的资金筹措，请参考 G. L. Harriss 的 *King, Parliament and Public Finance to 1369*（Oxford, 1975），以及 E. B. Fryde 发表在 *Studies in Medieval Trade and Finance*（London, 1983）上的论文。而法国的资金问题则请参阅 John B. Henneman 的 *Royal Taxation in Fourteenth Century France: The Development of War Financing 1322–1356*（Princeton, NJ, 1971）。J. R. Maddicott 的 *The English Peasantry and the Demands of the Crown, 1294–1341*（*Past and Present* Supplement 1, 1975）对于了解英格兰在战争初期的负担非常重要。

第 4 章　普瓦捷与布雷蒂尼

Richard Barber 的 *Edward Prince of Wales and Aquitaine*（Woodbridge, 1978）是一本关于爱德华的完整传记。H. J. Hewitt 在他的 *The Black Prince's Expedition of 1355–57*（Manchester, 1958）一书中对此也有详细的研究。关于 1356 年的最后一场战役，请参阅 David Green 的 *The Battle of Poitiers 1356*（Stroud, 2002）。那场战役中的战俘情况在 C. Given-Wilson 和 F. Bériac 合著的 'Edward III's Prisoners of War: the Battle of Poitiers and its Context', *English Historical Review 116*（2001），802–833 页有介绍。John Le Patourel 在 'Edward III and the kingdom of France' 中探讨了英格兰的战争目的，再版于 Rogers 主编的 *The Wars of Edward III: Sources and Interpretations*。近年对和平谈判的研究见于 Clifford J. Rogers 的 'The Anglo-French Peace Negotiations of 1354–1360 revisited' 一文，发表在 J. S. Bothwell 主编的 *The Age of Edward III*（Woodbridge, 2001），193–213 页。关于扎克雷起义，Siméon Luce 在 *Histoire de la Jacquerie d'apres des document inédits*（2nd edn, Paris, 1894）中进行了研究；最新的研究是 J. Firnhaber-Baker 的 'Soldiers, Villagers and Politics: Military Violence and the Jacquerie of 1358' 一文，发表在 G. Pépin, F. Lainé 和 F. Boutoulle 主编

的 *Routiers et mercenaires pendant la guerre de Cent ans*（Bordeaux, 2016），
101–114 页。J. B. Henneman 在 *Royal Taxation in Fourteenth-Century France: The Captivity and Ransom of John II, 1356–1370*（Philadelphia, 1976）
一书中探讨了法国财政的转型。

第 5 章　和平与战争（1360～1377）
第 6 章　新国王的新战略（1377～1399）

关于雇佣兵的内容，请参阅 Kenneth Fowler 的 *Medieval Mercenaries*（Oxford, 2001）。黑太子在加斯科尼战役中发挥的作用在 G. Pepin 的 Towards a New Assessment of the Black Prince's Principality of Aquitaine: a Study of the Last Years（1369–72），*Nottingham Medieval Studies 50*（2006），59–114 页有介绍。A. Goodman 的 *John of Gaunt: The Exercise of Princely Power in Fourteenth-Century Europe*（Harlow, 1992）对于了解这段历史很重要；J. W. Sherborne 的 *War, Politics and Culture in Fourteenth-Century England*（London, 1994）也非常有价值。J. J. N. Palmer 所著的 *England, France and Christendom 1377–99*（London, 1972）仍然存在一些争议。J. B. Henneman 撰写的 *Olivier de Clisson and Political Society in France under Charles V and Charles VI*（Philadelphia, 1996）是从法国的视角来阐述 的。R. Vernierr 的 *The Flower of Chivalry: Bertrand du Guesclin and the Hundred Years War*（Woodbridge, 2003）简要介绍了这位法国英雄的生平。关于约翰·霍克伍德的介绍，请见 William Caferro 的 *John Hawkwood: An English Mercenary in Fourteenth-Century Italy*（Baltimore, MD, 2006），以及他发表在 Villalon 和 Kagay 主编的 *The Hundred Years War* 上的文章。Frances Stonor Saunders 的 *Hawkwood, Diabolical Englishman*（London, 2004）则提供了一种更加流行的观点。关于伊比利亚半岛战争的经典著作 是 P. E. Russell 的 *The English Intervention in Spain and Portugal in the Time of Edward III and Richard II*（Oxford, 1955）。关于奥特本战役及其背景，请参阅 A. Goodman 和 A. Tuck 主编的 *War and Border Societies in the*

Middle Ages（London, 1992）。David Grummitt 和 Jean-François Lassalmonie 的 ‘Royal Public Finance（c. 1290–1523）’一文对英格兰和法国的财政状况进行了对比分析，发表在 Christopher Fletcher，Jean-Philippe Genet 和 John Watts 主编的 *Government and Political Life in England and France c. 1300–c. 1500*（Cambridge, 2015）。

第 10 章　阿金库尔战役
第 11 章　攻占诺曼底

阿金库尔战役也吸引了很多历史学家的注意，要了解这段历史，首先请参阅 Anne Curry 的 *Agincourt: A New History*（Stroud, 2005）。更为普遍接受的版本是 Juliet Barker 的 *Agincourt*（London, 2005），Clifford J. Rogers 的 ‘The Battle of Agincourt’，发表在 Villalon 和 Kagan 主编的 *The Hundred Years War*（*Part III*），以及 Michael K. Jones 的 *Agincourt 1415*（Barnsley, 2005）都对此进行了不同的分析。关于杀死大批俘虏的背景介绍，请参考 Andy King 的“Then a great misfortune befell them”: the laws of war on surrender and the killing of prisoners on the battlefield in the Hundred Years War, *Journal of Medieval History* 43（2017），106–117 页。R. A. Newhall 所著的 *The English Conquest of Normandy*（New Haven, CT, 1924）对亨利五世之后的战争进行了详细介绍，C. T. Allmand 撰写的 *Lancastrian Normandy 1415–1450*（Oxford, 1983）则研究了英格兰对诺曼底的占领情况，还可参考 Juliet Barker 的 *Conquest: The English Kingdom of France, 1417–1450*（London, 2009）。Malcolm Vale 的 *Henry V: The Conscience of a King*（London, 2016）一书研究了亨利的性格品质，这部分内容在 Craig Taylor 的 ‘Henry V, Flower of Chivalry’一文中也有提及，这篇文章发表于 G. Dodd 主编的 Henry *V, New Interpretations*（Woodbridge, 2013）。W. J. Carpenter Turner 的 ‘The Building of the *Gracedieu, Valentine and Falconer at Southampton, 1416–1420*’一文发表在 *The Mariner's Mirror* 40（1954），55–72 页，主要研究了国王的造船计划，关于这部分内容，最近的研

究 有 Ian Friel 的 *Henry V's Navy: The Sea Road to Agincourt and Conquest 1413–1422*（Stroud, 2015）。

M. K. Jones 的 'The Battle of Verneuil（17 August 1424）: Towards a History of Courage', *War in History 9*（2002），375–411 页对维尔纳伊尔战役进行了深入分析。G. L. Thompson 所著的 *Paris and its People under English Rule: The Anglo-Burgundian Regime 1420–1436*（Oxford, 1991）研究了占领巴黎这段历史。B. J. H. Rowe 的 'John Duke of Bedford and the Norman "Brigands"', *English Historical Review* 47（1932），545–67 页描述了诺曼底秩序的崩溃。

对于法国这段历史，除了 Autrand on Charles VI，还可参阅 B. Schnerb 的 *Armagnacs et Bourguignons: La maudite guerre 1407–1435*（Paris, 2001）；关于勃艮第的介绍，则可参阅 R. Vaughan 的 *John the Fearless*（Woodbridge, 1973）。

第 12 章　英格兰的溃败

关于圣女贞德的书有很多，但很少有书着重描述她在战争中发挥的作用。Kelly DeVries 的 *Joan of Arc: A Military Leader*（Stroud, 1999）就是一个例外。Helen Castor 的 *Joan of Arc: A History*（London, 2014）以及 Larissa J. Taylor 的 *The Virgin Warrior: The Life and Death of Joan of Arc*（London, 2009）对贞德进行了更为全面的研究。A. J. Pollard 所著的 *John Talbot and the War in France 1427–1453*（2nd edn, Barnsley, 2005）是一部经典著作；Juliet Barker 的 *Conquest* 一书也提到了战争后期的这段历史。J. G. Dickinson 在他的 *The Congress of Arras 1435: A Study in Medieval Diplomacy*（Oxford, 1955）中探析了英格兰与勃艮第联盟的终结。Gerald Harriss 的传记作品 *Cardinal Beaufort: A Study of Lancastrian Ascendancy and Decline*（Oxford, 1988）对于了解当时的经济背景很有帮助。M. H. Keen 研究了 'The End of the Hundred Years War: Lancastrian France and Lancastrian England'，他的这篇文章发表于 M. Jones 和 M. Vale 主编的

England and her Neighbours 1066–1453: Essays in Honour of Pierre Chaplais
（London, 1989）。关于最后战争的失败，请参阅 Craig Taylor 的‘Brittany
and the French Crown: the Aftermath of the Attack on Fougères’，见于 J. R.
Maddicott 和 D. M. Palliser 主编的 *The Medieval State: Essays Presented to
James Campbell*（London, 2000）。

第 7 章　14 世纪的英格兰军队
第 8 章　14 世纪的法国军队
第 13 章　15 世纪的军队

　　P. Contamine 在 *Guerre, état et societé à la fin du moyen âge*（Paris, 1972）
中所做的大量详细研究，对改变人们对中世纪晚期军队的固有观点有很大
帮助。Michael Prestwich 介绍了英格兰军队的概况；关于英格兰和法国军
队的对比，请参阅 Steven Gunn 和 Armand Jamme 撰写的‘Kings, Nobles
and Military Networks’，见于 Christopher Fletcher, Jean-Philippe Genet 和
John Watts 主编的 *Government and Political Life in England and France c.
1300–c. 1500*（Cambridge, 2015）。

　　A. E. Prince 在他的‘The Strength of English Armies under Edward III’，
English Historical Review 46（1931），353–371 页中对英格兰军队进行了具
有开创性的研究。Andrew Ayton 的 *Knights and Warhorses: Military Service
and the English Aristocracy under Edward III*（Woodbridge, 1994）很大程度
上展示了档案所发挥的作用。最近，Adrian R. Bell, Anne Curry, Andy King
和 David Simpkin 进行了一项重大研究项目，该项目的成果是 *The Soldier
in Medieval England*（Woodbridge, 2013）一书，该书涵盖了 1369~1453 年
间的历史，展示了通过电脑来分析征兵名册和其他档案的优势。与这个项
目相关的两卷论文发表在 Adrian R. Bell 和 Anne Curry 主编的 *The Soldier
Experience in the Fourteenth Century*（Woodbridge, 2011） 和 *Waging War in
the Fourteenth Century, Journal of Medieval History* 37, no. 3（2011）。Andrew
Ayton 和 Philip Presto 所著的 *The Battle of Crécy, 1346*（Woodbridge, 2005）

中有 Ayton 和 Bertrand Schnerb 合写的关于英法军队的重要章节。Anne
Curry 和 Michael Hughes 主编的 *Arms, Armies and Fortifications in the Hundred
Years War*（Woodbridge, 1994）中有 Andrew Ayton 的 'English armies in the
Fourteenth Century'，21–38 页，还有 Anne Curry 撰写的 'English Armies
in the Fifteenth Century'，39–68 页。Curry 还 写 了 'The Organisation of
Field Armies in Lancastrian Normandy'， 发表在 Matthew Strickland 主编的
Armies, Chivalry and Warfare in Medieval Britain and France（Stamford, 1998）。
Nicholas A. Gribit 的 *Henry of Lancaster's Expedition to Aquitaine, 1345–46*
（Woodbridge, 2016）对英格兰军队进行了有价值的分析。Andrew Ayton
的 'The Military Careerist in Late Medieval England'，*Journal of Medieval
History* 43（2017），4–23 页对于了解 14 世纪晚期的英格兰历史很有帮助。
David Grummitt 的 *The Calais Garrison: War and Military Service in England,
1436–1558*（Woodbridge, 2008）一书中也有一部分与百年战争有关。Adam
Chapman 的 *Welsh Soldiers in the Later Middle Ages 1282–1422*（Woodbridge,
2015）中提到了威尔士对英格兰军队所做的贡献。Chris Given-Wilson 所
著的 *The Royal Household and the King's Affinity: Service, Politics and Finance
in England 1360–1413*（London, 1986）对于研究王室骑士很有价值。Jon
Andoni Fernández de Larrea Rojas 在 *El precio de la sangre: Ejércitos y sociedad
en Navarra durante la Baja Edad Medie（1259–1450）*（Madrid, 2013）一书中与
纳瓦雷斯军队做了一个对比。如果想了解布拉班特战役，请参阅 S. Boffa
的 *Warfare in Medieval Brabant 1356–1406*（Woodbridge, 2004）。

  A. E. Prince 的 'The indenture system under Edward III' 对募兵制度
进行了研究，文章见于 J. G. Edwards, V. H. Galbraith 和 E. F. Jacob 主编的
Historical Essays in Honour of James Tait（Manchester, 1933），283–297 页。
Simon Walker 的 'Profit and Loss in the Hundred Years War: the Subcontracts
of Sir John Struther, 1374'，*Bulletin of the Institute of Historical Research* 58
（1985），100–106 页，和 A. Goodman 的 'Responses to Requests in Yorkshire
for Military Service under Henry V'，*Northern History* 17（1981），240–252 页

也提供了非常有价值的研究。Gary Baker 的'To Agincourt and beyond! The martial affinity of Edward of Langley, second duke of York（c.1373–1415）', *Journal of Medieval History* 43（2017），40–58 页对 15 世纪早期的一名扈从进行了详细分析。关于骑士阶级的国内背景，请参考 P. Coss 的 *The Knight in Medieval England 1000–1400*（Woodbridge, 1993）。

关于弓箭手的内容，请参阅 Matthew Strickland 与 Robert Hardy 合著的 *The Great Warbow*（Stroud, 2005）。有关弓箭手的社会背景方面的内容，请参阅 Gary Baker 的'Investigating the Socio-Economic Origins of English Archers in the Second Half of the Fourteenth Century', *Journal of Medieval Military History* 12（2014），174–216 页。关于长弓作用的争论，请参考 Kelly DeVries 的'Catapults Are Not Atomic Bombs: Towards a Redefinition of "Effectivenesss" in Premodern Military Technology', *War in History* 4（1997），460–464 页，Clifford J. Rogers 的'The Efficacy of the English Longbow: A Reply to Kelly DeVries', *War in History* 5（1998），233–242 页以及 Clifford J. Rogers 所著的'The development of the longbow in late medieval England and "technological determinism"', *Journal of Medieval History* 37（2011），321–341 页。

关于雇佣军的内容，请参阅 Kenneth Fowler 所著的 *Medieval Mercenaries*（Oxford, 2001），以及 G. Pépin, F. Lainé 和 F. Boutoulle 主编的 *Routiers et mercenaires pendant la guerre de Cent ans*（Bordeaux, 2016）上的文章。B. G. A. Ditcham 的 *The Employment of Foreign Mercenary Troops in the French Armies, 1416–1470*（PhD thesis, Edinburgh University, 1978）一书则研究了苏格兰雇佣军。

Thom Richardson 的 *The Tower Armoury in the Fourteenth Century*（Leeds, 2016）一书主要介绍了盔甲，并且他的'Armour in England, 1327–99', *Journal of Medieval History* 37（2011），304–320 页和'Armour in Henry V's Great Wardrobe', *Arms and Armour* 12（2015），22–29 页两篇文章也对盔甲进行了研究。

关于英格兰海军的介绍，请参考 Graham Cushway 的 *Edward III and the War at Sea*（Woodbridge, 2011）和 Craig L. Lambert 的 *Shipping the Medieval Military: English Maritime Logistics in the Fourteenth Century*（Woodbridge, 2011），以及 Tony K. Moore 发表在 R. Gorski 主编的 *Roles of the Sea in Medieval England*（Woodbridge, 2012）上的 ' The Cost-Benefit Analysis of a Fourteenth-Century Naval Campaign: Margate/Cadzand 1387'。关于法国海军的内容，请参阅 C. de la Roncière 的 *Historie de la marine Française*（Paris, 1899–1932）一书，以及 Anne Merlin-Chazelas 主编的 *Documents relatifs au clos des galées de Rouen et aux armées de mer du roi de France de 1293 à 1418*, i and ii（Paris, 1977–8）。

关于火炮的文献有很多。如果想了解火炮对战争的影响，请参阅 Clifford J. Rogers 的 ' The Military Revolutions of the Hundred Years ' War ', *Journal of Military History 57*（1993），241–278 页，和 Malcolm Vale 发表在 C. T. Allmand 主编的 *War, Literature and Politics in the Late Middle Ages*（Liverpool, 1976）上的 ' New Techniques and Old Ideals: The Impact of Artillery on War and Chivalry at the End of the Hundred Years War '。Vale 在他的 *War and Chivalry*（London, 1981）一书中也提及了关于火炮的内容。关于勃艮第火炮的介绍也有很多，可以参考 Robert D. Smith 与 Kelly DeVries 合著的 *The Artillery of the Dukes of Burgundy 1363–1477*（Woodbridge, 2005），J. Garnier 所著的 *L'artilllerie des ducs de Bourgogne d'après les documents conserves aux archives de la Côte d'Or*（Paris, 1895），以及 Monique Sommé 写的 ' L'armée Bourguignonne au siege de Calais de 1436' 一文，见于 P. Contamine, C. Giry-Deloison 和 M. H. Keen 主编的 *Guerre et Société en France, en Angleterre, et en Bourgogne*（Villeneuve d'Ascq, 1991），204–205 页。T. F. Tout 发表在 *The Collected Papers of Thomas Frederick Tout*（Manchester, 1932–4），ii, 233–275 页上的文章 ' Firearms in England in the Fourteenth Century ' 介绍了英格兰火炮。关于 15 世纪的火炮，请参阅 Dan Spencer 的 ' " The Scourge of the Stones ",

English Gunpowder Artillery at the Siege of Harfleur ', *Journal of Medieval History* 43（2017），59–73 页 和 ' The Provision of Artillery for the 1428 Expedition to France ', Journal of Medieval Military History 13（2015），179–192 页，以及 David Grummitt 所著的 ' The Defence of Calais and the Development of Gunpowder Artillery in England in the Late Fifteenth Century ', *War in History 7*（2000），253–272 页。

第 9 章　战争的后勤工作

H. J. Hewitt 的 *The Organization of War under Edward III*（Manchester, 1966）一书中对战争的后勤工作进行了开创性研究。Craig Lambert 所著的 *Shipping the Medieval Military: English Maritime Logistics in the Fourteenth Century*（Woodbridge, 2011）一书研究了英格兰军队军需运行方式的一个重要方面。Y. N. Harari 的 ' Strategy and Supply in Fourteenth-Century Western European Invasion Campaigns ', *Journal of Military History* 64（2000），297–333 页挑战了正统观念。关于法国军队的军需运行方式，请参阅 M. Jusselin 的 ' Comment la France se préparait à la guerre de Cent ans ', *Bibliothèque de l'école des chartes* 73（1912），211–236 页。

第 14 章　得与失

K. B. McFarlane 的 ' War, the Economy and Social Change: England and the Hundred Years War ', *Past & Present 22*（1962），3–13 页　和 M. M. Postan 的 ' The Costs of the Hundred Years War ', *Past & Present* 24（1964），34–53 页都分析了战争对经济的影响。P. Contamine 的 ' La Guerre de Cent Ans en France: un Approche Économique ', *Bulletin of the Institute of Historical Research* 47（1974），125–149 页从法国的角度对此也做出了解释。M. Jones 的 ' War and Fourteenth-Century France ' 一文见于 Anne Curry 和 Michael Hughes 主编的 *Arms, Armies and Fortifications in the Hundred Years War*（Woodbridge, 1994），这篇文章做了一个非常有

价值的调查。进行区域分析的经典著作是 R. Boutrouche 所著的 *La Crise d'un société: Seigneurs et paysans du Bordelais pendant la Guerre de Cent Ans*（Paris, 1947）。Nicholas Wright 的 *Knights and Peasants: The Hundred Years War in the French Countryside*（Woodbridge, 1998）研究了 14 世纪晚期的历史。战争对英国出口的影响从 T. H. Lloyd 的 *The English Wool Trade in the Middle Ages*（Cambridge, 1977）一书中可以看出；M. K. James 的 ' The Fluctuations of the Anglo-Gascon Wine Trade during the Fourteenth Century ', *Economic History Review*, n.s., 4（1951），170–196 页则研究了战争对葡萄酒贸易的影响。M. Kowaleski 在他的 ' Warfare, Shipping and Crown Patronage: The Impact of the Hundred Years War on the Port Towns of Medieval England ' 一文中提出了一些有价值的观点，这篇文章见于 Lawrin Armstrong, Ivana Elbl 和 Martin M. Elbl 主编的 *Money, Markets and Trade in Later Medieval Europe*（Leiden, 2006），233–256 页。

关于铸币活动及其影响，请参阅 J. L. Bolton 的 *Money in the Medieval English Economy: 973–1489*（Manchester, 2012），和 H. A. Miskimin 的 *Money, Prices and Foreign Exchange in Fourteenth-Century France*（New Haven, CT, and London, 1963）。

关于战争对个人财富的影响有很多介绍，可以参阅 K. B. McFarlane 的 ' The Investment of Sir John Fastolf's Profits of War ', *Transactions of the Royal Historical Society, 5th ser., 7（1957*），91–116 页，和 Michael Jones 的 ' The fortunes of war: the military career of John, second lord Bourchier（d.1400）', *Essex Archaeology and History* 26（1995），145–161 页。Henneman 的 *Olivier de Clisson and Political Society* 一书中也有很多相关内容。

第 15 章　骑士精神与战争

Maurice Keen 的 *Chivalry*（London, 1984）是一部经典著作。最近的一些作品有 R. W. Kaeuper 的 *Chivalry and Violence in Medieval Europe*（Oxford, 1999），N. Saul 所著的 *Chivalry in Medieval England*（Cambridge,

MA, 2011），以及 Craig Taylor 所写的 *Chivalry and the Ideals of Knighthood in France during the Hundred Years War*（Cambridge, 2013）。Malcolm Vale 在 *War and Chivalry*（London, 1981）一书中研究了 15 世纪的骑士精神。Craig Taylor 的这篇 'English Writings on Chivalry and Warfare during the Hundred Years War' 见于 P. Coss 和 C. Tyerman 主编的 *Soldiers, Nobles and Gentlemen*（Woodbridge, 2009），64–84 页，主要研究的是骑士文学。D'A. J. D. Boulton 在 *The Knights of the Crown*（Woodbridge, 1987）中对军令进行了详细研究。关于嘉德勋章，请参阅 Richard Barber 的著作 *Edward III and the Triumph of England*（London, 2013）。关于战争法的内容，首先要看的就是 Maurice Keen 的 *The Laws of War in the Late Middle Ages*（London, 1965）；Rémy Ambühl 的著作 *Prisoners of War in the Hundred Years War: Ransom Culture in the Late Middle Ages*（Cambridge, 2013）研究了其中一个重要因素。骑士比武的内容在 Juliet Barker 的 *The Tournament in England 1100–1400*（Woodbridge, 1986）一书中有提到。Steven Muhlberger 的 *Deeds of Arms*（Highland Village, TX, 2005）一书中有对 14 世纪后期的骑士比武的讨论。T. Guard 的 *Chivalry, Kingship and Crusade: The English Experience in the Fourteenth Century*（Woodbridge, 2013）围绕十字军的利益展开。

结语

关于现代早期军事革命的文献有很多，这最早是由 Michael Roberts 提出来的。为了方便介绍，请参阅 G. Parker 的 'The "Military Revolution," 1560–1660–a Myth?'，*Journal of Modern History* 48（1976），195–214 页，和他的 *The Military Revolution*（London, 1988）一书。Clifford Rogers 在 'The Military Revolutions of the Hundred Years War'，*Journal of Military History* 57（1993），241–278 页一文中研究了军事改革对中世纪的影响。

注　释
━━◆●◆◆━━

缩略语

CCR	*Calendar of Close Rolls* (London, 1900–49).
CPR	*Calendar of Patent Rolls* (London, 1906– 66).
Froissart	Jean Froissart, *Chroniques de J. Froissart*, ed. Siméon Luce, Albert Mirot, Léon Mirot and Gaston Raynaud (Paris, 1869–).
Murimuth and Avesbury	Adam Murimuth and Robert of Avesbury, *Adae Murimuth, Continuatio Chronicarum: Robertus de Avesbury, De Gestis Mirabilibus Regis Edwardi Tertii*, ed. E. M. Thompson (Rolls ser., 1889).
Oeuvres de Froissart	*Oeuvres de Froissart: chroniques: publiées avec les variantes des divers manuscrits*, ed. J. B. M. C. Kervyn de Lettenhove (Brusssels, 1867–77).
TNA	The National Archives

序言

1 *Joan of Arc: La Pucelle*, ed. Craig Taylor (Manchester, 2006), p. 240.

2 C. O. Desmichels and A. Trognon, *Tableau sommaire du cours d'histoire générale* (Paris, 1820), p. 28.

第 1 章　战争原因

1 *Froissart*, i, part 2, p. 84.

2 Murimuth and Avesbury, p. 92.

3 *Chronique et annales de Giles le Muisit*, ed. Henri Lemaître (Paris, 1906), p. 111.

4 *The Wars of Edward III: Sources and Interpretations*, ed. Clifford J.Rogers (Woodbridge, 1999), p. 85.

5 Ibid., p. 125.

6 *Oeuvres de Froissart*, vol. 18, p. 171; Christopher Philpotts, ‘ The French Plan of Battle during the Agincourt Campaign ’, *English Historical Review* 99

(1984), p. 64.

7 Stubbs, *Select Charters* (9th ed., revised by H. W. C. Davis, Oxford, 1913), p. 480; *Parliament Rolls of Medieval England*, ed. Chris Given- Wilson et al. (Woodbridge, 2005, CD-Rom), 1343, m. 1; 1346, m. 1.

8 Guttiere Diaz de Gamez, *The Unconquered Knight: A Chronicle of the Deeds of Don Pero Niño*, ed. Joan Evans (London, 1928), pp. 104–5, 132–3.

第 2 章　战争的第一阶段（1337～1345）

1 Sir Thomas Gray, *Scalacronica, 1272–1363*, ed. Andy King (Surtees Society, 2005), p. 125.

2 *Chronique de Jean Le Bel*, ed. J. Viard and E. Déprez (Paris, 1904–5), i., p. 302.

3 *The Wardrobe Book of William de Norwell,* ed. Mary Lyon, Bryce Lyon and Henry S. Lucas (Brussels, 1983), p. 212.

4 *Scalacronica*, p. 127.

5 Murimuth and Avesbury, p. 304.

6 *Oeuvres de Froissart*, xviii, p. 90.

7 Murimuth and Avesbury, p. 306.

8 M. Jusselin, ' Comment la France se préparait à la guerre de Cent ans ' , *Bibliothèque de l'école des chartes* 73 (1912), pp. 228–32.

9 John B. Henneman, *Royal Taxation in Fourteenth Century France: The Development of War Financing 1322–1356* (Princeton, NJ, 1971), pp. 116–53.

10 *The Political Songs of England*, ed. Thomas Wright (Camden Society, 1839), pp. 182–7.

11 *Chronique de Jean le Bel*, i., pp. 308–9, 318.

12 *Parliament Rolls of Medieval England*, ed. Chris Given-Wilson et al. (Woodbridge, 2005, CD-Rom), 1345, section 1.

13 *CPR 1334 –8*, pp. 502–4; *CCR 137–9*, p. 520.

14 The *Register of Ralph of Shrewsbury, bishop of Bath and Wells 1329–1363*, ed. T. S. Holmes (Somerset Record Society ix, 1896), pp. 324–6.

15 *The Political Songs of England*, pp. 182–7.

16 *CPR 1338–1340*, p. 371.

第 3 章　克雷西与加莱

1 J. F. Verbruggen, *The Art of Warfare in Western Europe During the Middle Ages: From the Eighth Century to 1340* (Woodbridge, 1997), p. 280.

Notes to Pages 23–39

2 Jonathan Sumption, *The Hundred Years War: Trial by Battle* (London,

1990), pp. 532–3; Clifford J. Rogers, *War Cruel and Sharp* (Woodbridge, 2000), pp. 217–37.

3 *The Wars of Edward III: Sources and Interpretations*, ed. Clifford J. Rogers (Woodbridge, 1999), p. 260.

4 *CCR 1346–9*, p. 57.

5 Murimuth and Avesbury, pp. 345–6.

6 *The Anonimalle Chronicle, 1333–1381*, ed. V. H. Galbraith (Manchester, 1927), p. 21; *The Wars of Edward III*, ed. Rogers, p. 130.

7 Andrew Ayton and Philip Preston, *The Battle of Crécy, 1346* (Woodbridge, 2005), pp. 109–37. The location of the battle has been challenged, unconvincingly, by Michael Livingston in *The Battle of Crécy: A Casebook*, ed. M. Livingstone and K. DeVries (Liverpool, 2015), pp. 415–38.

8 *The Battle of Crécy: A Casebook*, pp. 104, 116, 168, 218, 220.

9 L. Lacabane, ' De la poudre à canon et de sa introduction en France ' , *Bibliothèque de l'école des chartes* 6 (1845), p. 36.

10 Thom Richardson, *The Tower Armoury in the Fourteenth Century* (Leeds, 2016), pp. 136–7.

11 *Chronique de Jean le Bel*, ed. J. Viard and E. Déprez (Paris, 1904–5), ii, p. 152.

12 *CPR 1345–1348*, pp. 563–8.

第 4 章　普瓦捷与布雷蒂尼

1 *CCR 1349–1354*, p. 66.

2 *Calendar of Entries in the Papal Registers* (London, 1896–1989), i, p. 234.

3 Froissart, iv, pp. 88–97.

4 *Chronique et annales de Giles le Muisit*, ed. Henri Lemaître (Paris, 1906), pp. 274–9.

5 Ibid., pp. 299, 303.

6 *Chronique Normande du XIVe siècle*, ed. E. and A. Molinier (Paris, 1882), p. 101.

7 *Knighton's Chronicle 1337–1396*, ed. G. H. Martin (Oxford, 1995), p. 127; Murimuth and Avesbury, p. 421; Clifford J. Rogers, ' The Anglo- French Peace Negotiations of 1354–1360 revisited ' , in J. S. Bothwell (ed.), *The Age of Edward III* (Woodbridge, 2001), pp. 195–8.

8 *Oeuvres de Froissart*, xviii, p. 351.

9 Murimuth and Avesbury, p. 442.

10 J. F. Verbruggen, *The Art of Warfare in Western Europe during the Middle Ages: From the Eighth Century to 1340* (Woodbridge, 1997), p. 307.

11 Murimuth and Avesbury, pp. 464–5.

12 Henri Denifle, *La guerre de cent ans et la desolation des* églises, *monastères et hôpitaux en France*, ii (Paris, 1899), pp. 123–7; Clifford J.Rogers, *War Cruel and Sharp* (Woodbridge, 2000), pp. 361–72.

13 *Oeuvres de Froissart*, xviii, p. 387.

14 *Chronique Normande du XIVe siècle*, p. 114.

15 Froissart, v, p. 43.

16 *Oeuvres de Froissart*, xviii, pp. 391–2.

17 *La chronique du bon duc Loys de Bourbon*, ed. A.-M. Chazaud (Paris, 1876), pp. 4–5.

18 F. Bock, ' Some New Documents Illustrating the Early Years of the Hundred Years War ', *Bulletin of the John Rylands Library* 15 (1931), pp. 98–9.

19 Rogers, ' The Anglo-French Peace Negotiations of 1354–1360 Reconsidered ', pp. 199–208.

20 *Chronique des quatre premiers Valois*, ed. Siméon Luce (Paris, 1862), p. 73.

21 Froissart, v, pp. 166.

22 *The Chronicle of Jean de Venette*, ed. R. A. Newhall (New York, 1953), p. 95.

23 A. Chérest, *L'archiprêtre. Épisodes de la guerre de cent ans au xive siècle* (Paris, 1879), p. 389.

24 *The Chronicle of Jean de Venette*, p. 89.

25 TNA, C62/316, m. 2; *Foedera, Litterae & Acta Publica*, ed. T. Rymer et al., iii (i) (London, Record Commission, 1825), pp. 415, 428.

26 *Archives administratives de la ville de Reims*, ed. P. Varin (Paris, 1839–48), iii, pp. 137, 141.

27 Rogers, ' The Anglo-French Peace Negotiations of 1354–1360 Reconsidered ', pp. 209–13.

第 5 章　和平与战争（1360 ~ 1377）

1 *Cronicas de los Reyes de Castilla*, i, ed. E. de Llaguno Amirola (Madrid, 1779), pp. 442–3.

2 *The Life and Campaigns of the Black Prince*, ed. Richard Barber (London, 1979), p. 126; *Chronique Normande du XIVe siècle*, ed. E. and A. Molinier (Paris, 1882), p. 184.

3 *Cronicas de los Reyes de Castilla*, i, p. 460.

4 *CCR 1354 – 60*, p. 481.

5 Froissart, viii, p. 161.

6 A. D. Carr, ' Sais, Sir Gregory ', in H. G. C. Matthew, Brian Harrison and Lawrence Goldman (eds), *The Oxford Dictionary of National Biography* (Oxford, 2004, online version).

7 Chronique des quatre premiers Valois, ed. Siméon Luce (Paris, 1862), p. 234.

8 *Chronicon Angliae*, ed. E. M. Thompson (Rolls Ser., 1874), p. 143.

第 6 章 新国王的新战略（1377 ～ 1399）

1 *Parliament Rolls of Medieval England*, ed. Chris Given-Wilson et al. (Woodbridge, 2005, CD-Rom), 1378, m. 36.

2 *The* Chronica Maiora *of Thomas Walsingham 1377–1422*, ed. J. G. Clark, trans. D. Preest (Woodbridge, 2005), p. 97.

3 Froissart, ix, pp. 136–7; *The* Chronica Maiora *of Thomas Walsingham*, p. 104.

4 E. Perroy, *The Hundred Years War* (London, 1965), p. 140.

5 *La chronique du bon duc Loys de Bourbon*, ed. A.-M. Chazaud (Paris, 1876), p. 172.

6 *Knighton's Chronicle 1337–1396*, ed. G. H. Martin (Oxford, 1995), p. 325.

7 *Documents relatifs au clos des galées de Rouen et aux armées de mer du roi de France de* 1293 à 1418, ed. Anne Merlin-Chazelas (Paris, 1977–8), ii, p. 172.

8 *The Acts of the Parliaments of Scotland*, ed. C. Innes and T. Thomson (Edinburgh, 1844), i, p. 555.

9 *Knighton's Chronicle*, p. 349.

10 *La Chronique du bon duc Loys de Bourbon*, p. 185.

11 J. J. N. Palmer, *England, France and Christendom 1377–99* (London, 1972), pp. 142–65. For a considered assessment, see N. Saul, *Richard II* (London, 1997), pp. 205–34.

12 *Chronique du religieux de Saint-Denis*, ed. L. Bellaguet (Paris, 1839–52), i, p. 68.

13 David Grummitt and Jean-François Lassalmonie, ' Royal Public Finance (c. 1290–1523) ', in Christopher Fletcher, Jean-Philippe Genet and John Watts (eds), *Government and Political Life in England and France,* c. *1300* –c. *1500* (Cambridge, 2015), p. 120.

14 *Fernão Lopes, Crónicas de D. Pedro e D. Fernando*, ed. Agostinho dos Campos (Lisbon, 1921), i, p. 205.

15 *Parliament Rolls of Medieval England*, October 1383, item 11.

16 Froissart, xii, p. 162.

17 A. do Paço, 'The Battle of Aljubarrota', *Antiquity* 37 (1963), pp. 264–9; Eugénia Cunha and Ana Maria Silva, 'War Lesions from the Famous Portuguese Medieval Battle of Ajubarrota', *International Journal of Osteoarchaeology* 7 (1997), pp. 595–9.

18 *Parliament Rolls of Medieval England*, 1385.

19 *Chronicles of the Revolution 1397–1400: The Reign of Richard II*, ed. C. Given-Wilson (Manchester, 1993), p. 241.

第 7 章 14 世纪的英格兰军队

1 S. Marshall, 'The Arms of Sir Robert Salle: An Indication of Social Status?', in J. S. Hamilton (ed.), *Fourteenth Century England* 8 (Woodbridge, 2014), pp. 86–7. *Notes to Pages 77–93*

2 *Chronicon Galfridi le Baker de Swynbroke*, ed. E. Maunde Thompson (Oxford, 1889), p. 148.

3 TNA, E 101/25/19; E 101/32/30; E 101/33/25, E 101/509/12.

4 'Private Indentures for Life Service in Peace and War 1278–1476', ed. M. Jones and S. Walker, *Camden Miscellany* XXXII (London, 1994), pp. 70–1; TNA, E 101/68/5, no. 107.

5 *Laurence Minot Poems*, ed. T. B. James and J. Simons (Exeter 1989), p. 79.

6 *Sir Thomas Gray Scalacronica, 1272–1363*, ed. Andy King (Surtees Society, 2005), p. 181.

7 Froissart, vii, p. 23.

8 *Scalacronica*, p. 173.

9 TNA, E 101/28/70; *The Register of Edward the Black Prince*, ed. M. C. B. Dawes (London, 1930–3), iv., p. 441.

10 *Wardrobe Book of William de Norwell*, ed. Mary Lyon, Bryce Lyon and Henry S. Lucas (Brussels, 1983), pp. 326, 356.

11 *CPR 1343–5*, p. 516; *CPR 1345–8*, p. 113.

12 TNA, C 47/2/48, no. 13.

13 Kelly DeVries, 'Catapults Are Not Atomic Bombs: Towards a Redefinition of "Effectiveness" in Premodern Military Technology', *War in History* 4 (1997), pp. 460–4; Clifford J. Rogers, 'The Efficacy of the English Longbow: A Reply to Kelly DeVries', *War in History* 5 (1998), pp. 233–42.

14 *CPR 1338–40*, p. 124; Thom Richardson, *The Tower Armoury in the Fourteenth Century* (Leeds, 2016), pp. 111–12, 117.

15 *Register of Edward the Black Prince*, iii, p. 223; *Knighton's Chronicle 1337–1396*, ed. G. H. Martin (Oxford, 1995), p. 145.

16 *Wardrobe Book of William de Norwell*, p. 230.

17 W. Hudson, ' Norwich Militia in the Fourteenth Century ', *Norfolk Archaeology* xiv (1901), pp. 303, 306–7.

18 TNA, C 47/2/58/18.

19 *CCR 1360 – 4*, p. 353.

20 *CPR 1381–5*, p. 457.

21 *Wardrobe Book of William de Norwell*, p. 228.

22 TNA, C47/2/29.

23 TNA, C 61/68, m. 2.

24 TNA, E 101/68/5/112; E 101/68/6/134.

25 *Chronicon Galfridi le Baker*, p. 146.

第 8 章　14 世纪的法国军队

1 *Chronique du religieux de Saint-Denis*, ed. L. Bellaguet (Paris, 1839–52), i, p. 206.

2 P. Contamine, *Guerre, état et societé à la fin du moyen âge* (Paris, 1972).

3 *Ordonnances des roys de France de la troisième race*, ed. Eusèbe Laurière et al. (Paris, 1723–1849), iv, pp. 67–8.

4 *Mémoires de servir de preuves à l'histoire ecclesiastique et civile de Bretagne*, ed. H. Morice *(Paris, 1742–6)*, i., cols 1469, 1482–3; ii., cols 245–65.

5 M. Jones, ' Breton Soldiers from the Battle of the Thirty (26 March 1351) to Nicopolis (25 September 1396) ', in Adrian R. Bell and Anne Curry (eds), *The Soldier Experience in the Fourteenth Century* (Woodbridge, 2011), pp. 165–6.

6 *Documents relatifs au clos des galées de Rouen et aux armées de mer du roi de France de 1293 à 1418*, ed. Anne Merlin-Chazelas (Paris, 1977–8), ii, pp. 170–1.

7 *Ordonnances des roys de France*, iv., pp. 658–61.

8 *Chronique du religieux de Saint-Denis*, p. 212.

9 L. Delisle, *Histoire du château et des sires de Saint-Sauveur-le-Vicomte* (Valognes, 1867), pp. 195, 209; ibid., pieces justificatifs, pp. 187–8.

10 *Documents relatifs au clos des galées de Rouen*, ii, pp. 157–8.

11 Michel Hébert, ' L'armée provençale en 1374 ', *Annales du Midi* 91 (1979), pp. 5–27.

第 9 章　战争的后勤工作

1 Murimuth and Avesbury, pp. 371–2; K. Fowler, ' News from the Front in the Fourteenth Century ', in P. Contamine, C. Giry-Deloison and M. H. Keen (eds), *Guerre et Société en France, en Angleterre, et en Bourgogne xive–xve*

siècle (Villeneuve d'Ascq, 1991), p. 84.

2 TNA, C 47/2/31; *CPR 1350 –1354*, p. 420.

3 *The Wardrobe Book of William de Norwell*, ed. Mary Lyon, Bryce Lyon and Henry S. Lucas (Brussels, 1983), pp. 363–86.

4 *CCR 1339– 41*, p. 196; *CCR 1341–3*, p. 263; *CPR 1348–50*, p. 322.

5 TNA, E 101/26/25.

6 Y. N. Harari, ' Strategy and Supply in Fourteenth-Century Western European Invasion Campaigns ' , *Journal of Military History* 64 (2000), pp. 302–3; *Documents relatifs au clos des galées de Rouen et aux armées de mer du roi de France de 1293 à 1418*, ed. Anne Merlin-Chazelas (Paris, 1977–8), ii, p. 144.

7 TNA, C 47/2/29; TNA, E 101/20/4; E 101/569/9.

8 TNA, C 47/2/31, no. 2.

9 *CCR 1349–54*, p. 290.

10 *Statutes of the Realm* (London, 1810–28), i, p. 288.

11 TNA, E 101/21/38; *The 1341 Royal Inquest in Lincolnshire*, ed. B. W. McLane (Woodbridge, 1988), p. 42; TNA, E 101/569/9; *CPR 1345– 48*, p. 535; *Calendar of Fine Rolls 1347–56* (London, 1921), pp. 273–7, 288–91.

12 *Foedera, Litterae & Acta Publica*, ed. T. Rymer et al. (London, Record Commission, 1825), iii (i), p. 448; *CCR 1349–54*, p. 293; *CCR 1354 –60*, pp. 604, 647; S. J. Burley, ' The Victualling of Calais ' , *Bulletin of the Institute of Historical Research* 31 (1958), pp. 53–4.

13 TNA, C 61/68, m. 6; *CCR 1354 – 60*, p. 402.

14 *Statutes of the Realm*, i. p. 371.

15 A. le Moigne de la Borderie, *Histoire de Bretagne* (Paris and Rennes, 1898–1915), iii, p. 474.

16 M. Jusselin, ' Comment la France se preparait à la guerre de Cent ans ' , *Bibliothèque de l'école des chartes* 73 (1912), pp. 220–1; *Les Journaux du trésor de Philippe VI de Valois*, ed. J. Viard (Paris, 1899), pp. 216, 218; *Ordonnances des roys de France, de la troisième race*, ed. Eusèbe Laurière et al. (Paris, 1723–1849), ii, p. 567–70.

17 *Chronique du religieux du Saint-Denis*, ed. L. Bellaguet (Paris, 1839–52), i., pp. 264, 532.

18 Harari, ' Strategy and Supply in Fourteenth-Century Western European Invasion Campaigns ' , p. 314.

19 *Knighton's Chronicle 1337–1396*, ed. G. H. Martin (Oxford, 1995), p. 137.

20 Murimuth and Avesbury, pp. 203, 212–13.

21 *Chronicon Galfridi le Baker de Swynbroke*, ed. E. Maunde Thompson (Oxford, 1889), pp. 129, 134.

22 *Archives administratives de la ville de Reims*, ed. P. Varin (Paris, 1839–48), iii, pp. 151–2.

23 *Sir Thomas Gray Scalacronica, 1272–1363*, ed. Andy King (Surtees Society, 2005), pp. 175, 183, 185, 188 (my translation).

24 R. Boutrouche, *La Crise d'un société. Seigneurs et paysans du Bordelais pendant la Guerre de Cent Ans* (Paris, 1947), p. 174.

25 Froissart, viii, pp. 163–4.

26 *The Chronicle of Jean de Venette*, ed. R. A. Newhall (New York, 1953), p. 131.

27 *The Register of Edward the Black Prince*, ed. M. C. B. Dawes (London, 1930–3), iii, pp. 331, 350.

28 *CCR 1354 – 60*, p. 601.

29 Thom Richardson, *The Tower Armoury in the Fourteenth Century* (Leeds, 2016), pp. 198–9; TNA E 372/198, rot. 34 d.

30 Froissart, v, p. 200.

第 10 章　阿金库尔战役

1 Froissart, x, p. 254.

2 *Chronique du religieux de Saint Denis*, ed. L. Bellaguet (Paris, 1839–52), i, p. 564.

3 *Journal d'un bourgeois de Paris*, ed. A. Tuetey (Paris, 1881), p. 53.

4 Quoted by P. S. Lewis, ' War Propaganda and Historiography in Fifteenth- Century France and England ' , *Transactions of the Royal Historical Society*, 5th series, 15 (1965), p. 6.

5 G. Pepin, ' The French Offensives of 1404–1407 against Anglo-Gascon Aquitaine ' , *Journal of Medieval Military History* ix (2011), pp. 1–40.

6 *Chronique du religieux de Saint Denis*, iii, pp. 224.

7 Guttiere Diaz de Gamez, *The Unconquered Knight: A Chronicle of the Deeds of Don Pero Niño*, ed. J. Evans (London, 1928), pp. 112–30 (quotation on p. 127).

8 M. G. A. Vale, *English Gascony 1399–1453* (Oxford, 1970), pp. 72–3. '

9 *The Battle of Agincourt: Sources and Interpretations*, ed. A. Curry (Woodbridge, 2000), p. 445.

10 *Chronique du religieux de Saint Denis*, v., p. 536.

11 ' Le procés de Maître Jean Fusoris, chanoine de Notre Dame de Paris (1415–1416) ' , ed. L. Mirot, *Mémoires de la société de l'histoire de Paris et de l'Ile de France* 27 (1900), pp. 140, 208.

12 *Gesta Henrici Quinti*, ed. Frank Taylor and John S. Roskell (Oxford, 1975), p. 59.

13 Ibid., p. 61.

14 A. Curry, *Agincourt: A New History* (Stroud, 2005), p. 110; Clifford J. Rogers, ' Henry V's Military Strategy in 1415 ' , in L. J. Andrew Villalon and D. J. Kagay (eds), *The Hundred Years War (Part III): A Wider Focus* (Leiden, 2005), p. 422.

15 *Gesta Henrici Quinti*, p. 75.

16 Christopher Phillpotts, ' The French Plan of Battle during the Agincourt Campaign ' , *English Historical Review* 99 (1984), p. 66.

17 Curry, *Agincourt: A New History*, pp. 113–31; Clifford J. Rogers, ' The Battle of Agincourt ' , in L. J. Andrew Villalon and D. J. Kagay (eds), *The Hundred Years War: A Wider Focus* (Leiden, 2005), *Part II*, pp. 114–21.

18 Curry, *Agincourt: A New History*, pp. 185–7; Rogers, ' The Battle of Agincourt ' , pp. 57–63.

19 *The Battle of Agincourt*, ed. Curry, pp. 105, 115, 154.

20 Ibid., pp. 181–2.

21 Ibid., p. 164.

22 *Ibid., p. 134.*

23 Ibid., p. 132.

24 Ibid., p. 155.

25 Ibid., p. 348.

26 *Oeuvres de Ghillebert de Lannoy*, ed. C. Potvin (Louvain, 1878), p. 460.

27 Rémy Ambühl, *Prisoners of War in the Hundred Years War: Ransom Culture in the Late Middle Ages* (Cambridge, 2013), p. 74.

28 *Oeuvres de Ghillebert de Lannoy*, p. 50.

第11章　攻占诺曼底

1 *Proceedings and Ordinances of the Privy Council*, ed. N. H. Nicolas (London, 1834–7). ii, p. 196; *CPR 1416–22*, pp. 7–8.

2 *The Brut, or The Chronicles of England*, ed. Friedrich W. D. Brie (Early English Text Society, 1906), ii, p. 400.

3 *Proceedings and Ordinances of the Privy Council*, ii, p. 314.

4 R. A. Newhall, *The English Conquest of Normandy* (New Haven, CT, 1924), p. 263.

5 *Thomae Walsingham, Historia Anglicana*, ed. H. T. Riley (Rolls ser., 1863–4), ii, p. 327.

6 *Original Letters illustrative of English History,* ed. H. Ellis (London, 1824–46), i, pp. 69–70.

7 David Grummitt and Jean-François Lassalmonie, ' Royal Public Finance (c. 1290–1523) ' , in Christopher Fletcher, Jean-Philippe Genet and John Watts

(eds), *Government and Political Life in England and France c. 1300 –c. 1500* (Cambridge, 2015), p. 120.

8 *Parliament Rolls of Medieval England*, ed. C. Given-Wilson et al. (Woodbridge, 2005, CD-ROM), 1420, no 25.

9 *Journal d'un bourgeois de Paris*, ed. A. Tuetey (Paris, 1881), p. 136.

10 *Histoire de Charles VI*, cited by R. Ambühl, ' Henry V and the administration of justice: the surrender of Meaux (May 1422) ' , *Journal of Medieval History* 43 (2017), p. 87.

11 *Paris pendant la domination Anglaise (1420 –1436)*, ed. A. Lognon (Paris, 1878), pp. 142–3.

12 *Recueuil des croniques et istoires anciennes de la Grant Bretagne, a present nome Engleterre, par Jehan de Waurin*, ed. W. Hardy (Rolls ser., 1864–91), iii, p. 109.

13 *Actes de la chancellerie d'Henri VI concernant la Normandie sous la domination anglaise (1422–1435), ed. P. le Cacheux (Rouen, 1907–8), i., p. 174.*

14 Newhall, *The English Conquest of Normandy*, p. 320.

15 *Histoires des règnes de Charles VII et de Louis XI par Thomas Basin, ed. J. Quicherat (Paris, 1855–9), i., p. 52.*

16 ' Journal du siege d'Orléans ' , *Procès de condemnation et de rehabilitation de Jeanne d'Arc dite la Pucelle*, ed. J. Quicherat (Paris, 1841–9), iv., p. 100.

第 12 章　英格兰的溃败

1 *Joan of Arc: La Pucelle*, ed. Craig Taylor (Manchester, 2006), pp. 148–9.

2 *Recueuil des croniques et istoires anciennes de la Grant Bretagne, a present nome Engleterre, par Jehan de Waurin*, ed. W. Hardy (Rolls ser., 1864–91), iii, p. 301.

3 *Journal d'un bourgeois de Paris*, ed. A. Tuetey (Paris, 1881), pp. 244, 246.

4 *Procès de condemnation et de rehabilitation de Jeanne d'Arc*, ed. J. Quicherat (Paris, 1841–9), iii., p. 85.

5 *Joan of Arc: La Pucelle*, p. 310.

6 *Procès de condemnation et de rehabilitation*, iii, p. 212.

7 *Joan of Arc: La Pucelle*, p. 113.

8 *Procès de condemnation et de rehabilitation*, iii, p. 130.

9 *Journal d'un bourgeois de Paris*, p. 279.

10 Ibid., pp. 280, 283, 286.

11 *The Brut, or The Chronicles of England*, ed. Friedrich W. D. Brie (Early

English Text Society, 1906), ii, p. 571.

12 Sir John Fortescue, *The Governance of England*, ed. C. Plummer (2nd edn, Oxford, 1926), p. 141.

13 L. de La Trémoille, *Les La Trémoille pendant cinque siècles* (Nantes, 1890), i, p.195.

14 *Journal d'un bourgeois de Paris, p. 375.*

15 *Letters and Papers Illustrative of the Wars in France during the reign of King Henry VI of England*, ed. J. Stevenson (Rolls Ser., 1861–4), ii, part 2, pp. 575–96.

16 Kelly DeVries, ' Calculating Profits and Losses during the Hundred Years War ' , in L. Armstrong, I. Elbl and M. M. Elbl (eds), *Money, Markets and Trade in Later Medieval Europe: Essays in Honour of John H. A. Munro* (Leiden, 2007), pp. 199, 202, 207.

17 P. Champion, *Guillaume de Flavy, capitaine de Compiègne* (Paris, 1906), p. 155.

18 *Chronique d'Arthur de Richemont, connétable de France, duc de Bretagne (1393–1458)*, ed. G. Gruel (Paris, 1890), p. 260.

19 *Journal d'un bourgeois de Paris*, p. 363.

20 *Letters and Papers Illustrative of the Wars in France*, ii., part 2, pp. 605–6.

21 *Ibid., i, pp. 216, 219–20.*

22 *Chronique du Mont-Saint-Michel*, ed. S. Luce (Paris, 1879), ii, p. 93.

23 P. Contamine, *La France au XIVe et XVe siècles: Hommes, mentalités, guerre et paix* (London 1981)*,* p. 267.

24 ' Le livre des trahisons de France envers la maison de Bourgogne ' , in Kervyn de Lettenhove (ed.), *Chroniques relative à l'histoire de Belgique* (Brussels, 1873), pp. 215–6.

25 *Chronique de Mont-Saint-Michel*, i, p. 133.

26 *Actes de la chancellerie d'Henri VI concernant la Normandie*, ed. Paulle Cacheux (Rouen, 1907–8), ii, pp. 258–60.

27 bid., ii, pp. 114–6.

28 *Chronique de Mont-Saint-Michel*, i, pp. 300–1.

29 *Letters and Papers Illustrative of the Wars in France*, i, pp. 503–8.

30 *Chronique de Charles VII par Jean Chartier*, ed. A. Vallet de Viriville (Paris, 1858), ii, pp. 237–8.

31 *La Cronique de Mathieu d'Escouchy*, ed. G. du Fresne de Beaucourt (Paris, 1863–4), i, pp. 281–4.

32 Ibid., iii, p. 387.

33 *Memorials of the Reign of Henry VI: Official Correspondence of Thomas Beckyngton*, ed. G. Williams (Rolls ser., 1872), ii, p. 214.

34 *Chronique de Charles VII par Jean Chartier*, ii, pp. 254–91.

35 M. G. A. Vale, ' The Last Years of English Gascony ', *Transactions of the Royal Historical Society*, 5th ser., 19 (1969): 219–38.

36 P. S. Lewis, ' War Propaganda and Historiography ', *Transactions of the Royal Historical Society* 15 (1965), pp. 2–3; Craig Taylor, ' War, Propaganda and Diplomacy in Fifteenth-Century France and England ', in C. Allmand (ed.), *War, Government and Power in Late Medieval France* (Liverpool, 2000), pp. 70–91.

37 *Gesta Henrici Quinti*, ed. Frank Taylor and John S. Roskell (Oxford, 1975), p. 94.

38 *Chronique du Mont-Saint-Michel*, p. 98.

39 Lewis, ' War Propaganda and Historiography ', p. 6.

第 13 章　15 世纪的军队

1 David Grummitt, *The Calais Garrison: War and Military Service in England, 1436 –1558* (Woodbridge, 2008), pp. 84, 190.

2 *Chronique du Mont-Saint-Michel*, ed. S. Luce (Paris, 1879), p. 84.

3 Adrian R. Bell, Anne Curry, Andy King and David Simpkin, *The Soldier in Later Medieval England* (Woodbridge, 2013), pp. 38–9, 42.

4 A. Goodman, ' Responses to Requests in Yorkshire for Military Service under Henry V ', *Northern History* 17 (1981), pp. 240–52.

5 P. Coss, *The Knight in Medieval England 1000 –1400* (Woodbridge, 1993), pp. 133–4.

6 Robert Hardy, quoted in Bell, Curry, King and Simpkin, *The Soldier in Later Medieval England*, p. 143.

7 *Recueil des croniques et istoires anciennes de la Grant Bretagne, a present nome Engleterre, par Jehan de Waurin*, ed. W. Hardy (Rolls ser., 1864–91), iii, p. 173.

8 Anne Curry, ' The Military Ordinances of Henry V: Texts and Contexts ', in Chris Given-Wilson, Ann Kettle and Len Scales (eds), *War, Government and Aristocracy in the British Isles c. 1150 –1500: Essays in Honour of Michael Prestwich* (Woodbridge, 2008), pp. 214–49.

9 R. A. Newhall, *The English Conquest of Normandy* (New Haven, CT, 1924), p. 233–6.

10 *Chronique du Mont-Saint-Michel*, i, pp. 137, 145.

11 *Ordonnances des roys de France de la troisième race*, ed. Eusèbe Laurière et al. (Paris, 1723–1849), iii., pp. 306–11.

12 *Chronique d'Arthur de Richemont, connétable de France, duc de Bretagne (1393–1458)*, ed. G. Gruel (Paris, 1890), pp. 188–9.

13 *Chronique de Charles VII par Jean Chartier*, ed. A. Vallet de Viriville (Paris, 1858), ii., pp. 235–6.

14 Thom Richardson, ' Armour in Henry V's Great Wardrobe ' , *Arms and Armour* 12 (2015): 22–9.

15 *Chronique de Charles VII par Jean Chartier*, ii, pp. 25–6.

16 J. R. Hale, *Renaissance War Studies* (London, 1983), pp. 1–29; J. Mesqui, *Châteaux et enceintes de la France médiévale: De la défense à la residence* (Paris, 1991), i, pp. 89–92.

17 *Actes de la chancellerie d'Henri VI concernant la Normandie*, ed. Paulle Cacheux (Rouen, 1907–8), i, pp. 82–7.

第 14 章　得与失

1 Gutierre Diaz de Gamez, *The Unconquered Knight: A Chronicle of the Deeds of Don Pero Niño*, ed. J. Evans (London, 1928), p. 13.

2 *Sir Thomas Gray Scalacronica, 1272–1363*, ed. Andy King (Surtees Society, 2005), p. 153.

3 *The Chronicle of Jean de Venette*, ed. R. A. Newhall (New York, 1953), p. 104.

4 Froissart, vi, p. 159.

5 *Le livre de la description des pays de Gilles le Bouvier, dit Berry*, ed. E.-T. Hamy (Paris, 1908), p. 120.

6 *CPR 1345*–1348, pp. 226, 438, 546; M. Jones, ' Audley, Sir James ' , *Oxford Dictionary of National Biography* (Oxford, 2004).

7 A. J. Pollard, *John Talbot and the War in France 1427–1453* (2nd. edn, Barnsley, 2005), p. 17.

8 De La Trémoille, *Les La Trémoille pendant cinque siècles* (Nantes, 1894), i, p. 165.

9 *The Battle of Crécy: A Casebook*, ed. Michael Livingston and Kelly DeVries (Liverpool, 2015), p. 104 (my translation).

10 *Registre criminel du Châtelet de Paris, du 6 septembre 1389 au 18 Mai 1392*, ed. H. Duplès-Agier (Paris, 1861–4), i, p. 383.

11 *Oeuvres de Froissart*, xviii, pp. 484, 555.

12 L'abbé Galabert, *Désastres causes par la guerre de cent ans au pays de Verdun-sur-Garonne* (Paris, 1894), p. 10.

13 J. Quicherat, *Vie de Rodrigue de Villandrando* (Paris, 1879), p. 316.

14 *Thomae Walsingham, Historia Anglicana*, ed. H. T. Riley (London, 1864), i., p 272.

15 TNA, E 101/354/2.

16 Murimuth and Avesbury, p. 465.

17 *Knighton's Chronicle 1337–1396*, ed. G. H. Martin (Oxford, 1995), p. 165.

18 *Chronicles of England, France, Spain ... by Sir John Froissart*, trans. Thomas Johnes (London, 1839), ii, p. 450. For Mérigot, see H. Moranvillé, ' La fin de Mérigot Marchès ' , *Bibliothèque de l'école des chartes* 53 (1892), pp. 77–84.

19 J.-L. Lemaitre, ' Miracles de guerre, miracles de paix en Limousin d'aprés les miracles de saint Martial (1388) ' , in Michel Sot (ed.), *Médiation, paix et guerre au Moyen* ge (Paris, 2012), pp. 63–73.

20 *Knighton's Chronicle*, p. 164.

21 *CPR 1441– 46*, p. 315.

22 *Froissart Chronicles*, ed. and trans. G. Brereton (Harmondsworth, 1968), p. 288.

23 K. B. McFarlane, ' War, the Economy and Social Change: England and the Hundred Years War ' , *Past & Present* 22 (1962), pp. 3–13; M. M. Postan, ' The Costs of the Hundred Years War ' , *Past & Present* 24 (1964), pp. 34–53; P. Contamine, ' La Guerre de Cent Ans en France: un Approche Économique ' , *Bulletin of the Institute of Historical Research* 47 (1974), pp. 125–49.

24 Alain Chartier, *Le quadrilogue invectif*, ed. E. Droz (Paris, 1923), p. 30.

25 A. Tuetey, *Les* écorcheurs *sous Charles VII* (Paris, 1874), ii, p. 403.

26 *The Libelle of Englyshe Polycye*, ed. George Warner (Oxford, 1926), p. 21.

27 Chartier, *Le quadrilogue invectif*, pp. 18–19

第15章　骑士精神与战争

1 *The Book of Chivalry of Geoffroi de Charny*, ed. R. W. Kaeuper and E. Kennedy (Philadelphia, 1996), p. 98 (my translation).

2 Cited by Malcolm Vale, *War and Chivalry* (London, 1981), p. 15.

3 *Oeuvres de Froissart*, xviii, p. 507.

4 D'A. J. D. Boulton, *The Knights of the Crown* (Woodbridge, 1987), p. 185.

5 Guttiere Diaz de Gamez, *The Unconquered Knight: A Chronicle of the Deeds of Don Pero Niño*, ed. J. Evans (London, 1928), p. 11.

6 T. Guard, *Chivalry, Kingship and Crusade: The English Experience in the Fourteenth Century* (Woodbridge, 2013), pp. 10, 37.

7 *La chronique du bon duc Loys de Bourbon*, ed. A.-M. Chazaud (Paris, 1876), p. 238.

8 *Anonimalle Chronicle, 1333 to 1381*, ed. V. H. Galbraith (Manchester, 1927), p. 22.

9 *The Book of Chivalry of Geoffroi de Charny*, pp. 95, 193.

10 *Laurence Minot Poems*, ed. T. B. James and J. Simons (Exeter, 1989), p. 75; Froissart, v, p. 166; *Chronique des quatre premiers Valois*, ed. Siméon Luce (Paris, 1861), pp. 230–1.

11 *Chronique de Jean le Bel*, ed. Jules Viard and Eugène Déprez (Paris, 1862), i, p. 83.

12 Froissart, viii, pp. 159–60.

13 Monstrelet, cited by A. J. Pollard, *John Talbot and the War in France 1427–1453* (2nd edn, Barnsley, 2005), p. 126.

14 *Letters and Papers Illustrative of the Wars of the English in France*, ed. J. Stevenson (London, *1861), ii, p. 580.*

15 D. Lalande, *Jean II le Meingre, dit Boucicaut (1360 –1421)* (Geneva, 1988), p. 94.

16 *Mort Artu*, http://everything2.com/title/Mort+Artu+1 (accessed 17 March 2017).

17 R. W. Kaeuper, *Chivalry and Violence in Medieval Europe* (Oxford, 1999), pp. 228–9.

18 Honoré Bonet, *L'arbre des batailles*, ed. E. Nys (Brussels, 1883), pp. 121, 141.

19 Nigel Saul, *Chivalry in Medieval England* (Cambridge, MA, 2011), pp. 128–34.

20 Jules Quicherat, *Vie de Rodrigue de Villandrando* (Paris, 1879), pp. 209–10.

21 Richard Vaughan, *Philip the Good* (Woodbridge, 2002), pp. 144–9, 160–3.

22 P-M. Vicomte du Breil de Pontbriand, ' Maurice de Trésguidi ' , *Revue Historique de l'Ouest* 15 (1899), pp. 372–8.

结语

1 E. Perroy, *The Hundred Years War* (London, 1951), p. xxviii.

2 A. Ayton, ' Hastings, Sir Hugh ' , *Oxford Dictionary of National Biography* (Oxford, 2004); *Original Letters illustrative of English History,* ed. H. Ellis (London, 1827), 2nd series, i, p. 78; *Letters and Papers Illustrative of the English Wars in France*, ed. J. Stevenson (London, 1861), i, p. 421; *CPR 1441– 46*, p. 170.